Uni-Taschenbücher 202

UTB

Eine Arbeitsgemeinschaft der Verlage

Birkhäuser Verlag Basel und Stuttgart
Wilhelm Fink Verlag München
Gustav Fischer Verlag Stuttgart
Francke Verlag München
Paul Haupt Verlag Bern und Stuttgart
Dr. Alfred Hüthig Verlag Heidelberg
Leske Verlag + Budrich GmbH Opladen
J. C. B. Mohr (Paul Siebeck) Tübingen
C. F. Müller Juristischer Verlag – R. v. Decker's Verlag Heidelberg
Quelle & Meyer Heidelberg
Ernst Reinhardt Verlag München und Basel
F. K. Schattauer Verlag Stuttgart-New York
Ferdinand Schöningh Verlag Paderborn
Dr. Dietrich Steinkopff Verlag Darmstadt
Eugen Ulmer Verlag Stuttgart
Vandenhoeck & Ruprecht in Göttingen und Zürich
Verlag Dokumentation München

Siegfried J. Schmidt

Texttheorie

Probleme einer Linguistik
der sprachlichen Kommunikation

Zweite, verbesserte und ergänzte Auflage

Wilhelm Fink Verlag München

ISBN 3-7705-0937-4
© 1976 Wilhelm Fink Verlag, München
Satz und Druck: Anton Hain KG, Meisenheim/Glan
Buchbindearbeiten: Großbuchbinderei Sigloch, Stuttgart
Einbandgestaltung: Alfred Krugmann, Stuttgart

INHALT

	Vorwort zur zweiten Auflage	I
	Vorbemerkung	7
1.	*Texttheorie als neue linguistische Perspektive*	9
1.1	Zur Situation kommunikationsorientierter linguistischer Forschung	9
1.2	Voraussetzungen einer Texttheorie	10
1.3	*Exkurs 1*: Psycholinguistische Argumente für eine Texttheorie	16
1.4	Zur Absicht und zum Aufbau dieses Buches	19
2.	*Motivationen für eine Texttheorie im Rahmen bisheriger pragmalinguistischer Forschungen*	22
2.1	Sprachphilosophische, logische und pragmalinguistische Motivationen	22
3.	*Selbstverständnis und Aufgabenstellung der bisherigen Pragmalinguistik als Teiltheorie der Linguistik*	32
3.1	‚Pragmalinguistik'	32
3.2	„Pragmatik" vs „Performanztheorie"	34
3.3	Pragmalinguistik als Modell der Performanzkompetenz	37
4.	*Die Theorie der kommunikativen Handlungsspiele als Basiskategorie einer Texttheorie*	43
4.1	‚Kommunikatives Handlungsspiel' als Basiskategorie der Texttheorie	43
4.1.4	Kommunikative Handlungsspiele als einfache Sozialsysteme	46
4.2	Die Konzeption der „speech acts" bei J. R. Searle	50
4.3	Fundierungsfragen einer texttheoretischen Instruktionssemantik	55
4.4	Der theoretische Rahmen einer Instruktionssemantik	57
4.4.1	Modelle für die semantische Analyse von Textkonstituenten	59
4.4.2	Semantische Merkmale als heuristische Hypothesen im Rahmen einer Texttheorie	66
4.4.3	Zur Klassifikation semantischer Merkmale	72
4.4.4	Der Text als geordnete Anweisungsmenge	75
4.5	Referenztheorie im Rahmen einer Theorie der kommunikativen Handlungsspiele	76
4.6	Referenztheorie im Rahmen einer Instruktionssemantik	82
4.6.1	Referenzkriterien	83

4.6.2	‚kanonische Instruktion' vs ‚situative Instruktion' . . .	85
5.	*„Proposition", „Präsupposition" und „komplexe Voraussetzungssituation" im Rahmen einer Texttheorie* . .	88
5.1	‚Proposition'	88
5.2	‚Präsupposition'	92
5.2.1	*Exkurs 2*: Aspekte der bisherigen Diskussion des Präsuppositionsbegriffs	95
5.3	Zur Klassifizierung von Präsuppositionen	101
5.4	Komplexe Voraussetzungssituation und Situationspräsuppositionen	104
5.4.1	‚Situationspräsupposition' als texttheoretische Kategorie	105
5.4.1.1	„Kommunikative Kompetenz"	106
6.	*Vorarbeiten zu einem Faktorenmodell idealisierter kommunikativer Handlungsspiele*	107
6.1	Kommunikationsmodelle	107
6.2	Einige Weiterentwicklungen des Sprechaktmodells . .	111
6.3	Regeln für Illokutionsakte	115
6.4	Zur Typologisierung von Illokutionsakten	119
6.5	Ein Faktorenmodell idealisierter kommunikativer Handlungsspiele	124
7.	*Textgrammatische Modelle in texttheoretischer Sicht* . .	129
7.1	Zur Berücksichtigung kommunikativer Aspekte in der Textgrammatik	129
7.2	*Exkurs 3*: Texttheoretische Anschlußstellen in der Handlungslogik	137
8.	*Textbegriff und Texterzeugung im Rahmen einer Texttheorie*	144
8.1	‚Text' und ‚Textualität'	144
8.2	Ein Explikat für ‚Text'	149
8.2.2	‚Text' vs ‚Satz'	151
8.3	Textualität und Textkohärenz	154
8.3.1	Textkohärenz und Texttiefenstruktur	155
8.4	Textkohärenz und Texttypenbildung	158
8.5	Vorschläge für ein Modell der Texterzeugung als Entscheidungsprozeß	159
8.5.1	Die Ausgangshypothesen des Modells	161
8.5.2	Das Texterzeugungsmodell	162
Literaturverzeichnis		166
Sachregister		177
Personenregister		182

VORWORT ZUR ZWEITEN AUFLAGE

1. Zur fachwissenschaftlichen und wissenschaftspolitischen Zielsetzung dieses Buches

Der unveränderte Nachdruck eines 1971/72 geschriebenen und 1973 publizierten Buches zu einem Thema, das in den letzten Jahren von Vertretern verschiedener Disziplinen außerordentlich intensiv behandelt worden ist, verlangt eine kritische Stellungnahme zu Absicht und Stellenwert dieses Buches beim ersten Erscheinen und heute.

Zunächst einige Bemerkungen zur Forschungsgeschichte und Wissenschaftspolitik, sofern sie für dieses Buch relevant sein dürften: Als die „Texttheorie" (im folgenden abgekürzt zitiert als „TT") geschrieben wurde und erschien, zeichnete sich in der sprachtheoretischen Diskussion im weitesten Sinne eine deutliche Hinwendung des Forschungsinteresses zur wissenschaftlichen Erforschung von *Prozessen sprachlicher Kommunikation* ab. Dieses Interesse konzentrierte sich auf den Aufbau einer Sprachtheorie, die — möglichst in einem einheitlichen Theorierahmen — sowohl die interne Struktur von Sätzen und Texten als auch die Bedingungen für die kommunikativ erfolgreiche Äußerung und Verarbeitung von Texten in konkreten Prozessen sozialer Kommunikation zu beschreiben und zu erklären imstande sein sollte. D. h. es ging zugleich um eine Erweiterung des Untersuchungsbereichs (von isolierten Sätzen auf kommunikative Textäußerungen in kommunikativen Handlungsspielen) und um eine reichhaltigere und erklärungsstärkere Theorie, die neben strukturellen auch funktionale Gesichtspunkte der Textproduktion und sprachlichen Kommunikation berücksichtigen sollte.

Die Gründe für solche Zielsetzungen lagen sowohl im forschungsgeschichtlichen als auch im wissenschaftspolitischen Bereich: im forschungsgeschichtlichen, insofern die seit den 50er und 60er Jahren sich entwickelnde Textlinguistik und Sprechakttheorie sowie die analytische Sprachphilosophie auf eine Reihe erklärungsbedürftiger Fakten aufmerksam geworden war, für die sich eine strukturalistische oder generative Grammatik als unzureichend erwies (cf. „TT", Kap. 2); im wissenschaftspolitischen insofern, als — spätestens seit 1968 — der soziale Handlungscharakter von Sprache und die daraus einer Sprachtheorie zuwachsenden gesellschaftlichen Aufgaben deutlich gesehen wurden (cf. etwa die fachpolitischen Arbeiten von P. Hartmann; etwa 1972, Zur Lage der Linguistik in der BRD, Frankfurt/Main; und U. Maas, 1973, „Linguistik als Legitimationswissenschaft". in: *LuD*, 4, 34—52.). In dieser Situation versuchte die „TT", Argumente und Anregungen für eine Intensivierung kommunikationsorientierter Sprachforschungen beizubringen — Anregungen, die etwa in der Diskussion über einen kommunikativ orientierten Deutschunterricht aufgegriffen worden sind (cf. dazu D. Breuer, 1974, Einführung in die pragmatische Texttheorie, S. 9, Anm. 6).

Während also die wissenschaftspolitische Intention des Buches durchweg zutreffend erkannt worden ist, hat es bezüglich der fachwissenschaftlichen Intention eine Reihe von Mißverständnissen gegeben, die zum einen auf z. T. unklare Formulierungen in der „TT" sowie auf den Titel des Buches zurückzuführen sind, zum anderen auch darauf, daß gleichzeitig und nachfolgend wissenschaftliche Arbeiten gleichen Titels aber mit unterschiedlichen Ansätzen und Zielen vorgelegt worden sind (vor allem logisch und soziologisch orientierte Text-Theorien; dazu s. u.). Um einige dieser Mißverständnisse auszuräumen, sollen daher im folgenden Erläuterungen zur fachwissenschaftlichen Intention der „TT" gegeben werden.

Zunächst ist generell festzustellen, daß in diesem Buch keine Theorie im strengen Sinne etwa der Analytischen Wissenschaftstheorie entwickelt wird; vielmehr geht es um eine heuristisch-phänomenologische Auseinandersetzung mit philosophischen Grundfragen einer künftig zu erstellenden Text-*Theorie* im strengeren Sinne. Daß dieser Charakter des Buches für manchen Leser (trotz verschiedener Hinweise im Buch selbst) nicht deutlich geworden ist, liegt einmal an dem teilweise undifferenzierten Gebrauch wissenschaftstheoretisch so problematischer Begriffe wie ‚Theorie', ‚Modell' oder ‚Regel'; zum anderen an Unklarheiten in der Darstellung des Verhältnisses einer Texttheorie zu Theorien der Textlinguistik, Textgrammatik und Pragmatik.

2. Zum Verhältnis von strukturaler Linguistik und Texttheorie

Eine dieses Verhältnis betreffende Unklarheit beruht darauf, daß in der „TT" nicht (oder nicht deutlich genug) unterschieden wird zwischen der Ebene von Theorien und der Ebene der Matrix im Sinne Th. S. Kuhns (d. h. der Werte, Gesetze und Beispiele eines

Paradigmas, in dessen Rahmen Theorien entstehen und angewendet werden).

So wird auf S. 11 und 23 der „TT" von zwei Möglichkeiten gesprochen, die Probleme einer Linguistik der sprachlichen Kommunikation (so der Untertitel der „TT") zu lösen:
(1) durch Addition von Theorien
(2) durch konsequente Revision bisheriger Theorien und den Entwurf eines neuen Modells (plakativ gesagt: Texttheorie *statt* Systemlinguistik).

Diese Darstellung suggeriert eine „Revolution" (im Sinne Kuhns), wo nur eine Theorieerweiterung stattfindet[1]:
(a) eine Erweiterung der Grammatik (= Erforschung der Wohlgeformtheitsbedingungen für Sätze) auf Satzsequenzen bzw. Texte[2]
(b) eine Erweiterung der Pragmatik (= Erforschung der Wohlgeformtheitsbedingungen für Sprechakte) auf Sprechaktsequenzen (kommunikative Handlungsspiele) und Berücksichtigung der Text-Kontexrelationen als Bedingung für das Entstehen und Funktionieren von Verständigungshandlungen in kommunikativen Handlungsspielen.

Die Matrix jedoch, in der beide Theorieerweiterungen stattfinden, bleibt bis auf eine wichtige Änderung erhalten, die im Bereich der Modellvorstellungen liegt: und zwar dient als Modellvorstellung einer Texttheorie nicht mehr Chomsky's Sprechermodell

---

[1] Darauf wird in der „TT" zuwenig deutlich hingewiesen, wenn es auch auf S. 146 heißt, daß eine Beschäftigung mit Texten als sprachlich-sozialen Strukturen „[...] eine Erweiterung des Forschungskopus' und der Methodologie der bisherigen Linguistik notwendig voraussetzt".

[2] Daß auch diese Erweiterungsforderung ihre Problematik hat, zeigen die ernstzunehmenden Kritiken an textlinguistischen Arbeiten. So etwa die Kritik von E. Lang (1973, „Über einige Schwierigkeiten beim Postulieren einer ‚Textgrammatik' ". in: J. Ihwe, Hrsg., Linguistik und Literaturwissenschaft. Bd. 2, Frankfurt/Main, 17–50. FAT 2016) sowie die van Dijk-Kritik von M. Dascal u. A. Margalit (1974, „Text Grammars, a critical view". in: Projektgruppe Textlinguistik Konstanz, Hrsg., Probleme und Perspektiven der neueren textgrammatischen Forschung I, Hamburg, 81–120; cf. auch die Beiträge von H. Rieser und J. Wirrer sowie J. u. Ö. Dahl in diesem Band. Hingewiesen sei auch auf die Arbeit von Dascal und Margalit, 1974 „A new Revolution in Linguistics? – ‚Text-Grammar' vs. ‚Sentence-Grammar' ". in: Theoretical Linguistics I, 195–213) sowie die Antwort darauf von J. S. Petöfi u. H. Rieser, „Some arguments against counter-revolution". (erscheint in „Linguistics").

des abstrakten Automaten[3], sondern ein Modell des Sprechers als
— knapp gesagt — „homo communicativus". Daraus ergeben sich
einige wichtige Konsequenzen: Was sich im modifizierten Matrixrahmen
verändert, ist die *Komplexität* der Untersuchungsbereiche
sowie die *Richtung* des heuristischen Forschungsvorgehens (vom
kommunikativen Handlungsspiel über den Text zu Textbestandteilen
statt vom Phonem über Satz und Text zum kommunikativen
Handlungsspiel). Was stärker betont wird (als in der bis 1971/72
arbeitenden Linguistik) ist die Notwendigkeit, grammatische und
pragmatische Theorien durch eine ausreichende *Heuristik* vor
naiven (= theoretisch nicht explizierten) oder nicht zweckrational
motivierten Vereinseitigungen und Abstraktionen zu bewahren (cf.
die Vorbemerkung zur ersten Auflage der „TT").

Das bedeutet etwa für den Zusammenhang zwischen Textlinguistik
und Texttheorie, daß die von der Textlinguistik angestrebte
Erweiterung des Forschungskopus vom Satz auf die Textebene
noch einmal erweitert werden muß um die konsequente
Berücksichtigung von Text-Kontext-Relationen, um — wie es in
„TT" Kap. 4.5 und 5. vorgeschlagen wird — Probleme der Referenz
und Präsupposition auf der Ebene von Text-Kontext-Relationen in
kommunikativen Handlungsspielen zu untersuchen.

Das bedeutet für eine Textgrammatik im Rahmen einer Texttheorie,
daß sie so angelegt sein muß, daß ihre textgrammatischen
Repräsentationen von Sprachvorkommen zur expliziten Repräsentation
tatsächlich vorkommender kommunikativer Äußerungen
geeignet, also empirisch adäquat sein müssen. Eine Texttheorie
wird nach diesen Erläuterungen gesehen als die umfassende
Rahmentheorie für die Bestimmung von Text-Kontext-Relationen
in kommunikativen Handlungsspielen; eine Textgrammatik ist nach
dieser Auffassung eine Teiltheorie der Texttheorie, die sich primär
mit der systematischen Repräsentation des sprachlichen Anteils
kommunikativer Handlungen beschäftigt. (Mit diesen Erläuterungen
sind vielleicht die mißverständlichen Formulierungen auf den
SS. 23, 26 A. 8, 129 A. 10 der „TT" geklärt.)

---

[3] Zur Kritik an der Transformationsgrammatik in dieser Hinsicht s. u.
die Arbeiten von R. C. Schank oder H. Hörmann (1975, The concept of
sence constancy, Mimeo, Universität Bochum).

3. Hinweise auf Forschungsentwicklungen in texttheoretischen Einzelbereichen

Wie schon einleitend betont, ist die Erforschung von Kommunikationsprozessen seit 1971 auf vielen Gebieten vorangetrieben worden. An dieser Stelle kann kein vollständiger Überblick über alle einschlägigen Arbeiten gegeben werden. Damit der Leser die Neuauflage der „TT" aber weiterhin als eine orientierende Einführung benutzen kann, soll kurz darüber informiert werden, wie und in welche Richtung solche Forschungsansätze weiterentwickelt worden sind, über die die erste Auflage der „TT" berichtet.

Zunächst eine allgemeine Vorbemerkung: Von einigen Begriffen einer kommunikationsorientierten Texttheorie (wie z. B. ‚Kompetenz' oder ‚Pragmatik') ist in den letzten Jahren ein inflationärer Gebrauch gemacht worden, der texttheoretische Arbeiten insgesamt bei verschiedenen Forschern und Lehrern in Mißkredit gebracht hat. Von solchen Auswüchsen muß man jedoch m. E. absehen, wenn es um die Beurteilung der Notwendigkeit und Bedeutsamkeit texttheoretischer Forschungen und ihrer Anwendung im universitären und schulischen Unterricht geht.

Die im folgenden skizzierten Forschungen sind generell in drei Richtungen vorangetrieben worden:

(a) in Richtung auf eine Orientierung an der Soziologie (speziell der Interaktionssoziologie und Ethnomethodologie)
(b) in Richtung auf eine Orientierung an verschiedenen Logiken
(c) in Richtung auf empirische Experimente (vor allem in Zusammenarbeit mit der Psychologie) und technische Simulationsmodelle für Sprachprozesse (in der Artificial-Intelligence-Forschung)

(ad a) Bei der Kritik an der Sprechakttheorie klassischer Provenienz (Austin, Searle) gibt es in den letzten Jahren eine Reihe von Aspekten, die inzwischen allgemein vertreten werden: so etwa, daß die Sprechakt-Theorie zu stark von sprechaktbezeichnenden Verben ausgeht und damit bestenfalls grobe Typen von Sprechakten erfaßt (z. B. die immer wiederholten Typen „Versprechen" und „Befehlen"), daß die klassische Sprechakt-Theorie einerseits noch zu sehr langue-bezogen und andererseits noch zu sehr satzorientiert ist und weder die komplexen Situationsbedingungen angemessen berücksichtigt, die Verstehen und Interpretieren von Sprechakten beeinflussen, noch zu einer Analyse von Sprechakt-Sequenzen (vor allem Dialogen) vorgedrungen ist (cf. dazu die zusammenfassende Darstellung bei K. Bayer, 1975, Plädoyer für eine situationstheoretische Pragmatik, Mimeo; oder J. Streeck, 1975, Sprechakttheorie, soziologische Sprachtheorie und Sprachunterricht, Mimeo.)

Wie etwa Streeck in seinem Plädoyer für eine Kooperation von Soziologie und Pragmatik betont, muß die illokutive Funktion von Äußerungen nicht nur vom Sprecher intendiert, sondern auch vom Hörer akzeptiert werden, sollen Sprechakte glücken. Für ein solches Glücken sind darüberhinaus intersubjektiv geltende soziale Regeln erforderlich; denn nur bei einer Verknüpfung von Intentionalität und Konventionalität sprachlicher Äußerungen im Rahmen einer von den Kommunikationspartnern gemeinsam interpretierten Kommunikationssituation kann intersubjektive Verständigung zustande kommen. Auf dieser Linie der Argumentation finden sich viele Arbeiten der neueren kommunikations-orientierten Linguistik, die sich auf Ansätzen des Symbolischen Interaktionismus (seit G. H. Mead) und der Ethnomethodologie (von A. Schütz bis A. V. Cicourel) stützen.

Literaturhinweise

Zur Sprechakttheorie und ihrer Weiterentwicklung liegt eine Bibliographie vor:
R. Meyer-Hermann, 1974, Vorarbeiten zu einer Bibliographie zur Sprechtakt-Theorie (und Annexes). Mimeo: Universität Bielefeld.

Zum Thema Diskurs-Analyse haben J. E. Grimes und D. J. Cranmer 1972 eine umfangreiche Bibliographie zusammengestellt:
Bibliography on Discourse and Related Topics. Mimeo: Cornell University, College of Arts and Sciences, Ithaca, New York.

Zum Themenbereich Textlinguistik/Texttheorie gibt es eine annotierte Bibliographie von:
W. Dressler u. S. J. Schmidt, Hrsg., 1973, Textlinguistik. München (Kritische Information, Bd. 4).

Eine umfangreiche Bibliographie zur Semiotik mit wichtigen Kapiteln über Pragmatik, verbale Kommunikation und Textverarbeitung hat A. Eschbach vorgelegt:
1974, Zeichen-Text-Bedeutung. Bibliographie zur Theorie und Praxis der Semiotik, München (Kritische Information Bd. 32).

Auf einige Einzeltitel soll noch hingewiesen werden (dort findet sich dann weitere Literatur):

Arbeitsgruppe Bielefelder Soziologen, 1973, Alltagswissen, Interaktion und gesellschaftliche Wirklichkeit, Bd. I und II, Reinbek b. Hamburg.
Berger, P. u. Luckmann T., 1970, Die gesellschaftliche Konstruktion der Wirklichkeit, Frankfurt/Main.
Cicourel, A. V., 1975, Sprache in der sozialen Interaktion, München.
Garfinkel, H., 1967, Studies in ethnomethodology, Englewood Cliffs.
Goffman, E., 1969, Strategic interaction, Philadelphia.
Giglioli, P. P., Ed., 1972, Language and social context, Harmondsworth.
Gumperz, J. u. Herasimchuk, E., o. J., The conversational analysis of social meaning – A study of classroom interaction (Mimeo).
Henne, H., 1975, Sprachpragmatik, Tübingen.
Maas, U. u. Wunderlich, D., 1972, Pragmatik und sprachliches Handeln, Frankfurt/Main.
McHugh, P., 1968, Defining the situation. The organisation of meaning in social interaction, Indianapolis und New York.
Sacks, H., 1972, An initial investigation of the usability of conversational data for doing sociology. in: D. Sudnow, Ed., Studies in social interaction, London und New York.
Wunderlich, D., Hrsg., 1972, Linguistische Pragmatik, Frankfurt/Main. (u. a. mit Beiträgen zur Intention, Konvention, Regel und Kommunikationsstituation).

Eine grundsätzliche Auseinandersetzung mit dem Konventionsbegriff, der für die neuere Sprechakt-Theorie wichtige Anregungen geliefert hat, liegt vor mit:
D. Lewis, 1975, Konventionen. Eine sprachphilosophische Abhandlung, Berlin–New York (Englisch 1969, Convention. A philosophical study, Cambridge/Mass.).

Bedeutsam geworden ist auch die erst 1975 veröffentlichte Studie von P. Grice über Konversationsmaximen (1967, Logic and conversation, Mimeo, Berkeley. 1975 in: P. Cole & J. L. Morgan, Eds., Syntax and Semantics, vol. 3. Speech acts, New York–San Franzisco–London, 41–58).
Eine Einbeziehung praktisch-pragmatischer und politischer Aspekte in texttheoretische Arbeiten verlangt:
D. Breuer, 1974, Einführung in die pragmatische Texttheorie, München (UTB 106).

Neben diesen Arbeiten ist hinzuweisen auf den Forschungsbereich der sog. Soziolinguistik (cf. die Arbeiten von H. Steger), der vor allem von den Arbeiten B. Bernsteins und deren Kritik durch W. Labov angeregt worden ist (in Deutschland ist diese Diskussion weitergeführt worden von U. Oevermann und N. Dittmar). Die Forschungsschwerpunkte der Soziolinguistik lassen sich durch Schlagworte wie: Defizithypothese, elaborierter und restringierter Code, kompensatorischer Sprachunterricht, Non-standard-Sprachen, Sprachvariation, Sprache im sozialen Kontext etc. kurz charakterisieren. Da die Literatur in diesem Bereich fast unübersehbar geworden ist, beschränke ich mich hier auf die Nennung von Bibliographien, Einführungen und Sammelbänden:

Dittmar, N., 1971, Kommentierte Bibliographie zur Soziolinguistik. in: *LB* 15, 103–128 und 16, 97–126.

Ammon, U., 1973, „Soziolinguistik". in: Althaus–Henne–Wiegand, Hrsg., Lexikon der germanistischen Linguistik, Tübingen, 245–254 (mit weiterführender Bibliographie).

Klein, W. und Wunderlich, D., Hrsg., 1971, Aspekte der Soziolinguistik, Frankfurt/M.

Fishman, J. A., Ed., 1971, Advances in the sociology of language, 1 ff., The Hague 1971 ff.

Hymes, D. und Gumperz, J. J., 1970, The ethnography of communication: Directions in sociolinguistics, New York.

Arbeiten aus diesen kurz genannten Forschungsbereichen sollte der Leser hinzuziehen, will er die knappen Hinweise auf die Notwendigkeit und Ergiebigkeit von Soziologie und kommunikativer Linguistik auswerten, die sich in der „TT" an verschiedenen Stellen finden (z. B. SS. 44 AA 2, 51 A 7, 55, 116, 119, 124 f.).

(ad b) Eine ebenso stürmische Entwicklung wie die soziologisch orientierte hat die logik-orientierte texttheoretische Forschung genommen. Auch hier müssen einige Andeutungen genügen, die sich auf drei Bereiche erstrecken: (1) die Ausarbeitung einer formalen Pragmatik; (2) die Entwicklung formaler Textgrammatiken; (3) die Einbeziehung von Text- und Handlungslogik.

(zu 1) Einen Überlick über den Stand der Forschungen zu einer formalen Pragmatik findet der Leser in dem Sammelband Schmidt, S. J. Hrsg., Pragmatik/Pragmatics II, München 1975. Als Einführung in den Problembereich sind einschlägige Kapitel in: H. Schnelle, 1973, Sprachphilosophie und Linguistik, Reinbek b. Hamburg, zu empfehlen.

Zu den für die Linguistik wichtig gewordenen Arbeiten von R. Montague gibt es inzwischen den einführenden Bericht von W.

Stegmüller über die Universalpragmatik Montagues (in: Hauptströmungen der Gegenwartsphilosophie, Bd. II, Stuttgart, 35–63; dort findet sich auch ein hervorragender Überblick über neuere Entwicklungen in den verschiedenen philosophischen Logiken; a. a. O. 147–220).

(zu 2) Vor allem die Anregungen der Modelltheorie (etwa von Hughes, G. E. und Cresswell, M. J., 1968, An introduction to modal logic, London) und formalen Semantik (neben Montague etwa D. Lewis, 1972, „General Semantics". in: Davidson, D. und Harman, G., eds., Semantics of natural language, Dordrecht) sind von J. S. Petöfi in Zusammenarbeit mit H. Rieser aufgegriffen worden mit dem Ziel, eine Textgrammatik mit nicht-linear festgelegter Textbasis zu entwickeln (cf. Petöfi, J. S., 1973, Towards an empirically motivated grammatical theory of verbal texts, Bielefelder Papiere zur Linguistik und Literaturwissenschaft I).

In ihrem Band „Probleme der modelltheoretischen Interpretation von Texten" (Hamburg 1974, Papiere zur Textlinguistik, Bd. 7) untersuchen Petöfi und Rieser die Fragen, „[...] ob eine empirische Pragmatiktheorie als unabhängiger Teil einer allgemeinen Sprach- und Grammatiktheorie betrachtet werden kann und was als Objektbereich einer empirischen Pragmatik anzusehen ist. Als vorläufiges Resultat dieser Überlegungen kann gelten, daß die wichtigsten der üblicherweise als „pragmatisch" apostrophierten Phänomene wie Pronominalselektion, temporale und lokale Deixis, Zeit- und Tempusrelationen, Präsupposition und Folgerung, erfolgreiche und erfolglose Sprechhandlungen nur im Zusammenhang mit jenen Strukturen in natürlichen Sprachen zu erfassen sind, die bereits seit Bestehen der Generativen Semantik in der linguistischen Literatur intensiver diskutiert werden; es sind dies u. a. die Desambiguierung, die Bestimmung paraphrastischer Relationen zwischen Äußerungen, Definitivierung und Quantifikation in natürlichen Sprachen, enzyklopädische und linguistische Informationen im Lexikon, Analyse der performativen Verben etc." (VII)

Eine Bibliographie der Arbeiten von Petöfi findet sich in:
Petöfi, J. S., 1975, Vers une théorie partielle du texte, Hamburg, 134–147 (Papiere zur Textlinguistik, Bd. 9).

Wer sich über den Stand textgrammatischer Forschungen informieren will, sei verwiesen auf 3 Sammelbände:

Rüttenauer, M., Hrsg., 1972, Textlinguistik und Pragmatik, Hamburg (Papiere zur Textlinguistik, Bd. 3).

Petöfi, J. S. und Rieser, R., Eds., 1973, Studies in Text Grammar, Dordrecht.

Petöfi, J. S. und Schmidt, S. J., Hrsg., 1976, Texttheorie, Köln (Neue wissenschaftliche Bibliothek).

Um die Fundierung einer Texttheorie unter dem Einfluß von Sprachphilosophie, formaler Logik und Mathematik sowie „linguistischer Sprachwissenschaft" mit dem Ziel, eine Grammatik zu erstellen, die Texte mit einer Makrostruktur beschreiben kann, bemüht sich Th. Ballmer, (1975, Sprachrekonstruktionssysteme und einige ihrer Anwendungsmöglichkeiten in Satz- und Textlinguistik, Kronsberg/Ts.). Vor allem die Arbeiten Ballmers, Petöfis und seiner Mitarbeiter zeigen, vor welchen Schwierigkeiten eine Textgrammatik steht, wenn sie versucht, eine formale Repräsentation für natürlich-sprachige Textvorkommen zu liefern, bei der auch kontextuelle Faktoren der Textäußerung so berücksichtigt werden können, daß ein einheitlicher Theorierahmen erhalten bleibt. Gerade der von der Analytischen Wissenschaftstheorie übernommene Anspruch an die formale Strenge der Theoriebildung bei diesen Textgrammatikern zeigt, in welche Richtung sich soziologisch orientierte Forschungen in ihrer wissenschaftstheoretischen Grundlegung stärker als bisher bemühen müßten, um zu einem ähnlichen Explikationsgrad ihrer Theorien zu kommen wie die formalen Textgrammatiken. Dabei darf nicht übersehen werden, vor welchen noch unübersehbaren Schwierigkeiten etwa der Versuch einer formalen Sprechakt-Theorie aufgrund der Komplexität des zu behandelnden Untersuchungsbereiches steht. Hier wird ernsthaft zu überlegen (und abzuwarten) sein, ob einerseits formale Textgrammatiken genügend nahe an natürliche Sprachen herankommen; ob andererseits Sprechakt-Theorien nicht überfordert sind, wenn ihnen von vornherein eine zu große formale Strenge abverlangt wird und damit ihre wichtige heuristische Funktion, mit der sie gegen Blickverengungen bei Formalisierungsversuchen wirken sollen, beeinträchtigt wird.

(zu 3) Ansätze zu einer Handlungslogik gehen in der Regel zurück auf Arbeiten von G. H. von Wright („The logic of action". in: N. Rescher, Ed., The logic of decision and action, Pittsburgh, 1967; Erklären und Verstehen, Frankfurt/M., 1974 und seinen Sammelband: Handlung, Norm und Intention. Untersuchungen zur deontischen Logik. Hrsg. von H. Posner, Berlin 1975.) sowie D. Davidson („The logical form of action sentences". in Rescher, Ed., 1968).

Für die texttheoretische Diskussion interessant geworden sind in den letzten Jahren vor allem die Tätigkeitslogik von M. Nowakowska (Language of motivation and language of action, The

Hague, 1973) und handlungslogische Ansätze von W. Brennenstuhl, (1975, Handlungstheorie und Handlungslogik, Kronsberg/Ts.). Einen interessanten Versuch, handlungslogische bzw. handlungstheoretische Konzepte im Rahmen der Sprechakttheorie zur Begründung einer materialistischen Sprachwissenschaft einzusetzen, hat unternommen W. Kummer (1975, Grundlagen der Texttheorie, Reinbek b. Hamburg) und zwar mit folgender Begründung: „Um die logische Genese menschlicher Sprechtätigkeit als eine spezifische Form des Handelns erfassen zu können, ist es notwendig, von einer allgemeinen Handlungslogik auszugehen und aus dieser Logik die Kategorien zu gewinnen, mit denen Sprechtätigkeit als Form des Handelns und Sprachen als Produkte dieses Handelns definiert werden." (S. 9) Damit werden Arbeiten von Leont'ev, Rubinstein und Wygotski aufgegriffen und fortgeführt (cf. „TT", Exkurs 1, S. 16 ff.).

Eine Verbindung von textlogischen, textgrammatischen und handlungstheoretischen Theorieansätzen versucht in zahlreichen Arbeiten T. A. van Dijk, der eine logische Pragmatik ansieht als „[...] a formal reconstruction of an assumed system of rules enabling a native speaker to relate one or more discourses of a natural language with one or more appropriate contexts, and conversely." (Pragmatics and Poetics, Mimeo, Amsterdam 1973, S. 4; erscheint demnächst in POETICS, Vol. 16). Eine solche Kontex-Grammatik wird ansatzweise entwickelt in folgenden Arbeiten van Dijks:

„Pragmatics, presuppositions and context grammars". in: S. J. Schmidt, Ed., Pragmatik/Pragmatics II, München 1975.
„A note on the partial equivalence of text grammars and context grammars". in: M. D. Loflin und J. Silverberg, Eds., Discourse and inference in cognitive anthropology, The Hague 1974.
Issues in the pragmatic of discourse, Mimeo, Amsterdam 1975.
„Text Grammar and Text logic". in: Petöfi, J. S. und Rieser, H., Eds., 1973, Studies in Text Grammar, Dordrecht, 17–78.

(ad c) Van Dijk hat dann auch konsequent den Schritt von der Handlungslogik und Textgrammatik zu einer Kooperation mit der Psychologie getan, um linguistische Hypothesen – wie die einer Texttiefenstruktur[4] – empirisch zu überprüfen. Die theoretische Grundlegung findet sich in Arbeiten wie:

---

4 Eine thematische Textbasis postuliert auch W. Dressler (1972, Einführung in die Textlinguistik, Tübingen), der als Grundstruktur eines Textes eine „abgeschlossene semantische Basis" annimmt (S. 13), deren „Term" ein

„Philosophy of action and theory of narrative", Mimeo, Amsterdam 1974.
„Action, action description and narrative". in: New Literary History, 1974—75, H. 6, 374—394.
Models for macro-structures, Mimeo, Amsterdam 1974.
Narrative macro-structures. Logical and cognitive foundations, Mimeo, Amsterdam 1975.

Die dort theoretisch eingeführten Regeln zu Bildung von Texttiefenstrukturen — erarbeitet am Beispiel von Erzähltexten — sind dann überprüft worden, wobei sich eine — bisher plausible — empirische Bestätigung für die Hypothese ergeben hat, daß bei der Rezeption sprachlicher Texte die Oberflächensätze verarbeitet werden zu einer thematisch-semantischen Makro-Struktur, die dann im Gedächtnis abgespeichert wird und für die Wiedergabe von Texten oder die Bildung von Kondensattexten als Grundlage der Produktion dient (cf. „TT", 129 ff.).

Die empirischen Untersuchungen werden vorgestellt in:
T. A. van Dijk und W. Kintsch, 1975, Recalling and summarizing stories, Mimeo.
T. A. van Dijk et al., Recalling and summarizing complex stories. Mimeo, Amsterdam 1975.

In den Zusammenhang empirischer Erforschung von Verstehensprozessen gehören m. E. auch die Simulationsprogramme der Artificial-Intelligence-Forschung, mit deren Hilfe Prozesse des Denkens und Verstehens, des Erzeugens und Verarbeitens sprachlicher Texte in Kommunikationssituationen analysiert werden sollen. Hier sei kurz verwiesen auf Arbeiten von R. C. Schank, Ch. J. Rieger, E. Charniak und F. Winograd.
(z. B. Schank, 1972, „Conceptual dependency: A theory of natural language understanding". in: Cognitive Psychology, 3, 552—631.
1972, „Semantics in conceptual analysis". in: Lingua 30, 101—140.
Schank und Rieger, 1974, „Inference and the computer understanding of natural language". in: Artificial Intelligence 5, 373—412.

„Thema" ist (S. 17). Dressler verweist aber darauf, daß noch keine Untersuchungen vorliegen, wie Basis-Sätze aussehen können, die ein Textthema repräsentieren. Er selbst macht dann erste Vorschläge (cf. S. 19, 37 ff., 41 ff.), die weitgehend kompatibel sind mit den Ergebnissen der Arbeiten von van Dijk und Kintsch.

Charniak, 1975, Organization and inference in a frame-like system of common sense knowledge. Mimeo, Institute for Semantic and Cognitive Studies, Castagnola.
1975, Artificial intelligence work on natural language, Mimeo, Castagnola.
1975 Inference and knowledge. Mimeo, Castagnola.
Winograd, T., 1973, „A procedural model of language understanding." in: R. C. Schank & K. Colby, eds., Computer models of thought and language, San Francisco, 152—186.
Ein Überblick über solche Forschungen mit dem Zweck der Konstruktion von Verstehensmodellen liegt inzwischen vor in S. J. Schmidt, Zur Klärung des Begriffs ‚Literarische Kommunikation". TLK-Papier, DFG.-Projekt „Theorie der Literarischen Kommunikation", Universität Bielefeld 1975.)

4. Kritische Anmerkungen zur „TT"

Nach dieser — notwendig pauschalen — Darstellung wichtiger Forschungsentwicklung in den von der „TT" angesprochenen Bereichen soll zum Abschluß auf einige Einzelfragen eingegangen werden, die in der „TT" dargestellt werden und zu denen heute einige Anmerkungen erforderlich sind.

(a) Instruktionssemantik und semantische Merkmale (Kap. 4.3 ff.)

Angesichts der intensiven Forschungstätigkeit auf dem Gebiet der Semantik mag den Leser dieses Kapitel in der „TT" als Bericht über eine bereits historisch gewordene Forschungsposition anmuten. Intensionale Logik und Modelltheorie gehen heute andere Wege als die interpretative Semantik der Generativen Transformationsgrammatik. Das ist unbestreitbar. Gleichwohl soll hier noch einmal verdeutlicht werden, daß es in Kap. 4.3 primär um die Diskussion von Fundierungsfragen einer texttheoretischen Semantik ging, die anknüpfte an das damals lebhaft diskutierte Modell der semantischen Merkmale, um zum einen zu zeigen, daß semantische Merkmale bestenfalls als Elemente einer semantischen Beschreibungssprache aufgefaßt werden können, um zum anderen darauf hinzuweisen, daß für bestimmte begrenzte Zwecke (z. B. die Metaphernanalyse) semantische Merkmale erfolgreich als Analyseinstrumentarium eingesetzt werden können. (Zur sinnvollen Ver-

wendung semantischer Merkmale cf. auch T. Winograd, 1973, 174.)
(Inwiefern man das, was mit semantischen Merkmalen geleistet werden soll, heute mit Repräsentationen von Intensionen in einem textgrammatischen Lexikon leisten kann, müßte noch genauer geprüft werden.)

Während ich die Spekulationen über das Erzeugen von Lexicoiden und die Existenz eines Tiefenlexikons („TT", S. 60) heute mit kritischer Distanz betrachte, vertrete ich — wenn auch in modifizierter Form — nach wie vor die Grundidee einer Instruktionssemantik mit der Unterscheidung von kanonischer und situativer Instruktion. Daß diese Denkansätze auch im Rahmen einer logischen Grammatik formal rekonstruiert werden können, zeigt W. Kindt in: W. Kindt und S. J. Schmidt, 1974, Textrezeption und Textinterpretation. TLK-Papier, DFG-Projekt, Universität Bielefeld (im Druck).

Daß damit lediglich Denkanstöße gegeben sind und noch keine ausgearbeitete Textsemantik vorliegt, ist mir bewußt und es war von mir auch nie beabsichtigt, mehr als solche Denkanstöße zu geben.

(b) Präsupposition

Dieses Thema ist in den letzten Jahren Gegenstand einer Fülle von Diskussionen geworden. Den besten Überblick gibt der Sammelband von J. S. Petöfi und D. Franck, Hrsg., Präsuppositionen in Philosophie und Linguistik, Frankfurt/Main (Linguistische Forschungen, Bd. 7).

Daß dieses Thema in Kap. 5.2 der „TT" in Übereinstimmung mit späteren Forschungen behandelt worden ist, zeigt vielleicht ein kurzes Zitat aus dem Beitrag von K. H. Ebert „Präsuppositionen im Sprechakt" in dem genannten Sammelband (S. 421—444):
„Präsuppositionen sind keine verbalen Entitäten, sondern Urteile des Sprechers über Tatsachen, Wissen, Fähigkeiten des Hörers, die in die Formulierung einer Mitteilung eingehen. [...] Es setzt also nicht ein Satz einen anderen Satz als wahr voraus, sondern der Sprecher setzt im Sprechakt bestimmte Gegenstände und Sachverhalte als unbestreitbar gegeben und als dem Hörer bekannt voraus [...]" (S. 423).

Ebert führt die Kategorien ‚logische' und ‚pragmatische Präsupposition' ein und definiert: „L-präsupponiert sein bedeutet für Referenten, daß sie identifiziert werden müssen, für Sachverhalte, daß sie für wahr (existent) gehalten werden müssen, bevor die

Assertion akzeptiert oder abgelehnt werden kann." (S. 435) Pragmatische Präsuppositionen sind nach Ebert „[...] die Annahmen des Sprechers in bezug auf das Wissen des Hörers, die in der sprachlichen Formulierung ihren Niederschlag finden [...]" (S. 422). Damit ist m. E. ein Einteilungsschema gegeben, welches das kompliziertere Schema in „TT", Kap. 5.3 ablösen kann.

(c)   Inferenz

Ein wichtiges Forschungsthema der Artificial-Intelligence-Forschung sind die auf S. 96 der „TT" angesprochenen Inferenzen. Inferenzen werden in der AI-Forschung aufgefaßt als solche Informationen, die der Hörer beim Erkennen, der Referentialisierung und der Analyse sprachlicher Zeichen zu deren Verständnis benötigt bzw. die er aus ihm angebotenen Zeichenfolgen ableitet (cf. dazu die oben zitierten Aufsätze von Schank, Rieger und Charniak sowie den Beitrag von W. Samlowski, 1974, Konzepttheorie. Working Paper 12, Istituto per gli studii semantici e cognitivi, Castagnola, sowie die zusammenfassende Darstellung in Schmidt, 1975, TLK-Papier, s. o.).

(d)   Modell kommunikativer Handlungsspiele

Zu dem in Kap. 6.5 der „TT" entwickelten Faktorenmodell kommunikativer Handlungsspiele ist aus heutiger Sicht zu sagen, daß es sich dabei eher um eine Modellskizze handelt, die zu berücksichtigende Faktoren eines Modells in Form einer Problemtopologie vorläufig lokalisiert.

Bei aller Vorläufigkeit und Inexplizitheit dieser Modellskizze kann aber festgestellt werden, daß sie eine Reihe von Faktoren berücksichtigt, die erst in erweiterten sprechakttheoretischen Forschungen wieder bemerkt und weiter verfolgt worden sind und ihre Berechtigung erweisen: so z. B. die Intention des Sprechers (cf. Mitteilungs- und Wirkungsabsicht in der „TT"), die Interpretation der Kommunikationssituation (cf. KSitBild), die Bedeutung der Partnereinschätzung für den Sprecher oder die Berücksichtigung von Illukutionspotentialen ganzer Kommunikationsakte (cf. IP_{Ka} in der „TT"; zu diesem Problembereich cf. die obengenannten Artikel von K. Bayer, 1975, und J. Streeck, 1975).

(e)   Texterzeugungsmodell

Das Modell kommunikativer Handlungsspiele ist in der „TT" eng verbunden mit dem Texterzeugungsmodell (bei dem es sich wieder nur um eine Modellskizze handelt). Auch hier hat sich gezeigt, daß dieses noch weitgehend spekulative Modell durchaus konkretisierbar ist. So haben etwa die erwähnten Arbeiten von van Dijk und Kintsch eine empirische Bestätigung dafür erbracht, daß man in der Tat von einer Texttiefenstruktur ausgehen kann, die den Prozeß der Erzeugung der linearen Textoberfläche steuert.

Eine Ausarbeitung des Texterzeugungsmodells steht noch aus; durchgeführt sind dagegen Vorarbeiten zu einem Rezeptionsmodell (in: W. Kindt und S. J. Schmidt, 1974 und S. J. Schmidt 1975 TLK-Papier sowie Schmidt, 1975, Studienbrief „Textanalyse und Textinterpretation", Deutsches Institut für Fernstudien Tübingen), das als Pendant zu dem in der „TT" vorgestellten Erzeugungsmodell betrachtet werden kann und einer empirischen Erprobung unterzogen werden soll.

(f) Textkohärenz

In Kap. 8.3 der „TT" wird Textkohärenz expliziert mit Hilfe einer logico-semantischen Texttiefenstruktur unter Berücksichtigung des Kontextes und der Sprecherintention. Eben diese Bestimmungsstücke finden sich auch in den genannten Arbeiten von van Dijk, wo Kohärenz auf zwei Ebenen definiert wird: Auf der Ebene der propositionalen Textbasis und auf makro-struktureller Ebene. Van Dijk et al., 1975, verweisen darauf, daß neben semantischen und logischen Bedingungen auch kontextuelle Bedingungen für die Kohärenz von Texten berücksichtigt werden müssen (z. B. Faktenkenntnisse von Sprecher und Hörer); dieser Punkt wird in dem genannten Papier jedoch nicht näher ausgeführt.

Auf der linearen Ebene wird Kohärenz nach Ansicht der Autoren definiert durch die Verbindung zwischen den Propositionen, die über die Identität der Referenten in der jeweils maßgeblichen Welt geregelt wird (= Bedingung der Referenz-Relation, die zur Bedeutungsrelation hinzukommen muß). Die Explizitheit einer Textbasis schließlich wird verglichen mit einer Serie induktiver Beweise, die zeigen, daß die Propositionen in einer Textbasis (die hier wohl gleichgesetzt wird mit der Makro-Struktur = „sequence of propositions") auseinander folgen (cf. van Dijk und Kintsch, 1975, S. 5). Ob diese Bestimmungen ausreichen bzw. wie sie sich verbinden lassen mit nicht-sprachlichen Kommunikationsbedingungen (wie etwa Sprecherintention, Kommunikationssituation als Regulativ für Akzeptabilität oder Bereitschaft des Hörers, auch elliptische Äußerungen zu „verstehen", müßte noch gezeigt werden.)

(g) Anwendungsbereich

Ein oft erhobener Vorwurf gegen die „TT" geht dahin, daß sie lediglich Entwürfe liefere aber keine Anwendung bringe. Das stimmt für die „TT" selbst, die sich ja auch nur als eine Einführung in den Problembereich versteht. Inzwischen sind allerdings auf der Basis der in der „TT" vertretenene Positionen Anwendungsversuche unternommen worden, von denen ich einige kurz nennen darf:

Eine Anwendung auf das Negationsproblem liegt vor in:
Schmidt, S. J., 1973, „Texttheoretische Aspekte der Negation". in: ZGL 1, 178—208.
Literaturwissenschaftliche Fragen auf texttheoretischer Basis sind u. a. behandelt in Schmidt, S. J., 1975 „‚Komik' im Beschreibungsmodell kommunikativer Handlungsspiele". in: DNS, H. 4, 354—373, sowie „‚Negation' und ‚Konstitution' als Kategorien konkreter Dichtung". in: H. Weinrich, Hrsg., Positionen der Negativität, München 1975, 393—433.
„Théorie et pratique d'une étude scientifique de la narrativité litteraire". in: C. Chabrol, ed., Sémiotique narrative et textuelle, Paris 1973, 137—160.

Eine Fundierung einer Theorie der Literarischen Kommunikation auf der Grundlage texttheoretischer Positionen liegt vor in:
Schmidt, S. J., 1974, Elemente einer Textpoetik, München (Grundfragen der Literaturwissenschaft, Bd. 10).
Literaturwissenschaft als argumentierende Wissenschaft, München 1975 (Kritische Information Bd. 38).
Eine empirische Untersuchung der Rezeption von Dramentexten auf texttheoretischer Basis hat vorgelegt:
R. Zobel, 1975, Der Dramentext — Ein kommunikatives Handlungsspiel, Göppingen.

Daß damit nur erste Schritte getan worden sind, ist klar — wie denn wohl jeder Schritt in einem so weitläufigen und noch ungesicherten Gebiet wie einer Texttheorie ein vorläufiger sein dürfte. Trotzdem dürfte sich bereits gezeigt haben, daß auf der Grundlage der in der „TT" vertretenen Positionen Anwendungen für die praktische Arbeit des Linguisten und Literaturwissenschaftlers möglich sind.

Bielefeld, im Dezember 1975 (S. J. Schmidt)

VORBEMERKUNG

Dieses Buch will eine Übersicht über wichtige Probleme einer Analyse der sprachlichen Kommunikation geben. Es soll einer einführenden Orientierung dienen und zeigen, wie komplex das Forschungsgebiet einer Texttheorie ist.
Dieses Buch bietet *keine* geschlossene Theorie in einem wissenschaftstheoretisch stringenten Sinne; eher eine Übersicht über Probleme und Forschungsansätze, die die Forderung nach einer Texttheorie plausibel machen und eine Richtung ihrer möglichen Ausarbeitung skizzieren soll.
Seit Abgabe des Manuskripts (Juli 1972) sind auf dem hier thematischen Forschungsgebiet viele Arbeiten erschienen, die nicht mehr berücksichtigt werden konnten. Sie beweisen, wie intensiv inzwischen auf diesem Gebiet gearbeitet wird, zeigen aber auch, daß es nicht überflüssig ist, einer zu starken Verengung des Blickwinkels einer Texttheorie oder „Pragmatik" entgegenzuwirken durch Aufweis der Komplexität des Objektbereichs, so wie es hier versucht wird.

Bielefeld, Januar 1973   S. J. Schmidt

1. TEXTTHEORIE ALS NEUE LINGUISTISCHE PERSPEKTIVE

1.1 Zur Situation kommunikationsorientierter linguistischer Forschung

Linguistik – wie jede andere Wissenschaft – hat ihre Entwicklungsschübe, ihre historischen Neuansätze, die in der Regel auf neu auftretende Fragestellungen mit neuen Methodologien zu antworten versuchen. Nach dem Versuch der späten 50er Jahre, auf die Herausforderung der Informationstheorie zu antworten und eine Linguistik zu entwickeln, die in der Lage wäre, eine adäquate Sprachtheorie für Übersetzungsmaschinen zu konstruieren, scheint m. E. die aktuelle Fragestellung der 70er Jahre eine soziologisch erweiterte sprachliche Kommunikationstheorie zu sein,[1] die einerseits nach expliziten Modellen sozialer Kommunikation fragt, andererseits deutlicher als je zuvor die Frage nach der gesellschaftlichen und interdisziplinären Relevanz wissenschaftlicher (Teil-)Forschungen stellt. So ist es sicher kein Zufall, daß sich seit einigen Jahren (wieder) die Stimmen mehren,[2] die darauf verweisen, daß Linguistik und Logik ohne pragmatische Komponente unvollständig[3] und daher für die Beschreibung natürlicher Sprachen inadäquat sind. Die Forderung nach einer „Pragmatik" und erste globale Entwürfe möglicher Theorien einer Pragmatik sind in letzter Zeit von Vertretern

---

[1] cf. etwa *A. A. Leont'ev* (1971, 7): „Es ist dies eine allgemeine Tendenz zum Vorstoßen ‚über die Sprache hinaus', zum Aufdecken der spezifischen Eigenschaften der menschlichen Tätigkeit als ganzes, darunter auch der Sprechtätigkeit, kurz, zur Untersuchung nicht so sehr der Sprache wie des *sprechenden Menschen.*" (cf. dazu auch *U. Maas,* 1972 a.)

[2] Schon 1947 hatte *R. Carnap* in „Meaning and Necessity" erklärt: „There is an urgent need for a system of theoretical pragmatics, not only for psychology and linguistics, but also for analytic philosophy. Since pure semantics is sufficiently developed, the time seems ripe for attempts at constructing tentative outlines of pragmatical systems". (250)

[3] Cf. von seiten der Generativen Transformationsgrammatik (im folgenden: GTG) *P. Postal:* „It must be emphasized that in no sense is a linguistic description an account of actual ‚verbal behavior' ... It is thus necessary to posit a relation of *representations* which holds between real utterances and the output of linguistic descriptions." (1968, 195)

verschiedener Disziplinen vorgetragen worden: von Sprachphilosophen (*J. R. Searle*) und Logikern (*R. Montague*), von Linguisten (*D. Wunderlich, T. A. van Dijk*) und Soziologen (*J. Habermas*). Wissenschaftsgeschichtlich erinnert dieser Vorgang an die Zeit, als nach der einseitigen Konzentration auf a-semantische grammatisch-syntaktische Probleme (in der Bloomfield- und Harristradition) der Ruf nach einer linguistischen Semantik laut wurde (cf. *A. I. Greimas*, 1966). So wie damals die Semantik soll offensichtlich heute die „Pragmatik" aus ihrem Zustand als „arme Verwandte" (*Greimas*) der Linguistik befreit und in den Gesamtbestand der linguistischen Theorie integriert werden.

Unter dem Aspekt einer möglichst vollständigen Sprachtheorie ist diese Entwicklung nachdrücklich zu begrüßen; denn sie markiert einen weiteren Schritt auf dem Wege der Linguistik zur Orientierung an der Sprachrealität, an der *sprachlich-sozialen Kommunikation als zentralem Forschungsbereich*, m. a. W. einen Schritt von der (Sprach-)System-Linguistik zu einer *Texttheorie* als Theorie der sprachlichen Kommunikation. Diese Entwicklung hat sich über einige bedeutsame Stadien in der Forschungsgeschichte der Linguistik vollzogen, die unter dem Schlagwort zusammengefaßt werden können: „Von der Satzgrammatik zur Textgrammatik". Nachdem sich zunächst gezeigt hatte, daß eine Reihe von Problemen nicht zureichend im Rahmen einer Satzgrammatik gelöst werden konnte (*cf. die Arbeiten von Autoren wie P. Hartmann, H. Isenberg, W. Dressler, T. A. van Dijk, D. Wunderlich, W. O. Hendricks* u. a. m.), wächst heute die Einsicht, daß eine Fülle weiterer Fragen nur von einer verwendungsorientierten Texttheorie bzw. einer Textlinguistik mit „pragmatischer" Komponente adäquat behandelt werden kann.

1.2 Voraussetzungen einer Texttheorie

Wenn hier behauptet wird, die zukünftige Linguistik habe auf die Fragen nach der Struktur sprachlicher Kommunikation und nach ihrer Relevanz als Disziplin im sozialen Kontext eine klare Antwort zu geben, so bedeutet das nicht, daß kurzschlüssig auf eine gerade modische, z. T. auch tagespolitische Forderung, reagiert werden soll. Es bedeutet vielmehr, daß die Diskussion der letzten Jahre gezeigt hat, daß die unter dem Primat der Formalisierungs- und Exaktheitsforderung stehende Linguistik der 50er und 60er Jahre im konsequenten Verfolgen ihres Ansatzes aus sich heraus Fragestellungen entwickelt hat und von außen her mit Fragen konfrontiert worden ist, die in ihrem vormals definierten Rahmen nicht mehr gelöst werden können.

In dieser Lage stehen – wissenschaftstheoretisch gesehen – zumindest zwei Möglickkeiten offen:
(1) man versucht, das offensichtlich defiziente Modell der bisherigen Linguistik zu modifizieren, neue Teildisziplinen zu entwickeln, um die im alten Theoriegerüst unlösbaren Probleme zu bewältigen (z. B. *additive* Einführung von Textlinguistik und Pragmalinguistik als linguistischen Teildisziplinen);
(2) man wendet sich einer konsequenten Revision der bisherigen theoretischen Basis zu und fragt, ob die bisherigen Ansätze überhaupt zutreffen, notwendig, theoretisch konsistent und/oder empirisch haltbar sind und dem gegenwärtigen Forschungsinteresse (noch) entsprechen. M. a. W. man versucht, neue Modelle einer künftigen Linguistik zu entwerfen, die das alte Modell entweder verändern oder völlig ersetzen, um auf die neu aufgetretenen Fragestellungen antworten zu können.

Faktisch wird man in Zukunft wohl mit einer zweigleisigen Arbeit rechnen müssen, was auch wissenschaftsgeschichtlich normal sein dürfte; die Vertreter des „alten" Modells entwickeln dieses weiter, die anderen versuchen, ein konkurrenzfähiges neues zu entwerfen. Beide Modelle treten dann in Konkurrenz und die Forschungsgeschichte wird den Streit zwischen beiden „in the long run" entscheiden (cf. *I. Lakatos,* 1968, 1971).

Die folgenden Ausführungen werden einige Grundlagenprobleme der zweiten Möglichkeit diskutieren. Demgemäß wäre also zunächst die Frage zu klären, ob die Behandlung „pragmatischer" Probleme im Forschungsrahmen der bisherigen Linguistik überhaupt zu einer Lösung der Probleme einer kommunikationsorientierten Sprachbeschreibung kommen kann oder warum das nicht zu erwarten ist.

1.2.1 Aus historisch und forschungstechnisch durchaus plausiblen Gründen hat sich die bisherige Linguistik nach *F. de Saussure* dominant der Beschreibung des Sprach*systems* zugewandt und sowohl Fragen der Referenz und Bedeutung, als auch Fragen der Applikation des Systems in konkreten Kommunikationsprozessen weitgehend ausgeklammert. Sie hat also mit einem abstrahierten, *isolierten linguistischen Objekt*(bereich) gearbeitet. Das wäre wissenschaftlich korrekt gewesen, hätte sich die Linguistik genaue Rechenschaft darüber abgelegt, *daß* sie aus genau spezifizierten Gründen so vorging (= methodologischer Aspekt), und *wie* diese Beschränkung im Objektbereich lokalisierbar wäre (= phänomenologischer Aspekt). Die Tatsache, daß sich nacheinander die zunächst ausgeklammerten semantischen und pragmatischen Aspekte als unabweisbare Fragenbereiche einstellten und bis heute nicht von der Linguistik adäquat bewältigt worden sind, kann auf zwei Arten beantwortet werden: Entweder man behauptet, die Linguistik brauche noch Zeit, um auf ihrer jetzigen Basis eine semantische und eine pragmatische Teil-Theorie zu entwickeln; oder man prüft, ob nicht dieses (bisherige) Scheitern an semantischen und pragmatischen Problemen – spät genug – die Linguistik daran erinnern müßte, daß sie unzulässig und ohne deutliches methodologisches Bewußtsein mit einem aus komplexen Zusammenhängen abstrahierten – also amputierten – Forschungsobjekt gearbeitet hat [4] und darum prinzipiell prüfen muß, ob sie diesen Standpunkt überhaupt beibehalten kann und will. Auch diese Behauptung muß näher erläutert werden, und dabei soll mit wenigen Strichen ein anderes Modell einer möglichen Linguistik skizziert werden.

1.2.2 *P. Hartmann,* in Deutschland einer der Begründer der Textlinguistik, hat 1968 auf der Konstanzer Konferenz über transphrastische Probleme gesagt: „Wenn die Sprachwissenschaft in einer objektgerechten Breite und Differenziertheit ausgeübt und entwickelt werden soll, hat sie von der tatsächlichen Objektlage im Bereich der Sprachwirklichkeit auszugehen. Ausgangspunkt einer Phänomeno-

---

[4] Schon 1934 hatte *L. S. Vygotski* auf diese methodologische Problematik hingewiesen: „Die Kommunikation, die auf rationaler Erkenntnis und der bewußten Wiedergabe eines Gedankens oder von Erlebnissen beruht, erfordert immer ein *System von Mitteln,* dessen Prototyp die menschliche Sprache ist, die aus dem Bedürfnis heraus entstand, sich im Arbeitsprozeß zu verständigen. Doch entsprechend den in der Psychologie üblichen Ansichten wurde dieses Thema bis in die jüngste Zeit in zu vereinfachter Form dargestellt. Man nahm an, daß Zeichen, Wort und Laut Kommunikationsmittel seien. Dieser Fehler beruhte auf der bei der Lösung des ganzen Sprachproblems falsch angewandten Analyse im Sinne der Auflösung in Elemente." (dt. 1969, 12)

logie des linguistischen Objekts ist die Texthaftigkeit des originären sprachlichen Zeichens." (1971, 12) Dieses Zitat enthält die beiden Ausgangspunkte für ein Modell einer objektadäquateren Linguistik, das im folgenden diskutiert werden soll.

Hartmanns Diktum markiert einen Wandel in der linguistischen Einschätzung dessen, was als Heuristik einer linguistischen Theorie dienen soll, welche „Phänomenologie des linguistischen Objekts" eine Linguistik akzeptiert.

Die Antwort auf diese Frage kann nur lauten: Was dem Linguisten phänomenologisch primär gegeben ist, ist die Tatsache der beobachtbaren sprachlichen Kommunikation, und nicht etwa das Vorkommen von Wörtern, Sätzen oder Texten. Primär gegeben ist, daß Partner mittels Sprache in Kontakt treten, sich über etwas unterhalten, sich verstehen oder mißverstehen. Das geschieht nie in einem „luftleeren Raum", sondern stets in konkreten Situationen der verschiedensten Art, in Kommunikationsgeschichten oder „kommunikativen Handlungsspielen".

Aufgabe einer Linguistik wäre nach diesen Voraussetzungen, sich zunächst einmal bewußt zu entscheiden, was sie als ihr Forschungsobjekt *wählen* will. Diese Wahl ist historisch vorbestimmt: Linguistik will „Sprache" analysieren. Wie aber kommt „Sprache" vor? Primär in gesprochenen Äußerungen, sekundär transkribiert als Schrift. Im primären Vorkommen nun kommt sie nie allein vor, sondern immer zusammen mit anderen Faktoren eines „kommunikativen Handlungsspiels". Demgemäß wäre mit *A. A. Leont'ev* (1971, 16) als Objekt der Linguistik vorläufig anzusetzen „die *Gesamtheit* der *Sprech-* oder besser, der Denk-Sprech-*Akte*".

Um nicht von Anfang an mit einer ungedeckten Hypothese zu arbeiten, müßte eine Linguistik zunächst klären, wie Sprache aus ihren sozialen Vorkommensweisen so *herausgelöst* werden kann, daß sie als abgrenzbares und idealisierbares linguistisches Forschungsobjekt zugänglich wird.

Die erste *phänomenologische Operation einer Linguistik* bestünde also darin, (1) komplexe sprachlich-kommunikative Sprechvorkommen (im folgenden *„kommunikative Handlungsspiele"* genannt) zu analysieren und nach sprachlichen und anderen-als-sprachlichen Faktoren einzuteilen; und (2) zu beschreiben, wie Sprache vorkommt, wozu sie dient, welche Wirkungen sie hervorruft. Diese zweite Frage darf keinesfalls vernachlässigt werden; denn schon der oberflächlichste Blick auf kommunikative Handlungsspiele zeigt, daß Sprache nicht um ihrer selbst willen gebraucht wird, sondern um etwas damit zu bewirken. Sprache interessiert eine Gesellschaft also offensichtlich nicht um ihrer selbst willen, sondern als Mittel, Medium, Instrument etc. Wenn eine Linguistik Wissenschaft von „der Sprache" sein will, dann muß sie auch die *Sprache* analysieren, die in einer faktischen Gesellschaft vorkommt; dort aber kommt eben Sprache-in-Funktionen vor und keineswegs die abstrakte Zeichenmenge der bisherigen Linguistik.[5] Eine bewußte phänomenologische Stufe in der linguistischen Theoriebildung kann also erste aber äußerst wichtige Grundsatzentscheidungen erzwingen, die Aufbau und Forschungsperspektiven der Linguistik auf neue Grundlagen stellen.

1.2.3 Ein zweites Resultat der phänomenologischen Operation ist ebenfalls bei *P. Hartmann* genannt: die *Texthaftigkeit* von Sprache. Bereits 1964 hatte P. Hartmann deutlich formuliert, daß der Text das „primäre sprachliche Zeichen" und somit Ausgangspunkt einer phänomenologisch adäquaten Linguistik sei.[6] In den nachfolgenden Jahren zeigte sich mit der Entwicklung textlinguistischer Ansätze, daß der phänomenologisch evident scheinende Begriff des Textes mit den zur Verfügung stehenden linguistischen Mitteln keineswegs befriedigend definiert werden konnte. (Dieses Problem wird detailliert diskutiert in Kap. 8.)

Offensichtlich bedeutet ‚Text' mehr und anderes als eine bloß linguistische Form oder Einheit. Das ging auch daraus hervor, daß der Begriff ‚Text' nicht auf sprachliche Phänomene beschränkbar war, sondern mit Erfolg überall dort angewandt wurde, wo gegliederte mehrheitliche Element-Komplexe mit einer daran gekoppelten übertragbaren Information bzw. Wirkung vorlagen: im Bereich der bildenden Kunst (cf. *M. Bense*, 1962), der Musik, des Tanzes etc. Ein zusätzliches Problem entstand, als die Linguistik sich mit der Ana-

---

[5] Cf. *P. Hartmann,* 1971, 17, der betont, daß faktisch „nur texthafte und textwertige Sprache das Kommunikationsmittel zwischen Menschen ist".

[6] cf. auch 1971, 15: „Eine angemessene Berücksichtigung der Sprachfaktizität, d. i. der Tatsache, daß Sprachen als funktionierende nur textförmig vorkommen und manifest sind, erfordert, daß genau dies zur Ausgangsfeststellung einer (und damit auch der linguistischen) Sprachphänomenologie gemacht wird: die Anerkennung der Texthaftigkeit als grundsätzlicher Vorkommensbasis für natürliche und davon abgeleitete Sprachen."

lyse von Sprechakten befaßte, also „Äußerungen" untersuchte, die
– nach dem Vorbild der Phonologie – als „tokens" (= Manifestationen) eines „types" (= Textes) aufgefaßt wurden.

1.2.3.1 Alle Forderungen nach einer adäquaten Phänomenologie eines Objektbereichs unterliegen bekanntlich der erkenntnistheoretischen Problematik, daß es – von der Wahrnehmung an – keine „objektive" Feststellung gibt, daß jede Wahrnehmung und Gliederung einer Wahrnehmungssituation „theorie"-gesteuert erfolgt. Auch eine Phänomenologie des linguistischen Objektbereiches kann nicht so tun, als sei sie „bei den Sachen selbst". So problematisch aber auch die Kategorie der Evidenz sein mag: ohne sie kommt keine Argumentation aus, und erkenntnis*praktisch* gesehen ist die Berufung auf Evidenz nicht problematischer als die Berufung auf irgendeine andere Instanz. Unter dieser Einschränkung kann man aus *P. Hartmanns* Forderung nach einer linguistischen Phänomenologie doch soviel als Ausgangspunkt festhalten:
(1) Sprache kommt phänomenal nie allein vor, sondern immer nur zusammen mit anderen Faktoren im Rahmen einer komplexen Kommunikationssituation.
(2) Sprache kommt phänomenal nicht vor in isolierten Bestandteilen (Lauten, Wörtern etc.), sondern in integrierten mehrheitlichen Komplexen, die eine kommunikative Funktion erfüllen (deutlich wird das an sog. Einwortsätzen): eben dies soll im folgenden *vorläufig* „Text" genannt werden.

Daraus folgt für das Forschungsprogramm einer Linguistik als Wissenschaft von der (unverkürzten) Sprache: Wenn Linguistik Sprache, so wie sie sozial vorkommt, und nicht ein künstlich präpariertes System abstrakter Elemente untersuchen will, wenn sie sich also zu einer *Texttheorie* weiterentwickeln will, dann muß sie:
(1) die Sprache im sozio-kommunikativen Kontext und
(2) Sprache in Texten untersuchen.

Die Forschungsaufgabe einer (Linguistik als) *Texttheorie* besteht nach diesen Vorüberlegungen darin, eine *explizite Theorie sprachlicher Kommunikation zu entwickeln*. In einer solchen Texttheorie wäre eine Teiltheorie „Pragmatik" obsolet; denn ‚pragmatisch' kann hier nicht mehr der Name eines theoretisch isolierbaren Teilforschungsbereichs sein, sondern bestenfalls der Name für den *dominanten Forschungsaspekt der Texttheorie* insgesamt (nämlich: Kommunikationsorientiertheit). Insofern Texttheorie die Produktion und

Rezeption kommunikativ funktionierender Texte untersucht, ist sie notwendig immer „pragmatisch", oder gar nicht. Forschungsaufgabe einer Texttheorie wäre näherhin zu untersuchen, mit welchen Mitteln und nach welchen Regeln Texte-in-Funktion produziert und rezipiert werden; sie muß versuchen, ein Modell sprachlicher Kommunikation zu entwerfen, was sich zunächst als geordnetes System von Hypothesen über das „kommunikative Handlungsspiel" und seine Strukturierbarkeit darstellt, die dann empirisch überprüft und dementsprechend verändert werden müssen.

Das Verhältnis einer Texttheorie zur bisherigen Linguistik kann dabei nicht einfach als Additions- oder Inkorporationsverhältnis beschrieben werden. Vielmehr wird man im Einzelfall prüfen müssen, welche linguistischen Ergebnisse sich mit texttheoretischen Grundlagen, Forschungsperspektiven und Methoden vereinbaren lassen bzw. nach deren Standards transformierbar sind.

Angesichts der gegenwärtigen Forschungssituation müßte man im Rahmen einer Texttheorie also zwei Stufen der Theoriebildung vorsehen:

(1) Entwurf eines Modells sprachlicher Kommunikation, in dem die Faktoren kommunikativer Handlungsspiele und ihre Relationen explizit gemacht werden (= *heuristische Texttheorie;* in diese Rubrik fällt die vorliegende Arbeit zu großen Teilen).
(2) Ausfüllen dieses Modells mit schon verfügbaren oder neu zu entwickelnden linguistischen Modellen und Theorien (= *explizite Texttheorie*).

Allerdings kann die Linguistik nicht auf die erste Stufe verzichten, um ihren Objektbereich in angemessener Breite zu entwerfen und nicht von vornherein von einem zu abstrakten oder verobjektivierten Sprach- und Textbegriff auszugehen.

1.3 Exkurs 1: Psycholinguistische Argumente für eine Texttheorie

In der Einleitung zu *A. A. Leont'evs* Buch „Sprache-Sprechen-Sprechtätigkeit" (dt. 1971) schreiben die Übersetzer *C. Heeschen* und *W. Stölting* über den kulturhistorischen Ansatz der russischen Sprachpsychologie: „So abstrakt diese Grundsätze zunächst klingen mögen, sie erhalten eine enorme und ganz konkrete Bedeutung auch für das Fach Sprachwissenschaft, wenn man eben vor diesem Hintergrund Sprache als eine der möglichen menschlichen Handlungsformen bzw. als eine dieser Handlungsform zugrundeliegende psychische Fähigkeit versteht. Zunächst einmal kann nach dieser Theorie die Sprache nicht als reine Struktur von den Motivationskomponenten und den Zielen des sprechenden, d. h. handelnden Subjekts losgelöst werden; darüberhinaus muß das Verständnis von Sprechhandlungen die Analyse eben dieser Handlungen in ihren objektiven Bezügen, in ihren objektiven gesellschaftlichen Bedingungen durchgeführt werden." Die Untersuchung dieser Bedingungen kann keinesfalls als unlinguistisch beiseitegestellt werden; denn eine Linguistik, die als ihre „eigentliche" Aufgabe die Untersuchung der Sprachstruktur betrachtet, muß die psychologische Ansicht berücksichtigen, daß sich Strukturen „nur in Abhängigkeit von den wahrzunehmenden Funktionen bilden. Eine Strukturbeschreibung ist also nur aus einer Funktionsbeschreibung abzuleiten." Die methodologischen Konsequenzen dieses Ausgangspunktes für die Linguistik sind heute noch unübersehbar. Daß solche Konsequenzen gezogen werden müssen, geht aus dem Urteil der Autoren über die westliche Linguistik klar hervor: „Gänzlich absurd muß von diesem Standpunkt aus der Anspruch der westlichen Linguistik erscheinen, gerade durch ihre Beschränkung auf den strukturellen Teilaspekt der Sprache Grundlagenwissenschaft für alle anderen Wissenschaften zu sein, die in irgendeiner Form mit Sprache zu tun haben, z. B. die Psycholinguistik. Das Verhältnis ist eher umgekehrt." (11) Jeder Versuch einer methodischen Diskussion der Forschungsaspekte einer Linguistik sollte sich mit diesen Hypothesen auseinandersetzen. Aus diesem Grunde soll hier *Leont'evs* Ansatzpunkt kurz vorgestellt werden, zumal er in vielen Punkten wichtige Anschlußargumente für den bisher vertretenen Ansatz beisteuert. *Leont'ev* geht aus von der Sprechtätigkeit und analysiert sie im Rahmen einer handlungsorientierten Psychologie. Dieser breite Ansatz führt ihn zu der für jede Linguistik fundamentalen Hypothese, daß die Sprechtätigkeit immer integriert ist in ein breiteres System von Tätigkeiten: „Der Sprechakt ist immer ein Akt der Herstellung einer Entsprechung zwischen zwei Tätigkeiten, genauer ein Akt der Einbeziehung der Sprechtätigkeit in ein breiteres System von Tätigkeiten als einer der unumgänglichen und sich gegenseitig bedingenden Komponenten dieser letzteren." (25)

Auf dieser Basis kommt *Leont'ev* zu einer äußerst wichtigen Modifikation der allgemeinen *Kommunikationstheorie:* der Kommunikationsprozeß wird *nicht* – wie im Anschluß etwa an *R. Jakobson* sonst üblich – auf „den Prozeß der Übertragung einer kodierten Nachricht von einem Individuum zum anderen" reduziert (30); er wird auch nicht aufgefaßt als „Herstellung einer Entsprechung zwischen dem Sprechen und der äußeren Welt", sondern er wird dargestellt als „die Herstellung einer Entsprechung zwischen der konkreten Situation, auf der die Bezeichnung der Tätigkeit basiert, d. h. zwischen dem Inhalt, dem Motiv und der Form dieser Tätigkeit auf der einen Seite und zwischen der Struktur und den Elementen der sprachlichen Äußerung auf der anderen." (25)

1.3.1 Für jede linguistische Theorie der *Textbildung* wichtig ist *Leont'evs* Hinweis darauf, daß die Sprechtätigkeit wie jede andere Tätigkeit drei integrierte Aspekte aufweist: Motiv(ation)/Plan, Ziel und Vollzug. Sprechtätigkeit als solche existiert also nie isoliert; vielmehr gibt es „nur ein System von Sprechhandlungen, die zu irgendeiner Tätigkeit gehören – sei diese zur Gänze theoretisch, intellektuell oder teilweise praktisch. Mit dem Sprechen allein kann der Mensch nichts anfangen: Es ist nicht Selbstzweck, sondern Mittel und Werkzeug, auch wenn es bei verschiedenen Arten von Tätigkeiten verschieden verwendet werden kann." (31)

Jede Analyse von Sprechakten muß sich also darüber klar werden, daß Sprechakte aus komplexeren Tätigkeitsfeldern/-systemen „ausgebettete" Forschungsobjekte sind, deren Deskription die Integriertheit in solche Komplexe ausreichend berücksichtigen muß.

„Was aber ist die Linguistik? Sie ist die Lehre von einer der Seiten einer der Arten oder Aspekte der Tätigkeit, – nämlich der Sprechtätigkeit. Sie gliedert sich aus diesem Objekt ihren Gegenstand aus." (32)

Wenn jeder „Akt sprachlicher Kommunikation Teil eines komplexeren Tätigkeitsaktes ist", spielt der *Situationsbegriff* eine wichtige Rolle. Leont'ev definiert den Situationsbegriff zwar im Hinblick auf die Lehr- und Lernsituation im Unterricht; aber seine Definition kann allgemein auf Sprechsituationen erweitert werden. Danach ist Situation „die Gesamtheit von – sprachlichen und nichtsprachlichen – Bedingungen, die notwendig und hinreichend dafür sind, die Sprechhandlung nach dem von uns entworfenen Plan zu realisieren." (124)

1.3.2 Ein letzter Gesichtspunkt schließlich kann für die Theorie der Text- oder Äußerungserzeugung wichtig werden. Leont'ev referiert ein Modell von *A. R. Lurija* (1959), in dem die Erzeugung von Äußerungen in einem dreistufigen Modell dargestellt wird, (das große Ähnlichkeiten mit dem hier im Abschnitt 8.5. vorgeschlagenen Modell zu haben scheint):
(1) Konstruktion einer linearen, außer-grammatischen Struktur der Äußerung (= innere Programmierung)
(2) Umwandlung dieser Struktur in die grammatische Struktur eines Satzes
(3) Realisierung der grammatischen Satzstruktur
(Bei der Rezeption verläuft dieser Prozeß in umgekehrter Reihenfolge.)
Grundsätzlich kann als wissenschaftstheoretische und methodologische Basishypothese für jede Linguistik aus diesen Überlegungen festgehalten werden: „Erst wenn wir die Sprache im Prozeß der *Sprechtätigkeit* betrachten, sind wir fähig, den realen Mechanismus des gesellschaftlichen Funktionierens von Sprache aufzudecken." (43)

1.4 Zur Absicht und zum Aufbau dieses Buches

Wie diese wenigen Hinweise zeigen, befindet sich die Linguistik heute offensichtlich auf dem Wege *vom Satz zur kommunikativen sprachlichen Äußerung*. Die ersten Schritte auf diesem Wege sind bereits getan, aber die Ansätze differieren stark und lassen weder ein einheitliches Forschungsprogramm noch eine gemeinsame Fundierungstheorie und Methodologie erkennen.

In dieser Situation versucht der folgende Beitrag, zur Vereinheitlichung der Diskussion beizutragen und Grundlagen sowie Umrisse des möglichen *Forschungsprogramms* einer kommunikationsorientierten Linguistik (= *Texttheorie*) zu skizzieren, wobei in diesem Übergangsgebiet sowohl linguistische als auch sprachphilosophische Aspekte koordiniert werden sollen und müssen. Die vorliegende Untersuchung wird daher von vornherein verwendungsorientiert vorgenommen. Das bedeutet nicht, daß in positivistisch-empiristischer Manier nur geäußerte Sprechereignisse untersucht werden sollen – ein Ansatz, den *J. A. Fodor & M. Garret* (1966, 137 f.) mit guten Argumenten kritisiert haben. Ziel ist vielmehr, *Modellskizzen der Interaktion* von Texten, Kommunikationsakten und Kommunikationssituationen zu entwerfen, um das Faktorenschema eines idealisierten sprachlich-sozialen *Kommunikationsmodells* zu gewinnen.

1.4.1 Nach der oben gegebenen kurzen Skizze der Zielsetzungen müssen noch einige Hinweise auf den Aufbau dieses Buches angefügt werden.

Das Buch versucht zunächst, in Auseinandersetzung mit bisherigen Arbeiten auf dem Gebiet der linguistischen (und logischen) Pragmatik, die im Unterschied zum hier vertretenen Ansatz „Pragmalinguistik" genannt werden soll, eine Reihe von texttheoretischen Problemen zu klären, um schrittweise eine konsistente Rahmentheorie für eine Texttheorie entwickeln zu können. Bei dieser Auseinandersetzung wird versucht, von den verschiedensten theoretischen Positionen vorgebrachte Anregungen der bisherigen Pragmalinguistik auf ihre Verwendbarkeit für eine (zu entwickelnde) *Texttheorie* hin zu untersuchen. Die Hauptschwierigkeit besteht dabei darin, Ansätze und Terminologien der verschiedenen Autoren zu koordinieren und in ein texttheoretisches Vokabular zu übersetzen.

Diese Ergebnisse werden dann im 8. Kapitel vorausgesetzt und/oder explizit wiederaufgenommen beim Versuch einer Textdefinition und eines Texterzeugungsmodells.

Dieses Verfahren ist bewußt gewählt worden,
(a) um den Übergang von gegenwärtigen pragmalinguistischen Ansätzen zu einer Texttheorie zu verdeutlichen;
(b) um zu zeigen, von welchen Voraussetzungen her und in welchen Schritten eine Texttheorie konzipiert werden kann und welche Rückwirkungen wissenschaftstheoretischer und methodologischer Art eine solche Konzeption auf das bisherige Linguistik-Konzept hat;
(c) um dem Leser die Möglichkeit zu geben, bisherige Ansätze in einem thematischen Zusammenhang kennen und beurteilen zu lernen, damit er von dieser Basis aus die Konzeption einer Texttheorie im Rahmen der gegenwärtigen Forschungssituation kritisch beurteilen, korrigieren und weiterführen kann.

Angesichts der Disparatheit der Ansätze und des in vielen Fragen noch außerordentlich lückenhaften Kenntnisstandes kann die hier skizzierte texttheoretische Konzeption für sich nur in Anspruch nehmen, ein Forschungsprogramm bzw. eine heuristische *Rahmentheorie* zu liefern, deren Wert darin bestehen kann, die Richtung der bisherigen linguistischen Forschungsarbeit zu verändern und das Bild einer Linguistik zu skizzieren, die Ernst macht mit dem Versuch, von kommunikativ funktionierenden Texten auszugehen bzw. kommunikativ funktionierende Text zu erzeugen.

2. MOTIVATIONEN FÜR EINE TEXTTHEORIE IM RAHMEN BISHERIGER PRAGMALINGUISTISCHER FORSCHUNGEN[1]

2.1 Sprachphilosophische, logische und pragmalinguistische Motivationen

In diesem einleitenden Kapitel sollen einige der aus ganz verschiedenen Disziplinen und theoretischen Kontexten her vorgebrachten Gründe kurz behandelt werden, die schon bisher eine „pragmatische" Orientierung der Linguistik motiviert haben. Betrachten wir zunächst schon seit langem genannte, im wesentlichen *sprachphilosophische* Gründe.

(a) *Sprache als soziales Phänomen*
Auf der Grundlage sprachphilosophischer und soziologischer Überlegungen von Autoren wie *L. Wittgenstein, K. L. Pike, J. L. Austin, P. Hartmann, J. Habermas, J. Frese* lassen sich Überlegungen anstellen, die die Theorie der Sprache als Teil einer umfassenden *Handlungstheorie* konzipieren[2] und als elementare Beschreibungseinheit nicht den „Text" sondern (in Anlehnung an Wittgensteins Begriff ‚Sprachspiel') das „*kommunikative Handlungsspiel*" ansetzen (cf. Verf. 1968, 1969, 1971; cf. dazu Kap. 4). Damit soll der Tatsache Rechnung getragen werden, daß Sprache phänomenal primär in kommunikativ funktionierenden Äußerungen vorkommt, daß mithin Phänomene wie *Textualität, Intentionalität, Semantizität, Kommunikativität* und/oder *Partnerbezogenheit* irreduzible Charakteristika der Sprache als eines sozialen Mediums verbaler Interaktion sind. Geht man davon aus, daß natürliche Sprecher ihre

---

[1] Der Ausdruck ‚Pragmalinguistik' wird im folgenden dem Ausdruck ‚Pragmatik' vorgezogen, um Verwechslungen mit logischen oder verhaltenswissenschaftlichen Disziplinen gleichen Namens zu vermeiden. Wenn referierte Autoren den Ausdruck ‚Pragmatik' verwenden, wird er natürlich beibehalten. (Zur Kritik am Ausdruck ‚Pragmatik' cf. auch *G. F. Meier*, 1969).

[2] Diesen Aspekt betont in letzter Zeit auch *Searle* (1969, 12): „Speaking a language is engaging in a (highly complex) rule-governed form of behavior" ... „a theory of language is part of a theory of action, simply because speaking is a rule-governed form of behavior". (17)

Sprache dazu gebrauchen, um in (potentiell) kohärenten kommunikativen Äußerungen eine Mitteilungs- und/oder Wirkungsabsicht (= kommunikative Intention) verständlich und erfolgreich an Partnern zu realisieren, dann muß (cf. Kap. 1) jede Sprachtheorie, die dieser sozialen Tatsache nicht Rechnung trägt, als verkürzt, abstrakt und inadäquat beurteilt werden. Für eine adäquate Linguistik folgt daraus, daß sie kommunikationsorientiert angelegt sein *muß*, *wenn* sie – und das berührt das von Linguisten selten genug diskutierte Problem der wissenschaftlichen und gesellschaftlichen Funktion und Relevanz der Linguistik [3] – sich zum Ziel setzt, eine Theorie verbaler kommunikativer Interaktion zu liefern (cf. auch C. *A. Ferguson*, 1964, 437 und *J. B. Pride*, 1971). Akzeptiert die Linguistik diese Aufgabenstellung, dann folgt daraus, daß sie *nicht* lediglich *additiv* eine weitere Komponente „Pragmatik/Pragmalinguistik" in ihr Theoriesystem einbauen kann [4], sondern daß sie sich grundsätzliche wissenschaftstheoretische Gedanken über ihre Weiterentwicklung zu einer Texttheorie machen muß, deren Teiltheorien – bezüglich ihrer Fundierungsleistungen – gesehen werden müssen in der Reihenfolge: Texttheorie → Textsemantik → Textgrammatik (qua Textsyntax), und daß ihre Ergebnisse jeweils danach befragt und beurteilt werden müssen, welche Relevanz sie für Probleme auf der hierarchisch nächsthöheren Ebene haben.

(b) *Vollständigkeit des semiotischen Modells*
Eine anschließbare Motivation für den Aufbau einer Pragmalinguistik ergibt sich aus dem seit *Ch. S. Peirce* und *Ch. Morris* in der Logik und weitgehend auch in der Linguistik vertretenen Modell einer vollständigen semiotischen Theorie, die drei (bzw. je nach Modell: vier) Teilbereiche aufweist: Syntax, Semantik, (Sigmatik) und Pragmatik (cf. *Althaus & Henne*, 1971). Die Pragmatik untersucht in diesem Modell ein Zeichensystem in Relation zu den Benutzern dieses Systems. Während Syntax und Semantik intensiv entwickelt worden sind, ist die Pragmatik fast vollständig vernachlässigt worden (cf. *R. C. Stalnaker*, 1970, 272) und wird erst heute als Desiderat einer adäquaten Semiotik reklamiert (in der Logik etwa bei *R. Montague*, 1970, oder *Th. Ballmer*, 1971; in der Lin-

---
[3] Eine der seltenen Ausnahmen ist *U. Maas*, 1972 a.
[4] Das betont auch *D. Wunderlich* (1970, 18) und er fordert: „Vielmehr muß das Modell der Kompetenz selbst im Sinne der Beherrschung möglicher Redesituationen erweitert werden..."

guistik bei *D. Wunderlich*, 1968, 1970) mit dem Argument, daß der pragmatische Aspekt der umfassendste und konkreteste ist und nicht vernachlässigt werden darf, ohne damit die Aussagekraft einer Theorie und ihre möglichen Anwendungen aufs Spiel zu setzen. *Wunderlich* weist darauf hin, daß zwar einzelne Vorarbeiten auf dem Gebiet der Pragmatik in verschiedenen Traditionszusammenhängen geleistet worden sind [5], daß diese aber kaum den heutigen wissenschaftstheoretischen Ansprüchen an Theoriebildung genügen können.

(c) *Uminterpretation der Begriffe Kompetenz und Performanz in der GTG: „Kommunikative Kompetenz"*

Bei einer Kritik der Chomsky'schen Begriffe ‚Kompetenz' und ‚Performanz' weist *D. Wunderlich* darauf hin, daß Pragmatik nicht mit Performanz gleichgesetzt werden darf; vielmehr muß der Begriff der Kompetenz dahingehend erweitert werden, daß er auch die Komponente „pragmatische Kompetenz" enthält. Pragmatische Kompetenz beschreibt dabei nach Wunderlich „das Vermögen von Sprechern oder Hörern, sich in (idealisiert gedachten) Sprechsituationen verständlich zu artikulieren bzw. das Artikulierte zu verstehen" (1968, 19) [6].

Wunderlich stützt diese Hypothese mit dem sprachpsychologischen Argument, daß es sinnlos wäre, eine abstrakte Kompetenz zur Erzeugung wohlgeformter sprachlicher Äußerungen auszubilden, „wenn nicht gleichzeitig die Fähigkeit entwickelt würde, mit Hilfe dieser Äußerungen in Kommunikation zu treten." (1970, 13). In Anlehnung an *J. Habermas* (1971), (der seinerseits wichtige Argumente aus Wunderlichs Aufsatz von 1968 übernommen hat), nennt Wunderlich diese pragmatische Kompetenz „*kommunikative*

---

[5] So z. B. bei der Erforschung von Sprachveränderungen; in der Stilistik und Rhetorik; in der angelsächsischen Sprachphilosophie; in Bühlers Analyse empraktischer Textkonstituenten; in der empirischen Ethnologie (Symbolforschung) und Soziologie.

[6] *Wunderlich* erwägt in diesem Zusammenhang sogar, eine „Art von Meta-Kompetenz" als weitere Komponente der sprachlichen Kompetenz einzuführen, und damit das Vermögen zu kennzeichnen, „vorhandene Regeln zur Satzerzeugung abzuändern, neue Elemente in das Lexikon aufzunehmen usw. – „Erst diese Meta-Kompetenz erklärt das Faktum, daß Sprachen gelernt werden, daß sich die Kompetenzen der Sprecher soziologisch differenzieren ... schließlich, daß Sprachsysteme veränderliche Systeme sind." (1968, 20)

Kompetenz". J. Habermas hat zur Erläuterung der kommunikativen Kompetenz ein umfangreiches Programm einer „Universalpragmatik" oder Theorie der kommunikativen Kompetenz entwickelt, in der allgemeine Strukturen möglicher Redesituationen entworfen werden und erklärt werden soll, wie Sätze in Äußerungen transformiert werden. Habermas geht dabei aus von der Hypothese, „daß Kommunikation, als eine Verständigung über Gegenstände, nur unter der Bedingung gleichzeitiger Metakommunikation, nämlich einer Verständigung auf der Ebene der Intersubjektivität über den bestimmten pragmatischen Sinn der Kommunikation, zustande kommt." (106)

Eine Erweiterung des Chomsky'schen Kompetenzbegriffs fordert auch *W. Abraham* (1971). Abraham verweist darauf, daß die Kompetenz eines Sprechers nicht nur über die Grammatikalität entscheidet, „sondern auch über stilistische Erwartungsnormen, allgemein über Ausdruckformen des sprachlichen Verhaltens, die für bestimmte Teilklassen aller Sprecher einer Sprache typisch sind (typisch = der Erwartungsnorm entsprechend)." (2) Die Kompetenz kann nicht als statische fixiert werden; sie ändert sich im Verlauf der sprachlichen Entwicklung. Damit erweitert Abraham den Kompetenzbegriff in Richtung auf Chomskys Begriff der Performanz (cf. auch *Abraham* & *Braunmüller*, 1971).

Eine Unterscheidung zwischen grammatikalischer und kommunikativer Kompetenz treffen auch *R. Campbell & R. Wales* (1970), die – im Zusammenhang psycholinguistischer Diskussionen über den Spracherwerb – auf die bisher vernachlässigten Kontextfaktoren (sprachlicher und nicht-sprachlicher Art) beim Aufbau der Sprachkompetenz verweisen: „We are therefore arguing that an adequate psychology of language must take account not only of the creative aspects of language use but also of the important role played by contextual factors." (248)

Eine grundlegende Kritik an den generativistischen Modellen von Kompetenz und Performanz hat *J. W. Oller* (1970 u. 1972) vorgebracht. Oller kritisiert zunächst den reduktionistischen Ansatz der Transformationsgrammatik: „Transformational theory assumes that language is a self-contained system which is independent of its use. It thus ignores the basic fact that ‚language is a tool for communicating something to somebody'." (1970, 504) Oller zeigt dann, zu welchen falschen Fragestellungen dieser reduktionistische Ansatz führt. Diese Kritik lautet, bezogen auf das hier zur Debatte stehende Thema, so: Die ursprünglich von *Chomsky* getroffene Unterscheidung zwischen Kompetenz und Performanz ist verwässert worden durch die Gleichsetzung der Kompetenz mit der Kenntnis des idealen Sprechers von seiner Sprache, „thus leaving real performance unaccounted for."[7] Dadurch wurde es notwendig, eine zusätzliche Theorie der Performanz zu fordern. Aber eine solche Zusatztheorie verbessert die Lage nicht; denn Tatsache ist (nach Oller), daß sprachliche Kommunikation durch dieselbe Kreativität gekennzeichnet ist wie die Generierung neuer Sätze. Oller folgert daraus: „What we need is not an additional theory of performance but an adequate theory of competence." (506)

(d) *Einstellung der Linguistik zur Empirie und zur Interdisziplinarität*

Wichtige Aspekte der bisherigen Argumente können so zusammengefaßt werden: An der Einstellung zur kommunikativen Realität entscheidet sich, welche Einstellung die Linguistik zur „Empirie", d. h. zum Problem der empirischen Überprüfung ihrer Aussagen vornehmen will. Die Einstellung zur Empirie muß auf verschiedenen Ebenen betrachtet werden. Sie betrifft zunächst die Wahl des *Forschungsziels* (kommunikationsorientierte Linguistik oder ausschließlich formale Grammatik); dann die Wahl des davon abhängigen *Forschungsobjekts* (Sprachrealität bzw. idealisierte Kommunikation oder nur partielle Abstrakte daraus);[8] schließlich die Art der akzeptierten *Überprüfungsverfahren* sowie die Entscheidung über die Wichtigkeit und die hierarchische Ordnung von Forschungsproblemen. So folgt etwa aus der Entscheidung, Linguistik als Teil einer Kommunikationstheorie zu konzipieren, daß die Frage nach der Fähigkeit des natürlichen Sprechers, Texte im Hinblick auf Situationen zu bilden (bzw. in Situationen angemessen zu gebrauchen) und Texte mit „Realität" zu „verknüpfen" (→ Referenztheorie) legitime *linguistische* Fragen sind, die in der Wissenschaftstheorie der Linguistik methodologisch berücksichtigt werden müssen. Je nach

---

[7] Die Tatsache, daß in der GTG die Erforschung der Performanz in die Psycholinguistik abgeschoben worden ist, bemängelt zu Recht auch *U. Maas*, 1972 a.

[8] Mit diesem Argument ist weder die Tatsache verneint, daß eine kommunikationsorientierte Linguistik eine formale Grammatik als Teiltheorie einschließt, noch ist übersehen, daß man sich in der Forschungspraxis wohl stets mit Teilerklärungen wird begnügen müssen.

der Entscheidung in diesen Fragen entscheidet sich auch die *interdisziplinäre Relevanz* und Kooperationsfähigkeit des Faches Linguistik. Wenn die bisherigen Argumente zutreffen, dann folgt daraus, daß nur eine kommunikationsorientierte Linguistik (Texttheorie) als Basis für Sozio- und Psycholinguistik, für Literaturwissenschaft, Content Analysis etc. dienen und damit zu einer Grundlagentheorie verbaler sozialer Interaktion werden kann. (Details zu diesem Aspekt der linguistischen Theorie gibt auch *van Dijk*, 1971, Kapitel IX).

2.1.1 Nach diesen mehr globalen Gründen für die Notwendigkeit einer Texttheorie sollen nun einige *speziellere Motive* behandelt werden, die schon in der bisherigen Linguistik zur Forderung nach einer pragmalinguistischen Theoriekomponente geführt haben.

(e) *Extensionale Semantik und Referenztheorie*

Wenn eine Grammatik – nach *Chomskys* Anspruch – die Fähigkeit natürlicher Sprecher beschreiben soll, wohlgeformte Sätze zu erzeugen; und wenn diese Sätze nicht als isolierte Zeichenketten, sondern als Bestandteile sozialer Kommunikation betrachtet werden, dann muß eine Textgrammatik die *vollständige kommunikative Kompetenz* eines Sprechers erklären, d. h. nicht nur die syntaktisch-semantischen Regeln der Satzbildung, sondern auch den erfolgreichen bzw. akzeptablen Gebrauch solcher Sätze in kommunikativen Äußerungen. Eine kommunikationsorientierte Textgrammatik muß also eine Erklärung dafür geben, wie Sprecher Textkonstituenten mit außersprachlichen Elementen der Kommunikationssituation adäquat verbinden (Referenztheorie; Verhältnis von Proposition und Wahrheits-Wert) und welche „ontologische" Bedeutung semantische Operationen in sprachlichen Texten haben (cf. extensionale Semantik).[9]

---

[9] cf. *D. Wunderlich* (1971 a, 156 f.): „Nun mag man einwenden, daß es nicht Aufgabe der Linguistik sei, die Wahrheitsbedingungen von Sätzen zu formulieren. Doch wird man einer etwas schwächeren Forderung sicher zustimmen: die linguistische Beschreibung eines Satzes, der für eine Tatsachenbehauptung verwendet werden kann, soll alle diejenigen Elemente bereitstellen, die in die Formulierung der Wahrheitsbedingungen eingehen, hier Person, Zeit und Ort der Äußerung." Cf. auch *Th. Ballmer* (1971, 6): „Daß eine absolute Ontologie direkte linguistische Relevanz hätte, wird auch jetzt nicht behauptet, daß aber eine Sprechgemeinschafts-Teilnehmer-relativierte Ontologie eine wesentliche, ja sogar die wesentliche Rolle spielt, ist schon tatsächlich im Blickwinkel einiger moderner Linguisten (siehe Montague ... Hintikka ...)."

(f) *Akzeptabilität und Ambiguität*
Bei der langen Diskussion über die Grammatikalität bzw. Akzeptabilität von Sätzen und Texten hat sich gezeigt, daß auch semigrammatische Sätze und Satzfolgen (bzw. Texte und Textteile) in bestimmten Sprechsituationen durchaus akzeptiert werden, wenn und solange sie ungeachtet ihrer Abweichungselemente eine kommunikativ erfolgreiche Funktion erfüllen. So hat *T. A. van Dijk* (1971, IX, 3) gezeigt, daß die Akzeptabilität von Texten sowohl auf ihrer „well-formedness" als auch auf ihrer „well-usedness" oder „appropriateness" beruht. *G. Lakoff* (1971 a, 329) hat nachgewiesen, daß man über die Wohlgeformtheit von Sätzen nicht bei isolierten Sätzen sprechen kann, sondern daß man nur über *relative* Wohlgeformtheit bzw. Grammatikalität sprechen kann „with respect to certain presuppositions about the nature of the world."

Auch die linguistische Stilistik hat verschiedene Argumente dafür beigebracht, daß Akzeptabilität ein Kontextphänomen ist bzw. daß die Akzeptabilität von Texten nur unter Berücksichtigung der Kommunikationssituation bestimmt werden kann. Dieses Faktum kann offensichtlich nicht im Rahmen einer Satz- oder Textgrammatik allein erklärt werden, es sei denn, diese berücksichtigt explizit Komponenten der Sprechsituation/Kommunikation (cf. *W. Kummer* 1972).

Diese Argumente können erweitert werden in Richtung auf Fundierungsprobleme einer linguistischen *Semantik* insgesamt. Im alten Streit zwischen Kontextualisten und Antikontextualisten (cf. etwa *G. Nickel*, 1965 u. Verf., 1969) ist die allgemeine Frage ausführlich diskutiert worden, ob Textkonstituenten ihre Bedeutung „mitbringen", oder ob sie erst im sprachlichen Kontext bzw. im kommunikativen Gebrauch eine Bedeutung „erhalten" (cf. Abschnitt 4.3). Dieses globale Problem taucht in modifizierter Form heute wieder auf z. B. bei der Frage, wie *Ambiguität* und *Synonymie* grammatisch beschrieben werden können. Die Tatsache, daß im tatsächlichen Kommunikationsprozeß Ambiguitäten (wie sie in tiefenstruktureller linguistischer Darstellung deutlich werden) in der Regel vom Hörer spontan aufgelöst werden durch Bezug der Äußerung auf Faktoren des Kontextes und der kommunikativen Situation, verweist auf die bedeutsame semantische Rolle von Kontext und kommunikativer Situation für die Interpretation einer Äußerung.[10]

---

[10] Diesen Punkt betont auch *P. N. Johnson-Laird* (1970, 265), wenn er

D. Wunderlich (1971) hat im Anschluß an *Bierwisch* & *Kiefer* (1969) darauf hingewiesen, daß man unterscheiden muß zwischen rein sprachlichen Erfahrungen und enzyklopädischen, d. h. an den Kommunikations-Kontext geknüpften Erfahrungen. Wunderlich zeigt, daß es eine Anzahl semantischer Beziehungen gibt, „die im Lexikon eines Sprechers weder fest eingetragen noch nicht eingetragen werden können. Man kann sie nur in Abhängigkeit von bestimmten Sprechsituationen und Kommunikationsfunktionen annehmen oder nicht annehmen" (154). Weiterhin verweist Wunderlich auf die ähnliche Rolle, die der Kommunikations-Kontext bei den semantischen Prozessen spielt, die eine Satzbedeutung herstellen.

(g) *Textkohärenz*

Beim Versuch der Definition eines linguistischen Begriffs von ‚Text‘ hat sich herausgestellt, daß die Kohärenz einer Menge von Äußerungen, die es erlaubt, diese Menge als ‚Text‘ zu bezeichnen, nicht allein syntaktisch und (intensional) semantisch erklärt werden kann, sondern auch pragmalinguistisch fundiert werden muß. Die semantische Wohlgeformtheit eines Textes ist zwar eng verbunden mit kommunikativen und referentiellen Faktoren, muß aber von diesen unterschieden werden (cf. *van Dijk,* 1971, VII, 32 f.) In vielen Fällen hängt die semantische Interpretation eines Textes in kommunikativen Situationen von unserem empirischen Wissen, von Präsuppositionen und im Kommunikationsprozeß stillschweigend investierten Zusatzinformationen ab (cf. auch *I. Bellert,* 1970). (Zu diesem Fragenkomplex cf. näher Abschnitt 8.3.1)

(h) *Die „Wunderlich- und Isenberg-Kataloge"*

D. Wunderlich (1968, 1970, 1971 a) hat eine Reihe von sprachlichen Phänomenen eingehend behandelt, die eine Einbeziehung der „Pragmatik der Sprechsituation" in eine Textgrammatik erfordern. Es genügt, sie hier nur zu nennen: deiktische Ausdrücke der Person, der Zeit und des Ortes; Formen der Kontaktaufnahme (Anrede-, Höflichkeits-, Achtungs-, Intimitätsformen); Formen der Redeerwähnung (direkte und indirekte Rede), der Redeeinteilung und des Redeabschlusses; grammatische Modi (Frage, Imperativ, Konjunktiv, Optativ); Modaladverbien; performatorische Ausdrücke; Kohärenz-

---

feststellt: „The crucial point, however, is that apparent ambiguity, vagueness or obscurity direct the listener to those aspects of context relevant to rendering the sentence unambiguous. In this way a sentence may be said to define its own context."

bedingungen für Texte; Reflexivierung; Zusammenhänge in Dialogtexten.

H. Isenberg (1968) verweist darüberhinaus auf Anaphorika, Artikelselektion, Reihenfolge der Satzglieder, Pronominalisierung und Pro-Adverbiale, Lage der Satzakzente, Intonation, Emphase und Kontrast, Kausalbeziehungen zwischen konjunktionslos gereihten Sätzen, Tempusfolge, Referenzeigenschaften von Nomina u. a. m.

(i) *Varia*

Schließlich wäre auf verschiedene andere Motivationen für eine explizite Pragmalinguistik zu verweisen, die z. T. schon früher genannt worden sind. So hat *Y. Bar-Hillel* (1954) die Ansicht vertreten, Pragmatik beschäftigte sich mit solchen Erscheinungen, die *Ch. S. Peirce „indexikalische Ausdrücke"* genannt hatte; also mit Wörtern oder Sätzen, deren Referenz nicht ohne Kenntnis des Gebrauchskontextes entschieden werden kann (z. B. das Personalpronomen ‚ich' oder Sätze im Futur „A wird morgen sterben"). Auf eine weitere interessante Gruppe von Ausdrücken, die sogenannten *„parenthetical verbs"*, hat *H. O. Urmson* (1952) hingewiesen. Wenn solche Ausdrücke (wie z. B. wissen, glauben, annehmen, voraussetzen, raten, erwarten, voraussagen) in der 1. Person Präsens gebraucht werden, drücken sie nach Urmson keine Feststellung aus, sondern fungieren eher als komumnikationssteuernde Signale: „They themselves have not, in such a use, any descriptive sense but rather function as signals guiding the hearer to a proper appreciation of the statement in its context, social, logical, or evidential. They are not part of the statement made, or additional statements, but function with regard to a statement ..." (495).[11]

Weiterhin gehören in diesen Motivationskatalog: die *Transkription* gesprochener Kommunikation in geschriebene Texte, die darauf angewiesen ist, solche Momente der Kommunikationssituation, die im Gespräch unmittelbar zugänglich sind und darum entweder durch nicht-sprachliche Gestik (non-verbale Deiktik) oder durch andere Arten nicht-sprachlicher Indizierung die Textproduktion und Textrezeption beeinflussen, explizit zu verbalisieren (cf. *H. Brinkmann*, 1965). Zum anderen sind hier zu nennen das Problem der *Ellipse;* Probleme der *Übersetzung* von Texten stark differierender Soziokulturen ineinander; die *Interpretation* literarischer Texte. Schließ-

---

[11] Zur generativistischen Behandlung solcher Fragen cf. dann *D. Wunderlich*, 1968, 1971.

lich wäre zu unterstreichen, daß das Problem der *Betonung* (dazu cf. R. *Harweg*, 1971) auch unter pragmalinguistischen Aspekten behandelt werden muß. So kann etwa ein Satz wie „Paul hat das Fahrrad gestohlen" je nach den verschiedenen möglichen Betonungen verschiedene Rollen in einer Kommunikationssituation übernehmen, je nach dem Kontext und den Voraussetzungen (also z. B. je nachdem, ob Paul anwesend ist; ob ein Fahrrad oder Auto abhanden gekommen ist; ob die Frage strittig ist; ob es geliehen oder gestohlen worden ist; ob Paul oder ein anderer die Tat begangen hat, etc.[12]

---

[12] cf. auch R. *Gunter*, 1963, der zeigt, daß Betonung die Beziehung eines Satzes/Textes zum Kontext bzw. zur Kommunikationssituation signalisiert.

3. SELBSTVERSTÄNDNIS UND AUFGABENSTELLUNG DER BISHERIGEN PRAGMALINGUISTIK ALS TEILTHEORIE DER LINGUISTIK

3.1 ‚Pragmalinguistik'

Über die Begriffsbestimmung von ‚Pragmalinguistik' und die Festlegung des zugehörigen Forschungsbereichs herrscht in der bis heute vorliegenden Literatur keine Einhelligkeit, zumal die Abgrenzung der Pragmalinguistik bzw. Pragmatik von einer Theorie der Performanz und einer Theorie der Referenz eine Fülle von Problemen aufwirft.

R. C. Stalnaker (1970) definiert ‚Pragmatik' (ausgehend vom semiotischen Sprachgebrauch) zunächst allgemein als „the study of language in relation to the users of language" (272) und spezifiziert dann: „Pragmatics is the study of linguistic acts and the contexts in which they are performed." (275)[1] Stalnaker weist der Pragmatik zwei Forschungsbereiche zu (275):

---

[1] Eine behavioristische Auffassung im Anschluß an Ch. Morris vertreten *P. Watzlawick, J. H. Beavin* und *D. D. Jackson* (1967) „This book ... will deal mainly with the pragmatics, that is, the behavioral effects of communication." (22) Eine zu sehr eingeengte Konzeption von Pragmatik vertritt auch *W. Hartung* (1969), der in diesem Forschungsbereich vor allem die Erforschung der Mechanismen politischer Manipulation mit sprachlichen Mitteln durchführen möchte. Dabei identifiziert er pragmatische Faktoren weitgehend mit assoziativen Faktoren (496) und unterscheidet sie streng von semantischen Merkmalen eines sprachlichen Ausdrucks. Wichtig an Hartungs Aufsatz ist der Hinweis auf die enge Beziehung zwischen der (subjektiven) Bewertung sprachlicher Einheiten und der Gruppen- bzw. Klassenzugehörigkeit der Kommunikationspartner. Hartungs Ansatz läßt sich kurz in folgendem Zitat zusammenfassen: „Die zentralen Probleme des pragmatischen Aspekts der Sprache sind somit in jenem Bereich des Verhältnisses zwischen gesellschaftlichem Bewußtsein, individuellem Bewußtsein und Sprache anzusiedeln, der über den semantischen Aspekt der Sprache hinausgeht. Gegenstand der linguistischen Untersuchung des pragmatischen Aspekts ist die Realisierung dieser Bewußtseinsformen in der Sprache und ihr Einfluß auf sprachliche Kommunikationsvorgänge. Ausgangspunkt ist die Tatsache, daß in sprachlichen Kom-

(a) „to define interesting types of speech acts and speech products"
(z. B. die Analyse von illocutionary acts)
(b) „to characterize the features of the speech context which help determine which proposition is expressed by a given sentence".
(z. B. die Analyse von indexial expressions).

Damit sind bereits die Standardaspekte einer Pragmalinguistik genannt, die in dieser oder ähnlicher Form in vielen Beiträgen zu diesem Thema wiederkehren: Pragmalinguistik beschreibt Sprache unter dem Gesichtspunkt des Sprachgebrauchs, also in Relation zu Sprachbenutzern; sie untersucht *sprachliche Handlungen* (Sprechakte) bzw. kommunikative Äußerungen unter Berücksichtigung der Kontexte und Sprechsituationen,[2] in die sie eingebettet sind; und sie versucht, das Verhältnis von Propositionen und deren Äußerung in Sprechakten zu klären. Eine Explizierung dieses noch sehr allgemeinen Programms bringt *H. Schnelle* (1970a), der vorschlägt, innerhalb des Beschreibungsfeldes der Pragmalinguistik wenigstens fünf Bereiche zu unterscheiden:

„1) Bezug der syntaktischen und semantischen Beschreibungen auf die Äußerung und die kommunikationstheoretischen Implikate dieses Begriffs: Sprecher, Zeitpunkt der Äußerung, Ort des Sprechers zum Zeitpunkt der Äußerung u. a.

2) Die kontextuellen Bedingungen, die den Inhalt eines Satzes (oder Wortes) bei Vorgabe des Satzes oder einen Satz bei Vorgabe des Inhalts mit determinieren. (Kontexte wie: Textumgebung, Situation, Wissen, Annahmen und Voraussetzungen, Motivationen und Hoffnungen etc.)

3. Die Rolleneinstellungen der Kommunikationspartner zum Zeitpunkt der Äußerung. (Sie sprechen und hören als Mitglieder einer Gruppe und in einer bestimmten Rolle in dieser Gruppe.)

4) Allgemeine Beschränkungen der Speicherung und Verarbeitung von Information im Gehirn, der Aufmerksamkeit, des Interesses und andere psychologische Daten.

---

munikationsvorgängen Wirkungsfaktoren eine Rolle spielen, die nicht mehr mit syntaktischen und semantischen Begriffen allein erklärbar sind." (493)

[2] Zur Terminologie folgender Hinweis: ‚*Kontext*' bezeichnet im Folgenden die sprachliche Umgebung von Ausdrücken; ‚*Sprechsituation*' oder ‚*Kommunikationssituation*' die nicht-sprachliche Einbettung von Äußerungen.

5) Das Verhältnis von Sprachsystem und physischen und psychischen Mechanismen, die es realisieren." (49 f.)

3.2 „Pragmatik" vs „Performanztheorie"

Auch *D. Wunderlich* (1970) geht aus von der semiotischen Terminologie, nach der eine pragmatische Sprachanalyse durchgeführt wird „in Bezug auf die Personen, die sie verwenden, und die Handlungs- und soziokulturellen Kontexte, in denen dies geschieht ..." (6). Der pragmatische Aspekt einer Sprachanalyse ist für Wunderlich der umfassendste und zugleich der für eine Kommunikationswissenschaft „eigentlich genuine" Bereich (7).

Wunderlich unterlegt dem Wort Pragmatik nun bewußt einen Doppelsinn:
1) „analytische Beschreibung der Beziehungen von sprachlichen Konstruktions- und Ausdrucksmitteln zu den Prozessen der Kommunikation..."
2) „eine rationale Tätigkeit des Wissenschaftlers, die sich auf die Voraussetzungen, möglichen Folgerungen und Anwendungen seiner Arbeit richtet." (9)

Diese terminologische Äquivokation soll nicht übernommen werden, um Verwechslungen zu vermeiden. ‚Pragmatik' bzw. ‚Pragmalinguistik' wird also im folgenden beschränkt auf den ersten Aspekt, während die pragmatischen Fragen der Disziplin Linguistik unter dem Titel „Relevanzprobleme der Linguistik" behandelt werden sollten.

Nach diesen allgemeinen Bestimmungen von Pragmatik geht *Wunderlich* ein auf Chomskys Modell von Kompetenz und Performanz,[3] ohne daß allerdings klar würde, wie das Verhältnis von Pragmatik und Theorie der Performanz im einzelnen aufgefaßt wird. Zwar kritisiert Wunderlich die Neigung Chomskys, ‚Pragma-

---

[3] Zur Kritik der Chomsky'schen Kompetenztheorie (im Zusammenhang mit der innate-idea-Hypothese) cf. *W. Lenders* (1971). Die Bedeutung dieser Theorie für die generative Grammatik bespricht ausführlich *R. King* (1969, Kapitel 2).

tik' mit ‚Performanz' gleichzusetzen und entwickelt dabei seine Hypothese einer kommunikativen bzw. pragmatischen Kompetenz; aber eine Trennung der beiden Begriffe kann man aus seinen Äußerungen bestenfalls konstruieren, sie wird nicht explizit gemacht. Eine solche Konstruktion könnte etwa so aussehen: Unter ‚Performanz' wird die situationsspezifische Aktivierung oder Anwendung der Kompetenz verstanden; eine Theorie der Performanz muß unter Verwendung psychologischer und soziologischer Annahme ausgearbeitet werden, die die *Bedingungen des aktuellen Gebrauchs von Sprache spezifizieren* (Gedächtnisgrenzen, Aufmerksamkeit, Erfahrungshorizont, Rollenerwartung etc.)[4] Wunderlich nimmt an, daß die Aktivierung der sprachlichen Kompetenz selbst wieder bestimmten Regeln bzw. „Strategien der verbalen Planung und Wahrnehmungsstrategien" unterliegt, die bestenfalls in einem „dynamischen selbstregulierenden System" dargestellt werden können (11).[5]

Wunderlich scheint also folgende Trennung einzuführen:

a) zur *Performanz* zählen die individual- und sozialpsychologischen Faktoren, die den Sprecher beim aktuellen Gebrauch von Sprache determinieren bzw. in irgendeiner Weise beeinflussen;[6]

b) zur *Pragmatik* rechnet Wunderlich die kommunikativen Komponenten der sprachlichen Kompetenz (cf. 13), d. h. diejenigen Fähigkeiten des natürlichen Sprechers, eine Äußerung so an eine Kommunikationssituation „anzupassen", daß eine erfolgreiche (nämlich mit Verstehen abgeschlossene) Kommunikation erzielt

---

[4] cf. dazu den Wortlaut bei *N. Chomsky* (dt. 1970, 14): „Wir machen somit eine grundlegende Unterscheidung zwischen *Sprachkompetenz (competence;* die Kenntnis des Sprechers-Hörers von seiner Sprache) und *Sprachverwendung (performance;* der aktuelle Gebrauch der Sprache in konkreten Situationen)".

[5] In 1969 definiert *Wunderlich* „das System der zu erlernenden Fähigkeiten" als Kompetenz; „das System der aktivierenden Regeln" bzw. „die situationsspezifischen Anwendungen eines internalisierten sprachlichen Systems" als Performanz (266 f.)

[6] Eine ähnliche Meinung vertreten *W. Abraham* & *K. Braunmüller* (1971), die unter performatorischen Faktoren solche bei der Realisierung der grammatischen Kompetenz verstehen, also z. B. „Gedächtnisbegrenztheit, Aufmerksamkeitschwund und Interessenschwund durch Ermüdung, organische Mängel beim Produzieren und Perzipieren usw." (2 f.); sie berufen sich dabei auf *Chomsky* (1965).

wird. Pragmatische Faktoren sind also enger textbezogen und betreffen die Auswahl und Verknüpfung von Textkonstituenten, die eine Beherrschung der Redesituation ermöglichen und dokumentieren, sowie solche, die die Verständlichkeit bzw. die kommunikative Akzeptabilität und Referenz einer Äußerung betreffen; performatorische Faktoren wären solche, die Bedingungen und Eigenschaften der Sprecher betreffen, insofern diese die Durchführung aktueller sprachlicher Kommunikation beeinflussen.

3.2.1 Eine sprachpsychologisch orientierte Theorie der sprachlichen Performanz auf einer modifizierten Chomsky'schen Basis haben *R. J. Wales* & *J. C. Marshall* (1966) vorgelegt. Nach Ansicht der Autoren müssen bei einer Performanztheorie folgende Aspekte berücksichtigt werden:
a) eine Theorie der sprachlichen Performanz beschreibt, wie eine sprachliche Kompetenz realisiert/ausgedrückt wird;
b) sie kennzeichnet die Beschränkungen der Mechanismen, die uns in den Stand setzen, unsere sprachliche Kompetenz auszudrücken.

Eine Performanztheorie gliedert sich in (1) eine funktionale formale Theorie des allgemeinen Systemtyps, der sprachliche Performanz subsumiert, und (2) in eine Beschreibung der spezifischen Mechanismen, die das in (1) beschriebene System realisieren. Damit sind die Faktoren, die bei *Wunderlich* unter zwei Kategorien (Performanz, Pragmatik) aufgeteilt sind, unter die Kategorie ‚Performanz' subsumiert. Diese Lösung scheint einleuchtender; denn sie umfaßt sowohl die Angabe des Systemtyps, zu dem Performanz gehört, als auch die Analyse der konkreten Bedingungen und Beschränkungen, denen ein „sprechendes System" als konkreter individueller Sprecher unterworfen ist.[7]

---

[7] „What, then, is a theory of linguistic performance? It is a theory of how, given a certain linguistic competence, we actually put it to use – realize it, express it. It is also a theory of the limitations of the mechanisms, which enable us to express our linguistic competence. It ist not merely the theory of competence with the idealization removed, as has been suggested by Chomsky. For we want to be able to explain NORMAL performance ... just as much as we want to explain errors and deviations." –
Eine ausführliche Auseinandersetzung mit *T. A. van Dijks* Theorie einer pragmatischen Komponente einer Textgrammatik habe ich in (1973) vorgelegt.

3.3 Pragmalinguistik als Modell der Performanzkompetenz

Von seiten einer neu konzipierten *Soziolinguistik* haben M. *Hartig* & U. *Kurz* (1971) die linguistische Trennung in Kompetenz und Performanz uminterpretiert. Den Unterschied zu linguistischen Auffassungen sehen die Autoren – zu Unrecht – darin, daß Performanz durch ein ähnliches Regelsystem wie Kompetenz präsentiert werden soll. „Ein solches Produktionssystem von Sprachverhaltensakten wäre die Voraussetzung für die hinreichende Beschreibung und Erzeugung aller möglichen sprachlich-sozialen Verhaltensweisen." (107)

Allerdings verweisen die Autoren sofort darauf, daß „die notwendige Beschreibung und Einordnung der Dominanzvarianz der beeinflussenden Faktoren ... zu einem sehr hohen Komplexitätsgrad führen" dürfte (107/8). Die Basiskomponente eines solchen Performanzmodells wird gebildet von einem Modell der Sprachkompetenz und einem Modell der Sozialkompetenz. Dabei wird postuliert, daß „die sprachliche Performanz (Sprachverhaltensbereich) ein universales Regelsystem besitzt und universale Aspekte des Sprachverhaltens erzeugen kann." (111) ,Soziale Kompetenz' bezeichnet – in Analogie zur Sprachkompetenz – die (veränderbare) Fähigkeit des Individuums zur Ausbildung von konkretem sozialem Handeln.[8] Diese Interaktionskompetenz läßt sich beschreiben als eine Menge sozialer Universalien, die – analog den sprachlichen Universalien – die Grundlage für alle aktualisierbaren sozialen Akte bilden. Auf

---

[8] Die Autoren weiten diese Analogie so weit aus, daß sie vorschlagen, soziales Handeln grundsätzlich als Sprechakt zu beschreiben und nichtsprachliche Typen sozialen Handelns als Subkategorien sprachlichen Handelns neu zu definieren. Einen ähnlichen Gedanken, nämlich Sprechen als Metapher für Handeln zu betrachten (also in einem Parallelmodell zu beschreiben), hatte *J. Frese* bereits in (1967) vorgetragen. Ich selbst habe (in 1968) vorgeschlagen, eine gemeinsame Basisgrammatik für sprachliches und soziales Handeln zu konzipieren. Diese beiden Vorschläge hat *N. Luhmann* (1971, 44, Anm. 19) mit dem wichtigen Argument kritisiert, „ob man in der sprachlichen Kommunikation das Handlungsmodell schlechthin sehen kann." Diese Ansicht habe ich aber nicht vertreten, sondern vielmehr gefordert, für sprachliches und soziales Handeln eine gemeinsame „Tiefenstruktur" anzusetzen.

dieser Basis versuchen die beiden Autoren, in Umrissen eine Theorie sozial-sprachlichen Handelns zu entwerfen, wobei sie (und hier spätestens müßte eine generelle Kritik an diesem Modell ansetzen) eine allgemeine „Äquivalenz von Sozialstruktur und Sprachstruktur" (114) voraussetzen (an späterer Stelle sogar eine „Strukturisomorphie" [117]), und postulieren, daß Aussagen über das eine System *direkt* im Bereich des anderen Systems angewandt werden können.

Die linguistische Unterscheidung zwischen Kompetenz und Performanz wird nun bei Hartig & Kurz überführt in ein Dreierschema: *Kompetenz, Performanzkompetenz* und *Performanz*. Dabei bedeutet ‚Performanzkompetenz' die „Befähigung zur Performanz" bzw. eine „regelmäßig normierte Handlungsstruktur"; ‚Performanz' die konkret durchgeführte soziale Handlung. Die Neueinführung der Kategorie ‚Performanzkompetenz' rechtfertigen die Autoren damit, daß (1) wissenschaftstheoretisch der unvermittelte Übergang von den abstrakten und universalen Kategorien des Kompetenzmodells zur Beschreibung aktueller Sprach-Handlungs-Situationen sehr problematisch ist; (2) daß die Performanzebene keineswegs so akzidentell sein dürfte, wie es die Chomsky'sche Dichotomie nahelegt (116).

3.3.1 In diesem Zusammenhang muß eine These von *Hartig & Kurz* besonders untersucht werden. Die Autoren verweisen auf Spracherlernungstheorien (etwa die von *McNeill*), die den kontextinvarianten Charakter der Sprachkompetenz betonen. Geht man von dieser Hypothese aus, dann besteht die Aufgabe des Kommunikationsprozesses darin, von der Sprachkompetenz angebotene (also grammatikalisch mögliche) kontextinvariante Textkonstituenten in kontextsensitive zu übersetzen. „Damit ist zugleich gesagt, woran sich der spezifische Charakter des Sprachverhaltens orientiert, nämlich an der kontextvarianten Auswahl und Ordnung der potentiellen, produzierbaren Sätze." (130) Der Rahmen dieses Übergangsfeldes soll durch kommunikationstheoretische Kriterien abgegrenzt werden. Erst im Kommunikationsrahmen werden potentielle Produkte der Sprachkompetenz übersetzt in kontextadäquate Sprechakte, indem im Akt der Kommunikation Sprachstrukturen mit Sozialstrukturen gekoppelt werden.

Die Aufgabe einer Pragmalinguistik besteht nach Hartig & Kurz also darin, Modelle zu entwerfen für die Übersetzung bzw. *Adaptation* des möglichen Outputs der kontextinvarianten Sprachkompetenz in/an kontextsensitive, sprechhandlungsadäquate kommunikative Akte. Anders ausgedrückt: Wenn eine Grammatik die sprachliche Kompetenz beschreibt, dann muß eine Pragmalinguistik die Performanzkompetenz beschreiben, d. h. sie muß die Regeln der Grammatik spezifizieren als Regeln der sprachlichen kommunikativen Kompetenz, die das (idealisierte) Vermögen der Kommunikationspartner definiert, mit Hilfe sprachlicher Symbolverkettungstechniken sinnhaft/erfolgreich in konkreten kommunikativen Handlungsspielen zu agieren.

3.3.2 Diese fundamentale Vorstellung kann als typisch für fast alle pragmalinguistischen Ansätze bezeichnet werden. Gemäß dieser Vorstellung werden autonom bestehende sprachliche Strukturen, Elemente und Verfahren im Rahmen der Kommunikation *angepaßt* an die Erfordernisse konkreter Kommunikationsprozesse. Aus dieser Vorstellung folgt für die Methodologie der Linguistik, daß zur Grammatik als Beschreibungssystem des autonomen sprachlichen Systems lediglich *additiv* ein Theorieteil „Pragmalinguistik" hinzugefügt werden muß, der diese Anpassungsmechanismen beschreibt.

Diesem Modell wird im folgenden die texttheoretische Hypothese entgegengesetzt, wonach sich sprachliche Operationen nur im integralen Verbund mit konkreten Kommunikationsprozessen in einer Gesellschaft überhaupt bilden und entsprechend beschreiben lassen, weil Sprache nur als Kommunikationsinstrument sozial vorkommt und relevant ist. Daraus folgt für die Theoriekonzeption und Methodologie der Linguistik als Texttheorie, daß sie ihre Objekte nur aus Kommunikationsintegralen „ausbetten" kann und sollte, also von komplexen sprachlich-sozialen Handlungen *ausgehen* muß, um die Kommunikativität ihrer Objekte nicht durch einen falschen abstraktiven Ansatz zu verfehlen.

3.3.3 Zum Abschluß dieser Erörterung und in einigen Punkten vorweisend auf die folgenden Überlegungen sollen an dieser Stelle die Thesen von *H. P. Althaus & H. Henne* (1970) zur „*Sozialkommunikation*" erörtert werden, die ein (zumindest formal) plausibles Modell einer Pragmalinguistik vorgeschlagen haben.

Die Autoren explizieren Pragmalinguistik als eine Disziplin, „die die Sprachzeichen und Sprachzeichenkombinationen des Sprachkommunikationsprozesses beschreibt." (4) Das Sprachzeichen wird konsequent als Element der Sprachkommunikation verstanden, also in Relation zu Sender und Empfänger analysiert.

Bei der Analyse von Sprache und Aktion gehen die Autoren aus von der Dichotomie „virtuell-realisiert" und der Trichotomie „individual-dual-plural". Dazu folgendes Definitionsschema (5):

virtuell	Sprachkompetenz	Sprachkode	Sprachsystem
realisiert	Sprachperformanz	Sprachdiskurs	Sprachnorm
	individual	dual	plural

Sprachkommunikation wird gesehen als Teil einer sozialen Interaktion, die „Sozialkommunikation" heißt. Deren nichtsprachlicher Teil erhält den Terminus „Aktionskommunikation", die nach demselben allgemeinen Kommunikationsmodell wie die Sprachkommunikation beschrieben wird:

virtuell	Aktionskompetenz	Aktionskode	Aktionssystem
realisiert	Aktionsperformanz	Aktionsdiskurs	Aktionsnorm
	individual	dual	plural

Der Gesamtprozeß „Sozialkommunikation" wird definiert als „die Gesamtheit aller sozialen Kontakte mit kommunikativer Absicht oder Wirkung, d. h. alle mutuellen Handlungen zwischen Individuen der menschlichen Gesellschaft, die Zeichenfunktion [bzw. Symbolfunktion, cf. Anm. 13] besitzen." (5)
Sprachkommunikation und Aktionskommunikation sind integriert in die Sozialkommunikation, die definiert wird als „derjenige Teilbereich des sozialen Handelns, der die Fähigkeit zur Intersubjektivität des Individuums innerhalb der Gesellschaft sichert." (9)
Dieses Modell bietet den Vorteil einer klaren Trennung und Zuordnung der verwendeten Begriffe; darüber hinaus trennt es deutlich zwischen sprachlichen und nicht-sprachlichen Prozessen, die in der Sozialkommunikation zusammenwirken, nennt andererseits deutlich die Sozialkommunikation als „diejenige Instanz, die die Integration zwischen Sprach- und Aktionskompetenz sichert." Fraglich bleibt aber, *wie* dieses Zusammenwirken geschieht und warum es überhaupt möglich ist, sprachliche und nicht-sprachliche Handlungen in der Sozialkommunikation zu integrieren. (Dazu wird unten ein eigener Vorschlag entwickelt.) Fraglich ist auch, ob die Bestimmung

des Arbeitsgebietes der Pragmalinguistik nicht zu schematisch ist und nur einen Ausschnitt des Forschungsbereichs deckt. Pragmalinguistik analysiert, nach den Autoren, den Sprachdiskurs und schließt von dort auf dessen Virtualität, den Sprachkode, zurück. Aufgabe ist es dabei, „Typisierungen sprachdiskursiven Verhaltens der Sprachbenutzer" zu erarbeiten, die Sprachnachricht also „unter Bezug auf die Sprachkommunikation hinsichtlich der Absichten und Wirkungen, die mit ihr verbunden sind, zu typisieren." (12) Die „Typen der Sprachnachricht", die *Althaus* und *Henne* angeben, entsprechen weitgehend den Typen von Illokationsakten bei *Searle* u. a. (z. B. Mitteilung, Aufforderung, Frage, Gruß, Drohung etc.), wo sie aber gerade nicht als Sprachnachricht, sondern als soziale Relevanz eines Typs von Sprechakten angesehen werden.

So begrüßenswert also der Versuch einer Klärung der Termini einer Pragmalinguistik durch die Autoren ist: sie bleiben auf dem Stand, der Pragmalinguistik als „linguistische Teildisziplin" (12) begreift, und kommen nicht von der Sozialkompetenz und ihren Problemen zu einer Umorientierung der gesamten Linguistik auf Anwendungs- bzw. Funktionsorientiertheit. Vielmehr teilen sie die Erforschung der Sozialkompetenz und Sozialperformanz einer anderen linguistischen Teildisziplin zu, nämlich der Soziolinguistik (13).[9]

3.3.4 Eine Auffassung der pragmatischen Dimension samt deren methodologischen Konsequenzen, die der hier vertretenen texttheoretischen Auffassung sehr nahe kommt, hat *J. W. Oller* (1972) vorgelegt.

Oller geht aus von einer Untersuchung der Begriffe ‚Syntax', ‚Semantik' und ‚Pragmatik' und dem dadurch bestimmten Verhältnis der entsprechenden linguistischen Theorien zueinander und weist nach, daß in der GTG – bedingt durch *Chomskys* Annahmen über die Natur der menschlichen Sprache – eine Erklärung des tatsächlichen Sprachgebrauchs unmöglich ist. Oller sieht den grundlegenden Irrtum der Generativisten darin, daß sie Grammatik als eine Untersuchung der Sprache unabhängig von „communicative settings" und der Weltkenntnis des Sprechers definieren und betreiben: „Since

---

[9] Eine klare Darstellung der Ziele und Methoden der Soziolinguistik gibt *H. Steger* (1971), der diese Diszplin deutlich von der Pragmalinguistik unterscheidet.

language is intrinsically structured FOR and BY communication, this error incapacitates transformational theory." (45)

Oller stellt dem ein Modell gegenüber, in dem der Gebrauch von Sprache als ein Vorgang aufgefaßt wird, der sich auf drei unlösbar korrelierten Ebenen bzw. in drei Dimensionen vollzieht: in der syntaktischen, semantischen und pragmatischen Dimension. In der syntaktischen Dimension werden Elemente zeitlich arrangiert; in der semantischen werden Elemente mit anderen Elementen des gleichen syntaktischen und/oder pragmatischen Typs (Paradigmas) kontrastiert und dann ausgewählt; in der pragmatischen Dimension werden die verschiedenen syntaktisch-semantischen Elemente in Beziehung gesetzt zu außersprachlich wahrgenommener Information und verfügbarem Wissen.

Aus Ollers Argumentation läßt sich entnehmen, daß er Sprachgebrauch in konkreten Äußerungen auffaßt als einen Entscheidungsprozeß, der sich in den drei geschilderten Dimensionen vollzieht. Dabei kommt der pragmatischen Dimension offensichtlich ein gewisser Primat zu; denn Oller stellt die Hypothese auf: „It is the pragmatics of sentence generation that determines which choice will be made within each syntactic semantic state." (52)

Ollers Definition der pragmatischen Dimension kann durchaus als Ausgangspunkt einer Texttheorie im hier verstandenen Sinne akzeptiert werden: „...PRAGMATICS is defined as the dynamic interaction between the speaker's knowledge of the world (including immediately perceived information) and the syntactic-semantic dimensions. These dimensions, however, are by no means independent." (53) Auch die methodologischen Konsequenzen für die Linguistik insgesamt, die Oller aus diesen Beobachtungen zieht, kann in einen texttheoretischen Ansatz integriert werden: „As a complex means of communication language can only be explained within the framework of the context of communication and this can only be accomplished through an integrated theory of syntax, semantics, and pragmatics." (53).

4. DIE THEORIE DER KOMMUNIKATIVEN HANDLUNGSSPIELE ALS BASIS EINER TEXTTHEORIE

In diesem Abschnitt wird versucht, zunächst den erkenntnistheoretischen und sprachphilosophischen Rahmen zu skizzieren, der für die folgende Auseinandersetzung mit Teilforschungsproblemen einer Texttheorie (z. B. Semantik, Referenz- und Präsuppositionstheorie) maßgeblich sein wird. Dieser Rahmen wird im Verlauf dieser Auseinandersetzung spezifiziert und soll in Kap. 8 dann für ein Modell der Texterzeugung als Basis zur Verfügung stehen.

4.1 ‚Kommunikatives Handlungsspiel' als Basiskategorie der Texttheorie[1]

Nach Vorarbeiten (1969, 1969a) sprachphilosophischer und textsemantischer Zielsetzung habe ich (in 1971a) versucht, den Begriff

---

[1] Der Handlungsbegriff, der hier vorausgesetzt wird, wenn Sprechen als soziales Handeln angesehen wird, kann kurz so skizziert werden: Nach *M. Weber* (Wirtschaft und Gesellschaft, 4, 1956, 1) ist Handeln ein „menschliches Verhalten ... wenn und insofern als der oder die Handelnden mit ihm einen subjektiven Sinn verbinden. ‚Soziales' Handeln aber soll ein solches Handeln heißen, welches seinem von dem oder den Handelnden gemeinten Sinn nach auf das Verhalten *anderer* bezogen wird und daran in seinem Ablauf orientiert ist." – Im Anschluß an *T. Parsons* (The Structure of Social Action, 2. Aufl. 1949, 44) kann Handeln aufgefaßt werden als jede Form menschlichen Verhaltens, die durch Kategorien beschrieben und analysiert werden kann. Zum Handeln gehören wesentlich: die Handelnden, die Handlungssituation und die Orientierung der Handelnden auf die Situation. Handlungen treten faktisch nicht isoliert auf, sondern stets in Handlungssystemen bzw. -konstellationen. Diese Systeme sind personaler, sozialer und kultureller Art. *G. H. Meads* (in seinen Vorlesungen entwickelter) Handlungsbegriff paßt durchaus in diesen Rahmen (cf. *U. Maas*, 1972a). Mead versteht als Bedeutung einer Handlung die soziale Situation, wie sie durch Handlungen und Partnerreaktionen herbeigeführt wird. Sprache ist nach Mead die Handlungsdimension, in der die Bedingungen der Handlung thematisiert werden können; Sprechen ist ein solches Handeln, das sich über seine Voraussetzungen klar werden kann.

„Kommunikatives Handlungsspiel" *als Fundamentalkategorie* einer kommunikationsorientierten Linguistik einzuführen.

Die an den angegebenen Stellen ausführlicher dargelegte erkenntnistheoretische Diskussion dieser Kategorie soll hier kurz so zusammengefaßt werden: Die *faktisch* nicht hintergehbare Verfassung jedes wahrnehmenden und erkennenden Individuums ist seine Existenz als Sprecher einer (notwendig sozial vermittelten) natürlichen Sprache, seine Existenz im System sprachlicher sozialer Interaktion (= Kommunikationsgemeinschaft). Wer eine Sprache lernt, erwirbt dabei nicht nur die Regeln für die Verwendung eines Zeichensystems (= Verfahren sprachlicher Sinnkonstitution), sondern zugleich die Regeln sozialer Interaktion in einem komplexen verbalen und nichtverbalen Kommunikationsbereich. Diesen Aspekt betont auch *D. Wunderlich* (1970, 13): „mit der Übernahme eines Sprachschatzes ist zugleich die symbolische Transformation von Interaktionsweisen der Umwelt verbunden. Ein Kind erlernt die Regeln seiner Sprachkompetenz nicht als isolierte Regeln zur Konstruktion von Ausdrücken, sondern nur zusammen mit den typischen Handlungs- und Rollenbeziehungen seiner primären Umwelt. In ihnen kommen sozial bestimmte Strategien zum Ausdruck." Sprachliche Strategien erwachsen aus Interaktionsbeziehungen und steuern diese ihrerseits. Sprechen muß mithin als ein Teilbereich sozialen Handelns angesehen werden; Sprache (qua Regelsystem) als eine Menge von Regeln für sinnvolles/erfolgreiches verbales Handeln in einer Kommunikationsgemeinschaft.[2]

4.1.1 Gesellschaft als Interaktions- und Kommunikationssystem kann dabei unter drei Aspekten betrachtet werden:
(a) jedes Kind wächst auf in einer Kommunikationsgesellschaft und wird von ihr schrittweise in die komplexen Regeln verbaler und nichtverbaler Kommunikation eingeführt;
(b) jeder natürliche Sprecher vollzieht seine Sprechakte im Rahmen von Kommunikationssituationen, bezieht sich auf diese, modifiziert sie und bringt neue hervor;

---

[2] Diese Aspekte sind seit einiger Zeit in soziolinguistischen Untersuchungen über Sprachbarrieren, Sprache und Klassenbildung, Lernen und soziale Struktur, Sprache und Sozialisation ansatzweise untersucht worden; cf. dazu die bekannten Arbeiten von *B. Bernstein, U. Oevermann, R. Reichwein u. a. m.* (zur Kritik an diesen Ansätzen cf. *U. Maas,* 1972 a)

(c) Gesellschaft als Kommunikationssystem ist – erkenntnistheoretisch gesehen – der Raum, *in* dem die verbindlichen Wirklichkeitsbilder von Einzelnen und Gruppen (und für diese) erzeugt und durch soziale Rekurrenz stabilisiert werden. Der Bezug von Texten bzw. Äußerungen auf Korrelatebenen vollzieht sich nach den sozial rekurrenten Regeln der Kommunikationsgemeinschaft. Texte und deren Konstituenten beziehen sich nicht auf „die Wirklichkeit", sondern auf die Wirklichkeitsmodelle, die in einer Kommunikationsgesellschaft akzeptiert sind. Das Handlungs- und Kommunikationssystem einer Gesellschaft, nicht „die Wirklichkeit" ist also das Bezugssystem, in dem der soziale Nennwert (= die außersprachliche Referenz und/oder die Relevanz) sprachlicher Ausdrücke und Ausdrucksverbindungen diskutiert und entschieden wird.[3]

4.1.2 Dieser letzte Gesichtspunkt kann folgendermaßen expliziert werden. *L. Wittgenstein* hat in seinem Spätwerk Sprache als eine soziale Arbeits- oder Lebensform angesehen, die notwendig sprachliche und nicht-sprachliche Konstituenten enthält, die sich gegenseitig interpretieren. Sprechen vollzieht sich nach Wittgenstein in „Sprachspielen": „Ich werde auch das Ganze: der Sprache und der Tätigkeiten, mit denen sie verworben ist, das ‚Sprachspiel' nennen." (Philosophische Untersuchungen § 7). Im „Brown Book" spricht Wittgenstein von Sprachspielen als von „complete systems of human communication". Mit diesen Charakterisierungen wird darauf verwiesen, daß Sprache primär als ein Kommunikationssystem fungiert, nicht als Zeichensystem. Kennzeichnend für dieses Kommunikationssystem ist die Relation zwischen sprachlichen und nicht-sprachlichen Faktoren, deren Zusammenspiel erst die „ontologische" Referenz bzw. die soziale Relevanz sprachlicher Akte garantiert.

4.1.3 Um diesen Aspekt deutlicher zu betonen als das im Terminus „Sprachspiel" möglich ist, soll hier als elementare Kategorie

---

[3] Zum Wirklichkeitsbegriff cf. *H. Albert,* 1968, *I. Lakatos,* 1968, 1971; aber auch etwa *H. Blumenberg* (1964, 13): „Wirklichkeit als sich konstituierender Kontext ist ein der immer *idealen Gesamtheit* der Subjekte zugeordneter *Grenzbegriff,* ein Bestätigungswert der in der *Intersubjektivität* sich vollziehenden Erfahrung und Weltbildung."

einer Texttheorie der Terminus „*kommunikatives Handlungsspiel*" benutzt werden: Ein kommunikatives Handlungsspiel ist eine abgrenzbare Kommunikations„geschichte" (im Sinn W. *Schapps*, cf. Verf. 1971 c) bzw. eine zeitlich und räumlich begrenzbare Menge von Kommunikationsakten (z. B. ein Dialog, eine Vorlesung, eine Wahlversammlung, etc.) (Zur Weiterführung dieser Definition cf. Abschnitt 4.2)

Ein kommunikatives Handlungsspiel wird konstituiert durch: die globale sozio-kulturelle Einbettung in die Kommunikationsgesellschaft; Kommunikationspartner mit allen sie beeinflussenden Kommunikationsbedingungen und Voraussetzungen; eine einbettende Kommunikationssituation; die geäußerten Texte und faktische oder anschließbare sprachliche (Kon-)Texte. Die Gesamtheit der kommunikativen Handlungsspiele in einer Sprechergesellschaft konstituiert diese Gesellschaft als Kommunikationsgesellschaft im Rahmen der Gesellschaft gesehen als verbale und nicht-verbale Interaktionsgesellschaft. Kommunikative Handlungsspiele sind Formen der Realisierung sozialer Kommunikativität (Partnerbezogenheit) sowie komplexer informationeller Prozesse (Informativität). In kommunikativen Handlungsspielen im Rahmen der Kommunikationsgesellschaft wird über den Bezug sprachlicher Konstituenten zu nicht-sprachlichen Konstituenten der Kommunikationssitution und zu Informationssystemen bzw. Wirklichkeitsmodellen entschieden, indem die semantischen Regeln des zugrundeliegenden Sprachsystems auf die Gegebenheiten der jeweiligen Kommunikationssituation hin interpretiert werden. (Zur näheren Diskussion der damit verbundenen Theorie der Semantik cf. 4.3). Das kommunikative Handlungsspiel konstituiert mithin für die Kommunikationspartner einen gemeinsamen „universe of discourse" (cf. *J. Lyons*) als die allen zugängliche Referenz-(bzw. Korrelat)Ebene bzw. als den gemeinsamen „Raum", in dem über die Relevanz und Referenz sprachlicher Handlungen entschieden wird.

4.1.4 *Kommunikative Handlungsspiele als einfache Sozialsysteme*
Um den sozialen Status kommunikativer Handlungsspiele genauer zu kennzeichnen, kann man zurückgreifen auf systemtheoretische Analysen von *N. Luhmann*, vor allem auf seine Theorie der „einfachen Sozialsysteme" (1972).

Als Kriterium für einfache Sozialsysteme wählt Luhmann zunächst die Anwesenheit der Beteiligten, die über ihre wechselseitige

Wahrnehmbarkeit definiert wird.[4] Die Tatsache, daß mehrere Personen in ein Feld wechselseitiger Wahrnehmung geraten, führt zwangsläufig zur Systembildung aufgrund der Selektivität (nicht der Faktizität!) der hergestellten Beziehung. Einfache Sozialsysteme sind also definiert durch Anwesenheit und wechselseitige Wahrnehmbarkeit der Partner; die Grenzen des Systems fallen mit den Grenzen des Wahrnehmungsraumes zusammen.

Wichtige Argumente für jede Sprachtheorie bringt Luhmann bei der Analyse des Verhältnisses von Wahrnehmung und Sprechen in einfachen Sozialsystemen. Luhmann zeigt, daß Wahrnehmung „allen explizierenden Formen sprachlicher Kommunikation durch hohe Komplexität der vermittelten Eindrücke und durch hohes Tempo ihrer Übermittlung und Verarbeitung überlegen" ist und schließt daraus: „Die Wahrnehmung läßt sich deshalb durch Sprache niemals einholen, geschweige denn angemessen wiedergeben." (54) Anders als Sprechen wird Wahrnehmen nicht als Handeln angesehen, d. h. die Partner werden wohl für das verantwortlich gemacht, was sie sagen, nicht aber für das, was sie wahrnehmen.

Sprechen (genauer wäre zu sagen: sprachliches kommunikatives Handeln) ist nach Luhmann intentionsgesteuertes, der Rückfrage ausgesetztes Handeln, bei dem die „Rollenkomplementarität" enger definiert ist als im Wahrnehmungsprozeß (z. B. Angesprochenwerden setzt unter Antwortzwang). Zudem besitzt der Sprechakt eine höhere Selektivität. Aus diesen Gründen muß der Sprechprozeß diszipliniert bzw. stärker organisiert werden. Das geschieht – nach Luhmann – durch eine *thematische Konzentration:* „Mit Hilfe eines Themas der Kommunikation kann das System sich gegenüber der Vielfalt von Wahrnehmungsprozessen, die es konstituieren, nochmals selektiv verhalten. Thematische Konzentration dient als Bestimmung und Reduktion systemeigener Komplexität, als Prinzip der Verknappung zugelassener Möglichkeiten, das dann als Voraussetzung dient für alle höhere Ordnungsleistungen im System." (55) Das Thema fungiert als eine – wenn auch schwache und störungsanfällige – Struktur des einfachen Systems, es zentralisiert die Aufmerksamkeit und die Gedächtnisleistung der Beteiligten und kann auch bewußt zur Kontrolle des Systems eingesetzt werden.

---

[4] Für sprachliche Kommunikation dürfte dabei primär die akustische Wahrnehmbarkeit eine Rolle spielen, daneben auch die optische.

Anwesenheit und Thema dienen weiterhin dazu, das einfache soziale System von der Umwelt abzugrenzen, also zu bestimmen, was im Wahrnehmungsraum als anwesend gilt und was nicht. Weitergehende Differenzierungen und Spezialisierungen der Umwelt und Konstitution einer objektiven, geschichtlichen Zeit kann ein einfaches Sozialsystem nicht leisten wegen mangelnder interner Differenzierung und kurzer Zeithorizonte seines Bestehens; für diese Leistungen ist es auf das soziale System der Gesellschaft angewiesen.

4.1.4.1 Dieses Modell einfacher Sozialsysteme kann m. E. als Paradigma für ein *Modell kommunikativer Handlungsspiele* dienen. Konzentriert man sich auf kommunikative Handlungsspiele zwischen anwesenden Gesprächspartnern (d. h. sieht man unter genetischem Aspekt schriftliche Kommunikation als einen abgeleiteten Fall an), dann lassen sich (neben den bereits in 4.1.3 genannten) folgende *definitorische Merkmale* kommunikativer Handlungsspiele festlegen (ergänzend zu der in 4.1.3 gegebenen Definition):

(1) Ein kommunikatives Handlungsspiel spielt sich ab zwischen Kommunikationspartnern in einem abgegrenzten Wahrnehmungsraum (= Prinzip der Anwesenheit der Beteiligten, Prinzip der wechselseitigen optischen und/oder akustischen Wahrnehmbarkeit).

(2) Ein kommunikatives Handlungsspiel basiert auf potentieller Gleichartigkeit der Wahrnehmungen der Kommunikationspartner und vollzieht sich in rollenkomplementären Sprech- bzw. Kommunikationsakten (dazu cf. Kap. 6), die als (Formen und entsprechend als) Vollzug intentionsgesteuerten, der Rückfrage ausgesetzten sozialen Handelns angesehen werden.

(3) Ein kommunikatives Handlungsspiel ist zeitlich begrenzt und läßt Varianz der Kommunikationspartner in bestimmtem Ausmaß zu; dieses Ausmaß ist begrenzt durch die Integrierbarkeit hinzutretender Kommunikationspartner in die thematische Orientierung des kommunikativen Handlungsspiels.

(4) Ein kommunikatives Handlungsspiel ist definiert über eine thematische Orientierung der Kommunikationsakte; durch diese Orientierung verhält sich das kommunikative Handlungsspiel selektiv gegenüber möglichen Vielfalten von Wahrnehmungsprozessen und anderen möglichen Themen. Anwesenheit und thematische Orientierung können zur Kontrolle des Systems in Form metakommunikativer Reflexion bewußt eingesetzt werden.

(5) Wegen mangelnder interner Differenzierung sind kommunikative Handlungsspiele angewiesen auf das soziale System der Gesellschaft, d. h. sie sind eingebettete, strukturell abhängige einfache Sozialsysteme.
(6) Selektivität und thematische Orientierung wirken intern als Kriterien der Textbildungsverfahren, die im Modell als geordnete Abfolge von Entscheidungs- (bzw. Selektions-)prozessen beschrieben werden können (dazu cf. Abschnitt 8.5.)

4.1.4.2 Nach diesen Vorüberlegungen ergibt sich also folgende *Einbettungshierarchie für sprachliche Phänomene:*

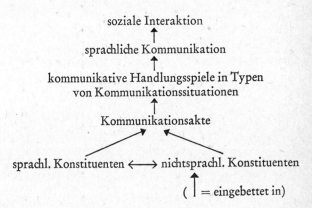

Fig. 1

Dieses allgemeine Schema muß nun spezifiziert und erweitert werden, um die „Feinstruktur" kommunikativer Handlungsspiele zu explizieren. Dabei soll zunächst der Bereich der sprachlichen Konstituenten kommunikativer Handlungsspiele näher untersucht werden.

Zunächst könnte man daran denken, als sprachliche Bestandteile kommunikativer Handlungsspiele Texte anzusetzen. Berücksichtigt man aber das oben zur Einbettungshierarchie Gesagte, dann muß man den Text als kommunikativ geäußerten Text in seinen Einbettungen betrachten. Für diesen Objektbereich hat sich im Anschluß an *Austin* und *Searle* der Ausdruck „speech act" (Sprechakt) eingebürgert, der das Integral von sprachlicher Textkonstituentenmenge und deren sozio-kommunikativer Relevanz benennt.

Um das Verhältnis von kommunikativem Handlungsspiel und Sprechakt (bzw. in unserer Terminologie: „Kommunikationsakt") genauer bestimmen zu können, soll zunächst ein Exkurs über die Theorie der „speech acts" bei *Searle* eingeschoben werden. Die Konsequenzen dieser Überlegungen für den Textbegriff und Textdefinitionen werden dann – nach der Diskussion der notwendigen Detailfragen – in Kap. 8 systematisch dargestellt.

4.2 Die Konzeption der „speech acts" bei J. R. Searle[5]

„...speaking a language is performing speech acts, acts such as making statements, giving commands, asking questions, making promises, and so on ... these acts are in general made possible by and are performed in accordance with certain rules for the use of linguistic elements." Und *Searle* fährt fort: „More precisely, the production or issuance of a sentence token under certain conditions is a speech act, and speech acts (...) are the basic or minimal units of linguistic communication." (1969, 16)[6]

In diesen einführenden Bestimmungen müssen *folgende fundierenden Aspekte* unterstrichen werden:

---

[5] Eine ausführliche Kritik der Searle'schen Sprechakttheorie, die vor allem auf das Verhältnis von Satzbedeutung und Illokutionspotential abstellt, hat *B. Richards* (1971) vorgelegt. Sein Beweisgang dafür, daß die Searle'sche Theorie überflüssig sei, überzeugt aber in keiner Weise, bringt jedoch einige interessante Details zum Problem der Bedingungen für die Durchführung von Sprechakten.

[6] Eine anders orientierte Auffassung des Sprechaktes vertritt *M. A. K. Halliday* (1971), der Sprechakte ansieht als simultane Selektionen aus dem Bedeutungspotential („meaning potential") einer Sprache. „Speech acts thus involve the creative and repetitive exercise of options in social and personal situations and settings..." (142). Jeder Sprechakt erfüllt nach Halliday in der Regel die drei zentralen Sprachfunktionen: die „ideational function" (Inhaltsausdruck); die „interpersonal function" (Aufbau und Stabilisierung sozialer Relationen) und die „textual function" (Situationsbezug) (143). „A speech act is essentially a complex behavior pattern which in most instances combines the ideational and interpersonal functions, in varying degress of prominence." (165)

(a) Sprechakte sind fundamentale Einheiten sprachlicher Kommunikation;
(b) Sprechen vollzieht sich im/als Vollzug von Sprechakten;
(c) Sprechakte sind klassifizierbar unter Kategorien sozial normierter Interaktionsformen (wie Befehl, Versprechen, Frage etc.);
(d) Sprechakte werden in Übereinstimmung mit Regeln vollzogen, d. h. sie stellen Formen regelgesteuerten Verhaltens dar.

Das Aussprechen (uttering) (= Äußerung) eines Satzes ist mithin kein bloßes akustisches Ereignis, sondern zugleich der Vollzug einer sozial relevanten *Handlung* (wie Befehlen, Versprechen etc.).

Bei dieser Kennzeichnung der Sprechakte ergeben sich einige Probleme zum Verhältnis von Sprechakt und der Äußerung von Sätzen. So betont *Searle*, daß die Bedeutung eines Satzes (der geäußert wird) die mit seiner Hilfe vollziehbaren Sprechakte bestimmt: „The speech act or acts performed in the utterance of a sentence are in general a function of the meaning of the sentence." (18) Dank seiner Bedeutung kann jeder bedeutungsvolle Satz gebraucht werden, um einen besonderen Sprechakt zu vollziehen: „for every possible speech act there is a possible sentence or set of sentences the literal utterance of which in a particular context would constitute a performance of that speech act." (19) [7] Mit einem Satz kann also nicht jeder beliebige Sprechakt vollzogen werden, sondern nur solche Sprechakttypen, die mit den Regeln für den Gebrauch der sprachlichen Elemente einer Äußerung (und der dadurch bestimmten Satzbedeutung) vereinbar sind: „acts are in general made possible by and are performed in accordance with certain rules for the use of linguistic elements." (16) [8] Der Vollzug eines Sprechakts kann demnach be-

---

[7] Bereits an dieser Stelle muß ein gravierender Einwand gegen Searles Position angemerkt werden: *Searle* argumentiert ausschließlich *satzbezogen*, nicht textbezogen, und behandelt folglich das Problem der soziokommunikativen Funktion sprachlicher Äußerungen (das Illokutionspotential, s. u.) auf der falschen Ebene. Gleichwohl kann, nach entsprechender Korrektur auf Textorientiertheit hin, die Searle'sche Analyse als Ausgangsposition gute Dienste leisten.

[8] Der damit angedeutete Zusammenhang von sprachlichen Regeln und Regeln für den Vollzug sozial normierter Interaktionsformen verweist noch einmal auf die Plausibilität der Hypothese, daß Sprechen eine soziale Handlungsform darstellt, daß Regeln für den Gebrauch sprachlicher Einheiten sich im Verein mit Regeln sozialer Interaktion ausbilden und beide

stimmt werden als Realisation der kommunikativen Leistungsmöglichkeit eines Text(stück)es im Rahmen eines kommunikativen Handlungsspieles.

4.2.1 Gegenbeispiele zwingen nun aber zu einer genaueren Bestimmung. So kann z. B. das Äußern eines Satzes wie „Es ist kalt hier" verschiedene kommunikative Funktionen erfüllen: (a) die Information eines Gesprächspartners über die Temperatur in einem Raum, in dem A schon steht, in den B eintreten will; (b) die Aufforderung an B, das Fenster zu schließen, die Heizung aufzudrehen etc.; (c) die indirekte Ankündigung von A, daß er den Raum verlassen wird, etc.

Um diesen verschiedenen Aspekten besser Rechnung tragen zu können, muß die *Struktur von Sprechakten* genauer bestimmt werden.

Nach *Searle* werden in einem Sprechakt drei Akte zugleich vollzogen:

(a) das Äußern von Wörtern/Sätzen (performing uttering acts);
(b) Referenz und Prädikation (performing propositional acts);
(c) Feststellen, Fragen, Befehlen, Versprechen (performing illocutionary acts) (23)[9].

Regelsorten sich gegenseitig interpretieren. Damit wird ein weiteres Argument für die Hypothese geliefert, eine gemeinsame Grammatik sprachlichen und sozialen Handelns als Rahmen für eine Kommunikationstheorie zu entwerfen (cf. Verf. 1968 im Anschluß an den umfangreichen Entwurf von *K. L. Pike*, 1967).

Zum Zusammenhang von Bedeutung und Sprechakt cf. auch *D. Wunderlich*, 1971, sowie *B. Richards*, 1971.

[9] Lange vor *Searle* (der ihn seltsamerweise nicht zitiert) und mit ganz verblüffenden Parallelen hat *W. P. Alston* (1964) die Austin'sche Terminologie aufgegriffen und in eine sprachphilosophische Semantiktheorie integriert.

Um den Sprachgebrauch genauer beschreiben zu können, geht Alston aus von *Wittgensteins* Idee, die Bedeutung von Äußerungen als eine Funktion ihres Gebrauchs in einer Sprechergesellschaft zu beschreiben und stellt sich die Aufgabe, die Synonymität von Wörtern und Sätzen zu definieren. In Anlehnung an Austins Terminologie schlägt Alston folgende Klassifikation der verschiedenen Handlungssorten vor, die im Gebrauch eines Satzes vorkommen können: (1) locutionary acts; (2) perlocutionary acts; (3) illocutionary acts. Der Unterschied zwischen (2) und (3) wird durch zwei Kriterien spezifiziert: (a) illocutionary acts setzen locutionary acts voraus, per-

Diese drei Aspekte können so erläutert werden: jeder kommunikativen Äußerung liegt eine bestimmte Sprachzeichenmenge als Substrat zugrunde; diese Sprachzeichenmenge (= Oberflächentext) hat – im Sinne *G. Freges* – einen bestimmten Sinn; d. h. ihr liegt als „Tiefenstruktur" eine bestimmte „Proposition" (im Sprachgebrauch der Logik) zugrunde; die in der Kommunikationssituation manifestierte Proposition erfüllt nun eine bestimmte sozio-kommunikative Funktion; sie dient etwa dazu, einen Befehl, ein Versprechen etc. durchzuführen, wobei für solche Funktionen in der Regel sowohl bestimmte Äußerungsformen als auch bestimmte Propositionstypen vorgeschrieben sind.

---

locutionary acts jedoch nicht; (b) illocutionary acts können Mittel von perlocutionary acts sein, aber nicht vice versa. Während bei (2) der Effekt des Akts auf den Hörer wesentlich zur Begriffsbestimmung gehört, ist das Kriterium eines illocutionary acts, daß er in einer bestimmten Situation stattfindet und gewisse Regeln beobachtet. Am Beispiel des illocutionary act ‚Aufforderung' der im Satz „S fordert H auf, die Tür zu öffnen" geäußert wird, entwickelt Alston 4 Regeln für diesen illocutionary act in Form von Bedingungen, die bei einem erfolgreichen Vollzug berücksichtigt werden müssen:
(1) Eine bestimmte Tür ist aus der Kommunikationssituation ausgesondert.
(2) Diese Tür ist geschlossen.
(3) H ist in der Lage, die Türe zu öffnen.
(4) S ist daran interessiert, daß H die Türe öffnet.

„What is required for a given illocutionary act, in addition to the utterance of an appropriate sentence, is not that certain environmental conditions actually hold or even that the speaker believe them to hold, but only that he take reponsibility for their holding. In other words, what is required is that he recognize that what he is doing is governed by rules requiring that the conditions hold." (42 f.) Die Regeln, die für illocutionary acts konstitutiv sind, sind von entscheidender Wichtigkeit für die Bedeutung einer Äußerung: „a sentence has a meaning if and only if it has illocutionary-act potential; and to know what a sentence means is to know what its illocutionary-act potential is..." (39) Synonymität läßt sich nach diesen Überlegungen so definieren: Sätze sind synonym, wenn sie dasselbe Illokutionspotential haben; Wörter sind synonym, wenn sie an Textstellen substituiert werden können, ohne das Illokutionspotential zu ändern.*

* Kritisch anzumerken wäre an dieser Stelle, ob die Synonymität von Wörtern zureichend behandelt werden kann, ohne auf die Referenzproblematik einzugehen.

4.2.1.1 In Anschluß an *Austin* berücksichtigt *Searle* in seinem Schema noch einen vierten Typ von Akten: die „perlocutionary acts"; darunter versteht er die Konsequenzen/Effekte der illocutionary acts auf Handlungen, Gedanken, Meinungen etc. von Kommunikationspartnern: „For example, by arguing I may *persuade or convince* someone, by warning him I may *scare* or *alarm* him, by making a request I may *get him to do something*, by informing him I may *convince him*..." (25; cf. *W. P. Alston a. a. O.*). D. h. neben dem Aspekt der kommunikativen Funktion/Relevanz von Äußerungen muß der Aspekt der (durch einen „illocutionary act" bewirkten) Modifikation der psychischen Dispositionen und der Handlungsbereitschaft bzw. Handlung der Kommunikationspartner berücksichtigt werden, der hier kurz *„Perlokutionseffekt"* genannt werden soll, wobei auch Rückwirkungen auf den Sprecher selbst impliziert sind.[10]

Bei der Klassifikation von Aktsorten muß folgender Hinweis *Searles* beachtet werden: Die grammatische Form des „illocutionary act" ist der ganze Satz; die grammatische Form des „propositional act" sind Satzteile, die aber nicht alleine vorkommen können. („One only refers as part of the performance of an illocutionary act ..." (1969, 25)[11] Darin ist die für eine Semantiktheorie und eine Theorie der Referenz äußerst wichtige Hypothese impliziert, daß sich nicht Ausdrücke auf Objekte beziehen, sondern *daß Referenz Resultat eines Sprechaktes ist*. M. a. W. „referring expressions"[12] werden von *Sprechern* dazu benutzt, um *sich* sprachlich auf Korrelate *zu beziehen*.[13] D. h. nicht der Satz etwa drückt eine Pro-

---

[10] Eine einprägsame Kennzeichnung findet sich bei *M. Tuțescu,* (1970, 587): „Le terme ‚illocutionaire' renvoie à la structure interne d'une action, alors que ‚perlocutionnaire' se rapporte aux résultats particuliers que cette action provoque." Zur Definition der Aktsorten cf. ergänzend auch *D. Wunderlich,* 1971.

[11] Zu der wichtigen Frage, ob Illokutionspotentiale bzw. Illokutionsakte auf der Satz- oder Textebene diskutiert werden müssen, cf. Kap. 8 und passim.

[12] *Searle,* a. a. O., 26 f. „Any expression which serves to identify any thing, process, event, action, or any other kind of ‚individual' or ‚particular' I shall call a referring expression."

[13] Das spricht auch *R. C. Stalnaker* deutlich aus: „It has been emphasized by many philosophers that referring is something done by people with terms, and not by terms themselves. That is why reference is a problem of

position aus, sondern der Sprecher drückt in einer Äußerung eine Proposition aus. Dieser Hinweis sollte im Zusammenhang mit einer These *Wittgensteins* gesehen werden; in den „Philosophischen Untersuchungen" (§§ 23, 27) verweist Wittgenstein darauf, daß Sätze/Ausdrücke ganz verschiedene Funktionen bekommen können, je nach den Spezifika des Gebrauchs. Daraus folgt strenggenommen, daß es keine identische Klasse von „referring expressions" gibt (wie auch *Searle* noch behauptet, 26 f.), sondern daß ein bestimmter Typ von Ausdrücken *in der Regel* dazu gebraucht wird (bzw. besonders dazu taugt), in einem Kommunikationsakt „Referenz" zu vollziehen (cf. Abschnitt 4.6).

4.2.2 Eine Weiterentwicklung der Sprechakttheorie steht heute vor der Aufgabe, die in einem Sprechakt integrierten Aktsorten genauer zu spezifizieren. Eine solche Spezifikation muß aber auf eine Reihe von theoretischen Grundfragen eingehen, um den Zusammenhang zwischen sprachtheoretischen Grundlagen und dem Ansatz und der Richtung der Analyse explizit machen zu können. So kann etwa eine genauere Darstellung der sprachlichen Referenz nicht auskommen ohne eine explizite Bedeutungstheorie, die mit der oben skizzierten Rahmentheorie der kommunikativen Handlungsspiele kompatibel sein muß.

Aus diesen Gründen soll im folgenden Abschnitt ein bedeutungstheoretisches Modell für die Konstitution und Rezeption sprachlicher ‚Bedeutung' konzipiert werden; ein Modell, dem gerade in einer Texttheorie, die sich mit kommunikativ funktionierenden Texten beschäftigt, besondere Bedeutung zukommt.

4.3 Fundierungsfragen einer texttheoretischen Instruktionssemantik

In diesem Abschnitt geht es um Fundierungsfragen, vor allem um eine grundsätzliche Diskussion des bis heute ungeklärten Konzepts

---

pragmatics, and it is why the role of a singular term depends less on the syntactic or semantic category of the term itself (proper name, definite description, pronoun) than it does on the speaker, the context, and the presuppositions of the speaker in that context." (1970, 286)

der *semantischen Merkmale*. Nicht diskutiert werden Fragen einer formalen Darstellung semantischer Zusammenhänge und deren Spezifikation in verschiedenen Semantikschulen. (Eine übersichtliche Darstellung dieser Richtungen hat W. *Kummer*, 1971/72, vorgelegt.)

Wie ich in (1971) und (1971 a und b) vorgeschlagen habe, kann ein Lexem erkenntnistheoretisch aufgefaßt werden als eine *Regel* (*im weiteren Sinne*) oder *Instruktion* zur Erzeugung eines bestimmten sprachlichen und/oder nicht-sprachlichen „Verhaltens" (cf. *P. Kamlah* & *P. Lorenzen*, 1967: als „Handlungsschema") bzw. als *Anweisung* zu einem bestimmten, in einer Sprechergemeinschaft durch analoge Lernprozesse und Gebrauchsrekurrenzen stabilisierten und daher erwartbaren sprachlichen und/oder nicht-sprachlichen Handeln. Eine Semantik auf dieser Basis soll im folgenden als „*Instruktionssemantik*" bezeichnet werden.

Lexeme sind instruktionssemantisch gesehen zwar analytisch isolierbare, im System einer Sprache aber nie isoliert vorkommende Textkonstituenten; sie sind sprachsystematisch integriert in lexematischen Feldern (= Subsystemen eines Lexikons). Die Stellung des Lexems im lexematischen Feld definiert die Anwendungsmöglichkeiten eines Lexems; m. a. W. der Feld-Kontext weist dem Lexem seine generellen Funktionsmöglichkeiten in Texten zu, begrenzt und stabilisiert sie durch ein Geflecht rekurrent erprobter Anschließbarkeiten. Für den referentiellen Gebrauch von Lexemen folgt aus den bisher entwickelten Vorstellungen (cf. 4.1.): Nicht das einzelne Lexem bezieht sich auf eine außersprachliche Korrelatebene/auf Korrelate, sondern das jeweilige lexematische Feld ist interpretierbar als ein Komplex von Regeln (s. o.)/Instruktionen an Kommunikationspartner, *sich* in Kommunikationsakten in einer bestimmten Weise auf sprachliche und nicht-sprachliche Faktoren des kommunikativen Handlungsspiels bzw. des Kommunikationssystems insgesamt und auf die in ihm geltenden Wirklichkeitsmodelle *zu beziehen*.[14]

4.3.1 Um die Anwendungsmöglichkeiten eines Lexems in Texten bzw. in Kommunikationsakten genauer bestimmen zu können, kann

---

[14] Zu Einzelheiten der philosophischen und psychologischen Diskussion der Begriffsbildung cf. Verf. 1969, Kap. 4 und 12; zum Begriff als „Erwartungsinstruktion" cf. *H. Weinrich*, 1966, 46; sprachliche Formen interpretiert auch *I. Bellert*, 1969, als „instructions". (Nähere Erläuterungen zu einer Instruktionssemantik folgen unten in Abschnitt 4.6)

man nun – ausgehend von der Hypothese, daß die Anwendbarkeit abhängen dürfte vom begrifflichen „Inhalt" eines Lexems im Sinne seines Anweisungsinhalts als Textkonstituens – versuchen, die Anweisungspotenz eines Lexems zu beschreiben mittels einer Hypothese über den „inneren Aufbau" eines Lexems (Thema: semantische Merkmale) und seiner Stellung in lexikalischen Subsystemen. Dabei kann es sich beim gegenwärtigen Stand der Semantiktheorie nur um Arbeitshypothesen handeln.

4.4 Der theoretische Rahmen einer Instruktionssemantik

In der neueren Linguistik hat sich – wie im 1. Kap. beschrieben – allmählich die Einsicht durchgesetzt, daß die Konstitution und Beschreibung linguistischer Gegenstände textorientiert vorgenommen werden muß.

P. Hartmann hat schon früh darauf verwiesen, daß (1) „es Grammatik nur im Text, und nicht am Wort" gibt (1968), und daß (2) linguistische Syntax semantisch betrieben werden muß (1964, 12). Vor allem der zweite Gedanke spielt gegenwärtig in der generativen Transformationsgrammatik eine erhebliche Rolle (cf. *H. E. Brekle*, 1970) und führt offensichtlich auch dort zu der Einsicht, daß Syntax als „Sinngebungstechnik" (*P. Hartmann*, 1964, 136) analysiert werden muß, da Struktur – wie auch *A. Martinet* betont – nur in Verbindung mit Funktion erforschbar ist, bzw. daß es sich beim Sprechen „um ein stetes Gleichzeitigkeit- und Gegenseitigkeit-Abhängigsein von Elementgruppierung und Sinnmitteilung" handelt (*P. Hartmann*, 1964, Vorwort). (Dahinter steht die Auffassung, daß Sprechelemente nur textuell gebunden vorkommen, daß *Textualität* die phänomenal primäre Vorkommensart von Sprache ist; cf. etwa *P. Hartmann*, 1966; 1971. Zu diesem Komplex cf. Kap. 8.) Bezieht man weiterhin mit ein, was bisher über die kommunikativen Handlungsspiele, d. h. über die Einbettung symboltechnischer Prozeduren in größere Handlungsabläufe und deren kommunikative Situationen gesagt worden ist, so zeigt sich deutlich, daß eine semantische Analyse von Texten und deren Konstituenten ausgehen muß von drei fundierenden Aspekten, da erfolgreiches, d. h. eine Spre-

cherintention verwirklichendes kommunikatives Sprechen nach drei (einander konstituierenden) Seiten hin beschrieben werden muß:
(a) semantisch als Manifestation einer zugrundeliegenden kohärenten logico-semantischen Texttiefenstruktur;
(b) symboltechnisch als systematische Komplexion von Elementen nach Regeln;
(c) auf der Effizienzebene als symbolisches Handeln, als (erfolgreiches) informationelles und kommunikatives Operieren in kommunikativen Handlungsspielen.

Auch und gerade bei eng spezialisierten Detailuntersuchungen muß eine textorientierte Linguistik diese allgemeinen Fundierungshypothesen berücksichtigen, um die jeweilige Detailforschung im systematischen Gesamtrahmen der Analyse des Textes in kommunikativen Handlungsspielen situieren zu können.

Im Zusammenhang einer *textsemantischen* Analyse der Bedeutungs*leistung* von Wörtern, Sätzen und Texten dürften dabei die folgenden *fundierenden Gesichtspunkte* eine besondere Rolle spielen:

(1) Wie in Verf. 1969 ausgeführt, muß bei der Frage nach dem Verhältnis von lexikalischer und textueller „Wortbedeutung" die Korrelation beider Faktoren berücksichtigt werden, um die Fehler der extremen Kontextualisten ebenso zu vermeiden wie die der Antikontextualisten (zu dieser Einteilung cf. *G. Nickel*, 1965); denn so sehr einerseits Autoren wie *Malinowski, Hjelmslev* und *Wittgenstein* zu Recht auf die konstitutive Leistung des (Kon-)Textes für die Bedeutung eines Ausdrucks hingewiesen haben, so sehr wird man andererseits berücksichtigen müssen, daß „Wörter nicht eine Bedeutung im Text bekommen, sondern daß sie auch eine mitbringen; dann wenn sie nichts mitbrächten, würde gar kein Text zustande kommen" (*P. Hartmann*, 1968, 211 f.). Da diese Problematik im folgenden ausführlicher diskutiert werden soll, genügt hier ein kurzer Hinweis: Betrachtet man die Problematik der „Wortbedeutung" strikt textsemantisch, so lassen sich die konträren Auffassungen über die Rolle des Kontextes dadurch als Scheinopposition auflösen, daß man die zwei verschiedenen Ebenen der Betrachtung trennt, die in dieser Frage meist miteinander vermischt werden: Von der *Fundierung* der Bedeutungsleistung her gesehen ist die Kontextualität aller sinntragenden Textelemente primär konstitutiv. (Dabei muß sowohl die sprachsystematische/sprachstrukturelle Seite des

„lexical pattering", d. h. die Einbettung jedes Textkonstituens in sprachsystematische Paradigmata, als auch auf der Applikationsseite die Einbettung jedes Textkonstituens in mehrheitliche Zeichenvorkommen (Texte) und semantische Situationen berücksichtigt werden). Auf der Applikationsebene andererseits gilt: im Rahmen einer ihre Sprache beherrschenden Sprechergemeinschaft gibt es ein (metasprachliches) kommunikatives Handlungsspiel „Textkonstituenten in Isolierung betrachten/gebrauchen etc.", d. h. es gibt Situationen, in denen Textkonstituenten aus sinnvollen Verwendungen herausgelöst (isoliert) und als isolierte Daten Gegenstand von Prädikationen werden (können). (Etwa beim Schreiben eines Lexikons, bei metasprachlichen Diskursen etc.)

Fragt man nun nach „der Bedeutung" isolierter *„Wörter",* so bezieht man sich (a) auf den Grundbestand von Information qua Instruktion, den ein Textkonstituens aus der Fülle beherrschter/gekannter Verwendungen in die isolierte Stellung miteinbringt; d. h. man konstruiert Texte, in denen das Konstituens sinnvoll vorkommt (= Gebrauchsdefinition); oder (b) man bezieht sich auf den kategorialen Status, den ein Textkonstituens dank seiner Stellung im Lexemsystem einer Sprache einnimmt und bestimmt die kategorial-kognitive Position etwa eines Lexems sprachintern im kategorialen Modell einer Sprache (z. B. Definition mit Hilfe semantischer Merkmale, dazu s. u.).

(2) Die Bedeutung eines Satzes als Textkonstituens muß als ein mehrheitlicher Instruktionskomplex angesehen werden, bei dessen Analyse einmal der „Satzbegriff" (*H. E. Brekle,* 1970) als die (z. B. prädikatenlogisch abbildbare) Propositionsstruktur, weiter die Topic-Comment-Struktur, sodann die durch Transformationen konstruierbare Oberflächenstruktur, schließlich die Zusatzinformationen aus dem bedeutungsspezifizierenden Kontext und der semantischen Situation (also aus dem kompletten kommunikativen Handlungsspiel) berücksichtigt werden müssen. Die Satzbedeutung muß also notwendig vom kommunikativen Handlungsspiel und seinen sprachlichen Komponenten, dem Text her, analysiert werden, um der sprachlichen Realität der Kommunikation zu entsprechen.

4.4.1 *Modelle für die semantische Analyse von Textkonstituenten*
Die folgende Darstellung von Modellen des „internen" Aufbaus

von Textkonstituenten („Wörtern") soll dazu dienen, die nötigen Aspekte und Begriffe für die Erläuterung einer *Instruktionssemantik* zu diskutieren bzw. neu zu entwickeln. Dabei soll – auch im Vorblick auf das Texterzeugungsmodell in 8.5 – das Konzept der *Generativität* im Vordergrund stehen. Die im Rahmen der neueren Linguistik an verschiedenen Stellen entwickelte Theorie der semantischen Merkmale wird hier in einiger Ausführlichkeit besprochen, weil mit ihr ein Instrumentarium bereitzustehen scheint, die Elemente für eine Erzeugung (bzw. Analyse) von Textkonstituenten explizit zu bestimmen. Wendet man den Grundsatz der „Generativität" an auf das Modell der sprachlichen Kompetenz, so führt das zu der Hypothese, daß ein Sprecher einer natürlichen Sprache nicht das (Oberflächen-)Lexikon seiner Sprache komplett speichert, wohl aber die Regeln und die kognitiven Kategorien, mit deren Hilfe er die morphematisch-phonetische Gestalt der Lexeme „generiert/generieren" kann (cf. *M. Bierwisch*. 1966, 85), also gewissermaßen das *„Tiefen-Lexikon"* seiner Sprache.

Eine semantische Analyse eines Lexikons einer natürlichen Sprache kann nur dann Aussicht auf Erfolg haben, wenn es gelingt, das unbegrenzte Oberflächen-Inventar (*Lexikon*) in begrenzte metasprachliche Inventare (= *Lexicoidenlexikon*[15]) zu überführen, deren Elemente explizit beschrieben werden können (cf. *L. Hjelmslev*). Dieser Hjelmslev'sche Ansatz, kombiniert mit einer Analogie des Verfahrens der Prager Schule (*N. Trubetzkoy, R. Jakobson*) führte zur Forschungsaufgabe der sog. interpretativen Semantik im Rahmen der generativen Transformationsgrammatik, den Inhalt sprachlicher Zeichen aus Kombinationen von Merkmalen (den „semantic markers") zu generieren. Diese semantischen Merkmale (vergleichbar Hjelmslevs „Inhaltsfiguren") werden aufgefaßt als (metasprachlich formulierte) selbständige Komponenten, die weniger zahlreich (also allgemeiner) sind, als die Lexeme (= Aspekt des begrenzten Inventars) und aus denen durch hierarchische Kombination die Lexembedeutung aufgebaut werden kann (= Aspekt der „Generativität"). (Zur Struktur- und Komponentenanalyse cf. *G. N. Leech*, 1969, Kap. 2)

Die Schwierigkeit dieses strukturalistischen Konzepts, das versucht, die Bedeutung eines Lexems nicht durch synonyme Substitutionen, sondern durch geordnete Stränge semantischer Merkmale zu

---

[15] Lexiocoid = Element des Tiefen-Lexikons. Dazu s. u.

charakterisieren (cf. *K. Baumgärtner,* 1966, 169 f.), liegt nun aber darin, daß den semantischen Merkmalen in der Oberflächenstruktur (in der Regel) kein eigenes Element entspricht, sie also hypothetisch-konstruktiv oder abstraktiv-denominativ eingeführt werden müssen und ihre empirische (bzw. ontologische) Begründung sowie die empirische Bestätigung ihrer Formulierung erhebliche Probleme aufwirft (cf. dazu *H. J. Schneider,* 1971). Dieses Problem soll im folgenden ausführlicher diskutiert werden.

4.4.1.1 Bei der Interpretation des *Status semantischer Merkmale* lassen sich in der gegenwärtigen Diskussion verschiedene Positionen feststellen:

(a) *E. Albrecht* (1967, 179) artikuliert die „materialistische Position" in der Frage so, „daß die semantischen Merkmale als das sprachliche Abbild von Eigenschaften, Relationen und Objekten der uns umgebenden Realität aufgefaßt" werden müssen.

(b) *N. Chomsky* und *M. Bierwisch* etwa vertreten die klassische psychologisch orientierte generativistische Ansicht, daß semantische Merkmale nicht unmittelbar Eigenschaften der Umwelt repräsentieren, sondern aufzufassen sind als Ausdruck der Unterscheidungen, „zu denen der Mensch im Hinblick auf seine Umwelt gelangen kann aufgrund seiner Sinnesorgane, seines Nervensystems, allgemein: seiner apperzeptiven Konstitution." (*M. Bierwisch,* 1966, 98).

Nach Bierwisch repräsentiert das endliche Grundinventar semantischer Merkmale die „Grunddispositionen der Denk- und Wahrnehmungsstruktur des menschlichen Organismus" (1969, 72); sie stecken gleichsam den Rahmen seiner kategorialen, ordnungskonstituierenden Operationen ab (semantische Merkmale: „that may be interpreted in terms of basic dimensions of the human apperceptive apparatus" (1967, 35).[16] *Bierwisch* vertritt den plausiblen Gedanken, daß die semantischen Merkmale hierarchisch geordnet sind und Subordinationsprinzipien folgen (1967, 23). Umstritten ist dagegen seine Annahme, daß seman-

---

[16] Diese Position hat *M. Bierwisch* in (1969 a, 181) wiederholt: „The semantic features must finally be interpreted in terms of perception and cognition, i. e. they are based on general conditions imposed on human experience by the structure of the human organism. Formally the semantic features are unanalyzable predicates of several, highly specialized types."

tische Merkmale universalen Charakter haben und einen Teil der „innate capacity for language learning" (35) darstellen, also angeboren sein müssen.[17] Diese Interpretation geht über das hinaus, was etwa der Sprachpsychologe *E. Lennenberg* (1967) vertritt, wenn er annimmt, daß die allgemeinen Koordinaten der Gliederung des Wahrnehmungsangebotes universal sein dürften, wobei er allerdings nur die allgemeinen Modi oder Organisationsstrukturen der cognitiven Kategorisation und der Aktualisierungsprozesse von Sprache als allgemein menschlich ansieht.

(c) Eine rationalistische Position (mit mentalistischem Einschlag) vertritt *J. J. Katz* (1966), für den semantische Merkmale „represent the conceptual elements into which a reading decomposes a sense. They thus provide the theoretical constructs needed to reconstruct the interrelations holding between such conceptual elements in the structure of a sense." (155 f.) Die strukturalistische Komponente dieser Konzeption wird deutlich in dem klassisch gewordenen Artikel von *Fodor & Katz* (1963), in dem semantische Merkmale bezeichnet werden als „elements in terms of which semantic relations are expressed in a theory". Die semantischen Merkmale, theoretische Konstrukte, die nicht der natürlichen Sprache sondern einer Metasprache angehören „reflect whatever systematic semantic relations hold between that item and the rest of the vocabulary of the language". (187) (Zur Kritik an *Katz'* These, daß semantische Merkmale als „innate ideas" angesehen werden müssen, cf. Verf. 1969, Kap. 9).

---

[17] Wörtlich heißt es dazu bei *Bierwisch* (1969, 72 f.): „...daß die semantischen Merkmale nicht beliebig von Sprache zu Sprache wechseln, sondern Bestandteile der generellen menschlichen Sprachfähigkeit sind, daß sie ein universelles Inventar bilden, von dem jede Sprache ihren eigenen Gebrauch macht... Aber diese Merkmale werden nicht eigentlich erlernt, sondern sie bilden die angeborene Voraussetzung für mögliche Lernprozesse, sie werden durch Erfahrung und Lernen freigesetzt oder ausgelöst, sind als mögliche Struktur aber bereits im Organismus angelegt. Die semantischen Merkmale repräsentieren damit einen Teilaspekt der spezifischen Struktur des menschlichen Organismus und der darauf gegründeten Funktionen... Sie sind keine a priori existierenden Kategorien, sondern das Ergebnis der Adaptation des Menschen an seine Umwelt." Kurzum: „Es versteht sich nach diesen Überlegungen von selbst, daß die semantischen Merkmale abstrakte, theoretische Einheiten sind, die komplizierte psychische Strukturen repräsentieren." (73)

Die Kritik an dem elementaristischen Programm von *Fodor* & *Katz* und dem Bierwisch'schen Vorschlag, die Semantik einzuschränken auf den Bereich der kognitiven Schemata, faßt *D. Wunderlich* (1970, 6 f.) in der Einschränkung zusammen, „daß mit hierarchisch angeordneten Bedeutungskomponenten, wie ‚physikalisches Objekt', ‚belebt', ‚männlich', ‚menschlich' usw. nicht viel mehr erfaßt werden kann als solche Schemata, die in der kognitiven Anlage und der Wahrnehmungsstruktur des Menschen ihre universale Erklärung finden. Hierhin erschöpfen sich aber die Inhaltselemente von sprachlichen Ausdrücken nicht. Es gibt solche Elemente, die nur auf der Basis der Erfahrungen des Individuums in einer bestimmten Gesellschaft erklärt werden können (z. B. alle, die mit den kulturellen Normen und den Sozial- und Rollenbezeichnungen in dieser Gesellschaft zusammenhängen.) Außerdem lassen sich viele Bedeutungseinheiten gar nicht unabhängig und isoliert von anderen formulieren, ihr Wert ergibt sich erst aus dem ganzen System von möglichen Inhaltsbezügen, das insgesamt nur in der Form eines Bedeutungsfeldes dargestellt werden kann." Damit verweist Wunderlich darauf, daß bei einer semantischen Charakterisierung von sprachlichen Ausdrücken vom paradigmatischen und pragmatischen Aspekt nicht abstrahiert werden kann.

(d) Eine eigenständige Position hat *A. I. Greimas* entwickelt (dt. 1971), der davon ausgeht, daß die Sprache (langue) nicht ein System von Zeichen sondern ein Verband von Bedeutungsstrukturen ist (15). (Zur Semantiktheorie von Greimas cf. erläuternd *T. A. van Dijk*, 1972). Die Manifestation der Bedeutung in der Rede ist diachronisch, die Bedeutung selbst aber ist achronisch, denn sie ist „durch unser Vermögen bedingt ..., sehr einfache Bedeutungsstrukturen achronisch, als Ganzheiten, zu erfassen." (136) Greimas postuliert eine *semiologische* Ebene des Bedeutungsuniversums einer Gesellschaft, die Sem-Systeme, die ihren Semem-Manifestationen in der Rede vorgeordnet sind. Dahinter steht die Auffassung, daß „die Bedeutung dem verwendeten Signifikanten gegenüber indifferent ist." (51).

Greimas geht davon aus, „die Wahrnehmung als den nicht-sprachlichen Ort anzusehen, an dem das Erfassen der Bedeutung situiert ist" (4) und folgert daraus, daß die Semantik sich als Versuch verstehen muß, „die Welt der sinnlichen wahrnehmbaren Qualitäten zu beschreiben." (5) Die Hauptschwierigkeit jeder Semantik liegt s. E. darin, daß ihre Untersuchungen im Kreis der jeweils benutzten und untersuchten Sprache eingeschlossen bleiben; das „Universum der Semantik" ist geschlossen, und das bedeutet zugleich, daß jede abbild- oder referenztheoretische Semantik „ein Unterfangen mit Traumcharakter" ist (9).

Der strukturalistische Ansatz der Greimas'schen Semantik wird deutlich an seinen fundierenden erkenntnistheoretischen Überlegungen. Greimas geht davon aus, daß sich die Welt für und vor uns formt, indem wir Unterschiede wahrnehmen; diese Operation setzt voraus, daß (a) zumindest zwei „termes-objets" als simultan anwesend erfaßt werden müssen; und daß (b) eine Relation zwischen diesen beiden erfaßt werden muß (13 f.). Diese zwei Bedingungen sind zugleich Definiens des Begriffes „Struktur", der die Anwesenheit von zwei Termen und das Bestehen einer Relation zwischen ihnen besagt. Der Begriff ‚Bedeutung' kommt nun nicht den isolierten „termes-objets" zu, sondern dem Vorhandensein einer Relation zwischen diesen beiden: ‚Bedeutung' ist mithin ein Relationsbegriff (cf. Verf. 1969).

Solche elementaren Strukturen werden in einer Semantik faßbar, wenn man dafür einen (metasprachlich deskriptiven) gemeinsamen Nenner findet, der die „termes-objets" als Pole einer gemeinsamen semantischen Achse präsentiert. „Wie man sieht hat die semantische Achse die Funktion, die ihr inhärenten Artikulationen zu subsumieren, zu addieren". (15)

Der gemeinsame Nenner, d. h. der metasprachlich formulierte Inhalt der Relation zweier Achsenpole, kann nun auf der metasprachlichen Ebene in Form von Bedeutungselementen formuliert werden, die als Eigenschaften der „termes-objets" interpretiert werden (z. B. Mädchen vs Junge qua Feminität vs Maskulinität, wobei die Relation ‚Geschlecht' thematischer Nenner ist).

Diese Bedeutungselemente nennt Greimas „Seme". Die Beschreibung nach Semen ist der nach semantischen Achsen überlegen, ist einfacher und darum vorzuziehen (17). Eine semantische Achse (z. B. das Farbspektrum) kann nun verschiedene Sem-Artikulationen bekommen; in dieser Verschiedenheit dokumentieren sich die unterschiedlichen Kategorisierungen der Wahrnehmungswelt, „die in ihrer Spezifität Kulturen und Zivilisationen definieren." (20)

Bezüglich des *Status* der Seme bezieht Greimas eine eindeutige Stellung: Seme sind konstitutive Elemente der „termes-objets" (= Lexeme); ein Lexem kann nach einer erschöpfenden Analyse als intern hierarchisch geordnete Kollektion von metasprachlich konstruierten Semen beschrieben werden. Die erkenntnistheoretische Vermittlung zwischen Lexemen und Semen bzw. Semkategorien (= semantischen Achsen) leistet Greimas in der Weise, daß er – ausgehend von der These, die Struktur sei der Existenzmodus der Bedeutung – die Sem-Kategorien als zwar der Objektsprache immanent, aber nur außerhalb ihrer formulierbar ansieht. Das Bedeutungsuniversum einer Sprache ist – sozusagen kategorial – gegliedert durch Sem-Systeme (etwa das der Räumlichkeit). Solche Sem-Systeme (25 ff.), die in ihrer Gesamtheit die „semiologische Ebene des Bedeutungsuniversums" konstituieren (42), werden analytisch gewonnen, indem man Hypothesen über die „Seinsweise" etwa von Raumvorstellungen in einer Sprache entwirft und diese Hypothesen in einem zweiten Schritt kategorial artikuliert (Beispiele finden sich a. a. O. etwa auf S. 27).

In einem Lexem können durchaus Seme zusammentreffen, die verschiedenen Sem-Systemen angehören. Typisch ist, daß normalerweise ein Lexem solche Seme enthält und daß solche Relationen zwischen diesen Semen bestehen, die es von allen anderen Semkollektionen distinktiv unterscheiden. Jedes Lexem manifestiert also in der Regel einen typischen Ausschnitt aus dem Bedeutungsuniversum einer Sprache.

Das wichtige Problem der *Kontextbeeinflussung* der Bedeutungsleistung eines Lexems löst Greimas, indem er beim Lexem von einem invarianten Sem-Kern ausgeht, der durch kontextuelle Seme (= Klasseme) modifiziert werden kann. Die Kontexte, in denen ein Lexem auftreten kann, werden danach klassifizierbar als Klassen von Kontexten, je nach dem Bedeutungseffekt, den sie hervorrufen. „Das kontextuelle Sem können wir dann als eben den gemeinsamen Nenner für eine ganze Klasse von Kontexten ansehen." (37) Der Kontext funktioniert im Augenblick seiner Realisation in der Rede als ein „System von Kompatibilitäten zwischen den Sem-Figurationen" (45).

Die Kombination von Sem-Kern und kontextuellem Sem, mit a. W. den Bedeutungseffekt, nennt Greimas „Semem".

Damit sind die beiden fundamentalen Ebenen des Bedeutungsuniversums entwickelt: die *semiologische Ebene*, die von den Sem-Konfigurationen gebildet wird, und die *semantische Ebene*, die von Klassem-Systemen gebildet wird. Die Manifestation der globalen semantischen Ebene gewährleistet die *Isotopie* der Nachrichten und Texte (46). Die semiologische Ebene, faßbar als Korrelat der (taktilen, spatialen, aspektualen etc.) „Ordnungen der Wahrnehmung" (54), kann in verschiedenen Symbolismen manifestiert werden; sie ist die letzte bzw. tiefste Ebene der semantischen Analyse. „Die Sem-Analyse der semiologischen Sprachebene erscheint als die primäre Aufgabe der strukturellen Semantik." (56)

Mit einer bei Semantikern seltenen kritischen Offenheit räumt Greimas ein, daß die semantische „Beschreibung selbst noch in einem großen Ausmaße von der subjektiven Auffassung des Analysierenden abhängig ist." (81) Ähnlich deutlich verweist Greimas auf „den metasprachlichen Charakter einer jeden Beschreibung und, a fortiori, einer jeden Konstruktion semantischer Theorien" (93). Als metasprachlich angesetztes hypothetisches Modell der Strukturierung des Bedeutungsuniversums einer Sprache aber kann es heuristisch gute Dienste leisten, wie sich auch in den folgenden Untersuchungen zeigen wird. Dieses Modell erlaubt es dem Analysator, die „Komplexität des in Sememen artikulierten manifestierten Universums" zurückzuführen auf die „Einfachheit des immanenten Universums" (99) durch Eliminierung der Redundanzen in der Phänoebene der natürlichen Sprachen. Damit aber ist ein Grundgedanke der neueren Semantik auch hier zum Tragen gekommen: der Versuch nämlich, aus hypothetisch angesetzten Elementareneinheiten und Relationen komplexe phänomenale Gegebenheiten zu generieren, anders gewendet: Individuelle Phänomene wissenschaftlich beschreibbar zu machen, indem man sie als Produkt einer Erzeugung aus deskriptiv bestimmten (= theoriefähigen) Bestandteilen/Elementen und Relationen (d. h. als Manifestationen einer Struktur) beschreibt und damit diejenige Ebene der Allgemeinheit gewinnt, die für eine wissenschaftliche Theorie (über individuelle Objekte) wissenschaftstheoretisch erforderlich ist.

4.4.2 *Semantische Merkmale als heuristische Hypothesen im Rahmen einer Texttheorie*

Beim gegenwärtigen Forschungsstand der Linguistik und Psychologie dürfte es sicher verfrüht sein, die semantischen Merkmale gleichzeitig als „Begriffe der Theorie wie als Bezeichnung psychischer Sachverhalte" (*M. Bierwisch*, 1966, 128) zu deuten.

Im folgenden soll nun ein Modell skizziert werden, das sowohl eine Hypothese über den erkenntnistheoretischen *Status* semantischer Gliederungskategorien enthält (A), als auch eine Hypothese über den *Funktionswert* einer tiefenstrukturellen semantischen Analyse (B).

A (1) Nach den bisherigen Forschungsergebnissen der Sprach- und Informationspsychologie sowie der Denkpsychologie scheint es plausibel, daß der Mensch eine Reihe von Dispositionen (= entwicklungsfähigen Anlagen) mit auf die Welt bringen muß, um überhaupt die Fülle der auf ihn einwirkenden Informationsreize gliedern und ordnen zu können, weil davon sein Überleben abhängt.[18]

---

[18] Auf den Sprachbereich bezogen kann man sich dabei einer Formulierung *K. Baumgärtners* (1968, 10) anschließen: „Zunächst jedenfalls ist der Spracherwerb unwiderlegbar biologisch fundiert, denn er ist offensichtlich universell prädisponiert zur Erlernung beliebiger Einzelsprachen im gleichen kurzen kindlichen Entwicklungsabschnitt. Dazu entsprechend weisen alle Sprachen in ihren grammatischen Systemen die gleichen Grundgegebenheiten auf: geordnete Distinktheit von Phonemen und Morphemen, geregelte Verknüpfung von Phonem zu Morphem zu Wort zu Satz. Es liegt also nahe, daß jenes hypothetische, dem Menschen eingeborene Schema der Sprache diese abstrakten Grundgegebenheiten bereits enthält, in diesem

(2) Weiterhin kann man davon ausgehen, daß sich im Laufe der Entwicklung des Kindes Kategorien der Informationsordnung herausbilden, die aus normativen sozio-kulturellen Handlungs-, Bewertungs- und Besprechungspraktiken übernommen werden und gewissermaßen ein sekundäres biologisches System bilden, das beim „native speaker" ähnlich automatisch wirkt wie die angeborenen informationsreduzierenden Dispositionen.

(3) Schließlich wird man individuell (biographisch) aufgebaute Kategorien annehmen dürfen, die individuelle Interessen artikulieren und das steuern, was man pauschal „die persönliche Sicht der Dinge" nennen kann.[19]

Geht man – im Rahmen von Überlegungen zur linguistischen Theoriebildung – davon aus, daß vermutlich auch für die „Inhaltsseite" der Sprache das in der Linguistik bislang als dominant beobachtete Strukturprinzip der Sprache wirksam sein dürfte, mehrheitliche Komplexe nach dem Grundsatz der paradigmatisch geregelten *Anschließbarkeit* aufzubauen, so scheint es plausibel, die Bedeutung von Textkonstituenten als aus Elementen nach Regeln in Kontexten für Funktionen aufgebaut zu postulieren.

B (1) Aus forschungstechnischen Gründen (= Reduktion der Inventare) wird der Versuch unternommen, das Lexikon systematisch aus elementaren Einheiten mit Hilfe von Erzeugungsregeln aufzubauen bzw. dessen vorhandenen Aufbau auf diesem Wege zu rekonstruieren.

(2) Diese elementaren Einheiten (die semantischen Merkmale) werden als forschungstechnische Konstrukte hypothetisch in eine semantische Analyse- und Erzeugungstheorie *eingeführt,* um die Stellung eines Lexems in einem lexikalischen Paradigma (philosophisch gesprochen: in einem Begriffssystem) in Abgrenzung von anderen Lexemen zu beschreiben und die sprach-systematischen und kontextuellen (verwendungsbeding-

---

Verstand schon substantielle, nämlich formell grammatische Struktur besitzt."

[19] Es wäre zu prüfen, ob man diese Einteilung parallelisieren kann mit der unten skizzierten Einteilung der semantischen Beschreibungsarsenale, also etwa das unter (1) Genannte mittels semantischer Kategorien beschreibt, das unter (2) Genannte mit semantischen Merkmalen, das unter (3) Genannte mit pragmatischen und kontextuellen Merkmalen beschreibt.

ten) Bedingungen seiner Instruktionspotenz sowie seiner Anschließbarkeit an Textkonstituenten zu markieren.

Bei der Auswahl bzw. Konstruktion semantischer Merkmale muß berücksichtigt werden, daß eine semantische Beschreibung sinnvoll nur für lexikalische *Subsysteme* (Paradigmata) vorgenommen werden kann, um zugleich genügend allgemeine und genügend unterscheidungsfähige Merkmale zu ermitteln. Es ist unmöglich, sich bei der Konzeption der Methode auf Einzellexeme zu beziehen; vielmehr sollten *„Wortfelder"* (z. B. Bewegungsverben, synästhetische Ausdrücke, Verwandtschaftssysteme etc.) als Beschreibungsobjekte gewählt werden. (cf. auch *M. Bierwisch*, 1969, 66 und *J. S. Petöfi*, 1969).

(3) *Für die Gewinnung semantischer Merkmale* [20] können zwei Begründungsverfahren benutzt werden:

(a) Geht man davon aus, daß die Bedeutungen eines Textkonstituens sich (phänomenologisch gesehen) in seinen Gebrauchsmöglichkeiten (= Instruktionsrollen und Rolleninstruktionen in kommunikativen Handlungsspielen) *dokumentieren*, so kann man durch Abstraktion aus den Typen von Kontexten (hier = Gebräuchen), d. h. auf dem Wege abstraktiver Denomination, die allgemeinsten Informationen bzw. sozio-kommunikativen Leistungskennzeichen ermitteln, die ein Lexem in Anwendungstypen liefert (= Ansatz einer deskriptiven Semantik im Anschluß an die „Linguistic Analysis" *Wittgensteins*).

(b) Geht man davon aus, daß das Lexikon einer Sprache gegliedert ist (lexikal patterning), und daß die Lexikonbestandteile sich in bestimmbaren Zügen voneinander unterscheiden müssen, um als solche feststellbar distinkt zu sein, so kann man versuchen, die Bedeutungs*unterschiede*

---

[20] *Hundsnurscher* (1970) verweist zu Recht darauf, daß die Suchbereiche zur Gewinnung solcher Merkmale sehr verschieden sein können; so bezieht sich etwa das Merkmal [weiblich] auf physiologische, das Merkmal [verheiratet] auf soziologische Tatbestände. Diese unterschiedliche Motivierung dürfte einmal – bezogen auf die jeweilige Absicht der semantischen Beschreibung – forschungstechnische Gründe haben; zugleich aber ist die Art der auftretenden Merkmale empirisch interpretierbar als Indiz dafür, welche Unterscheidungen zwischen Wörtern sprachlich in Erscheinung treten als „für den Menschen relevante Aspekte der Wirklichkeit" (32).

zwischen Wörtern in Gestalt hypothetisch angesetzter semantischer Merkmale zu fixieren (= Ansatz der strukturalen Semantik). „Die Merkmalbeschreibung eines Wortschatzes ist dann vollständig, wenn sich jedes Wort durch die besondere Spezifizierung mindestens eines Merkmals von allen anderen Wörtern unterscheidet." (*F. Hundsnurscher*, 1970, 31).[21]

(4) Wenn auf diese Art ein hierarchisch geordnetes System semantischer Merkmale erarbeitet sein sollte, dann könnte dieses System insgesamt als ein *Modell* der Informationscodierung und Informationsstrukturierung einer Sprechergemeinschaft, als ein Modell der kategorialen Gliederung besprechbarer/besprochener Inhalte interpretiert werden. Erst dieses Modell könnte dann in seiner Gesamtheit daraufhin untersucht werden, welche seiner Faktoren als kognitive Dispositionen, welche als begriffliche Verallgemeinerungen der für eine Sozio-Kultur relevanten Aspekte der Erfahrungsdeutung und welche als situationsspezifische Akzidentien interpretiert werden können. Daß eine solche Interpretation erwartbar ist, zeigt sich daran, daß einerseits bestimmte semantische Merkmale für eine große Zahl von Sprachen verschiedenster Sozio-Kulturen angesetzt werden können (z. B. [menschlich], [physikalisches Objekt]), daß andererseits festgestellt werden kann, daß Bedeutungsunterschiede zwischen Lexemen nur solange aktiviert werden, als sie für eine Sprechergemeinschaft als Handlungsgemeinschaft relevant sind. So hat *F. Hundsnurscher* gezeigt (1970, 31), daß Häufigkeit und Reichweite semantischer Merkmale ein Indiz für deren Relevanz in einer Sprechergemeinschaft bilden: „Wortgebrauch und Merkmalunterscheidung sind abhängig von dem Lebensinteresse des Menschen". (cf. die diachronischen Veränderungen im Lexikon einer natürlichen Sprache.)

(5) *K. Baumgärtner* (1966) hat eindeutig darauf verwiesen, daß semantische Merkmale durch eine komponentielle Analyse gewonnen werden, also nicht durch eine „beliebige und nicht

---

[21] Die Gliederung des Lexikons in semantische Felder (und ggf. deren Unterfelder) kann dann beschrieben werden als Gruppierung von Lexemen mit bestimmten gemeinsamen Merkmalverbindungen (cf. *M. Bierwisch*, 1969, 68)

notwendigerweise abbrechende begriffliche bis sachhafte Aufzählung aller möglichen Bedeutungsaspekte eines Lexems", sondern durch eine „im Prinzip kontextbedingte und darum endliche multiple Klassifikation" (170). Ein rein distributionelles oder definitorisches, also mechanisches Programm zur Bereitstellung von Bedeutungen und Bedeutungsstrukturen gibt es nicht... Auf die sprachliche Kompetenz des Linguisten kann folglich niemals verzichtet werden." (185 f.) Der Linguist kann also nur versuchen, durch Einsetzübungen und Paraphrasenbildung die „vermutlich allgemeinsten Fakten" eines Bedeutungsfeldes zu ermitteln (188); apriorisch oder mechanisch können sie nicht ermittelt werden.

Diese Kennzeichnung des Suchverfahrens erlaubt die Kritik, daß bei der Ermittlung semantischer Merkmale subjektive Momente (die Intuition des Linguisten) nie ausgeschlossen werden können. So berechtigt diese Kritik auch sein dürfte, sie beeinträchtigt nicht die *operationale* Effizienz dieses Analyseverfahrens; denn wissenschaftstheoretisch entscheidend ist nicht, ob bei der Findung semantischer Merkmale subjektive Faktoren mitspielen, sondern ob die hypothetisch eingeführten semantischen Merkmale im Rahmen eines Forschungsprogramms Ergebnisse bringen (d. h. eine Forschungsabsicht realisieren), die intersubjektiv überprüfbar sind, und ob sie systematisch und konsistent verwendet werden. Eine „objektive" Begründung semantischer Merkmale ist ohnehin logisch unmöglich, wenn man annimmt, daß diese Merkmale Strukturen des (theoretisch nicht begründbaren) Verhältnisses von Sprache und Wirklichkeit abbilden sollen. Werden sie dagegen aufgefaßt als abstraktive Denominatoren bzw. als Kriterien der Rekurrenz in der Verwendung eines Textkonstituens, dann kann es dafür nur das Kriterium der statistischen Überprüfbarkeit geben, den Nachweis also, daß man – entweder statistisch dominant oder in speziellen Kontexten nachweislich erfolgreich/verstehbar – ein Textkonstituens eben so wie in der Merkmalbeschreibung prognostiziert verwendet/verwenden kann. So gesehen benennen semantische Merkmale im Rahmen einer Texttheorie die Kommunikationssituation bzw. deren Elemente, auf die man sich im Rahmen kommunikativer Handlungsspiele mit Hilfe eines Textkonstituens referentiell beziehen *kann* bzw. syntaktisch-semantisch diejenigen Textstellen, an denen ein solches Konstituens sinnvoll vorkommen kann.

4.4.2.1 Aus diesen Überlegungen folgt, daß für die Einführung semantischer Merkmale drei Kriterien gegeben werden können:
(a) die objektsprachliche Überprüfbarkeit der durch die Merkmalbeschreibung prognostizierten Verwendungsmöglichkeiten;
(b) die Kohärenz eines metasprachlich formulierten Systems semantischer Merkmale;
(c) der konkrete Forschungswert (operationaler Wert) einer Analyse nach semantischen Merkmalen.

Der Zweck einer solchen metasprachlichen Rekonstruktion der Bauprinzipien eines Lexikons besteht darin, ableitbare Hypothesen über die Textbildung und die damit verbundenen Probleme einer Textgrammatik und Textsemantik zu ermöglichen. (Also z. B. die Lesearten eines Textkonstituens mittels Stammbaumdarstellung zu repräsentieren; die Anschließbarkeit von Textkonstituenten über ein Modell der Kompatibilität ihrer semantischen Merkmale zu beschreiben; Synonymität als Gleichheit der Merkmalsverbindung zweier Lexeme zu bestimmen, oder Metaphern dadurch zu erklären, daß hier durch eine unübliche Umgebung normalerweise nicht dominante semantische Merkmale eines Merkmalbündels dominant gemacht werden durch Kontextselektion etc.) *Die Konstruktion eines Systems semantischer Merkmale hat also forschungstechnisch heuristischen Wert, der nur im Zusammenhang konkreter Forschungsprobleme beurteilt werden kann.* Ihre Einführung und Verwendung kann nur relativ zu bestimmten Analysevorhaben beurteilt werden. Wichtig ist also, daß man sich darüber klar wird, was man mit einer *Analyse* mittels semantischer Merkmale erreichen will und kann. Der häufig gemachte Einwand, eine vollständige Darstellung des Lexikons einer Sprache in geordneten Bündeln semantischer Merkmale verlange nichts weniger als eine lückenlose Ontologie oder Kosmologie, bzw. die Matrix der semantischen Merkmale eines Lexems sei unabschließbar, verfängt nur dann, wenn man diese Einführung semantischer Merkmale nicht als heuristisch-analytische Methode versteht. M. E. kann dieses Verfahren zunächst nur angewendet werden bei der Text*analyse* vorliegender Texte; in diesen Fällen aber ist – durch Textisotopie, Kontextselektion, Situationsspezifikation der situativen Instruktion etc. – die Merkmalmenge jedes Textkonstituens in der Regel finit und aufzählbar, ein Denominationsverfahren also endlich und erfolgreich anwendbar (wenn auch nicht gerade sehr neu).

Bei der *Texterzeugung* können mit Hilfe semantischer Merkmale die Elemente des *„Tiefen-Lexikons"*, die *Lexicoide*, konstruiert werden, die den Paradigmata des Oberflächen-Lexikons zugrundeliegend postuliert werden. Durch Hinzufügen kontextueller und pragmatischer Merkmale können die Lexicoide einer Satzstruktur dann in Lexeme des Phänotextes überführt werden.

Um diese Operation deutlicher bestimmen zu können, soll im folgenden über die Einteilungsmöglichkeiten semantischer Merkmale gesprochen werden, was als eine wichtige Vorarbeit für ein texttheoretisches Texterzeugungsmodell angesehen werden muß.

4.4.3 *Zur Klassifikation semantischer Merkmale* [22]

Der erste Versuch von *Fodor & Katz*, im Rahmen einer generativen Transformationsgrammatik eine Kennzeichnung von Lexikoneingängen mit Hilfe syntaktischer und semantischer Merkmale durchzuführen (1963), arbeitete mit drei Kategorien: „semantic markers", „distinguishers" und „selection restrictions", die entweder in einer geklammerten Schreibweise oder in einer Stammbaumdarstellung geschrieben wurden, um die verschiedenen Lesearten eines Wortes darzustellen. Die Selektionsbeschränkungen, die am Ende eines Zweiges stehen, gaben die Verbindbarkeit dieser Leseart mit denen anderer Wörter an, d. h. sie regelten die Anschließbarkeit im Kontext. Die „distinguishers" umschrieben diejenigen Merkmale, welche eine Leseart eindeutig von einer anderen unterscheiden. Nach *Katz* (1967) repräsentieren semantische Merkmale „conceptual elements", während „distinguishers" eine linguistische Widerspiegelung perzeptioneller Elemente darstellen. (Zur Erläuterung cf. auch *F. Hundsnurscher*, 1970, 55 ff.) Übrigens eine Auffassung, die kaum gerechtfertigt werden kann (dazu cf. auch *Bierwisch,* 1969a, 177). *Abraham & Kiefer* haben (1966) auch die bei Fodor und Katz nicht formalisierten „distinguishers" durch weitere semantische Kategorien ersetzt (31 f.) [23] 1966 hat *Katz* die Redundanzen, die bei der

---

[22] Einen genauen Überblick über dieses Thema im Rahmen der GTG bringt *J. S. Petöfi,* 1971, Kap. III und passim.

[23] Die Unterscheidung zwischen „markers" und „distinguishers" wird dann von *Bierwisch* (1969 a) aufgegeben.

Aufstellung semantischer Merkmale auftraten (also z. B. [physikalisches Objekt] bei ‚Mann', das in [menschlich] ja bereits enthalten ist) durch Redundanzregeln eliminiert, um die Bildung der Wörterbucheintragungen zu vereinfachen. Solche Merkmale, die bei der Aufstellung von Redundanzregeln rekurrent sind, gliedert er als *semantische Kategorien* aus: semantische Kategorien stehen hierarchisch „höher" als semantische Merkmale.

4.4.3.1 Neben der Unterscheidung in semantische Merkmale und semantische Kategorien können weitere Klassifizierungen semantischer Merkmale vorgenommen werden. So können kategoriale Merkmale ([menschlich], [Geschlecht]) von relationalen Merkmalen ([Elter von] [hoch], [schwer]) unterschieden werden. Im Hinblick auf die Kombinierbarkeit von Lexemen in Syntagmen müssen die Kombinations- oder *Selektionsbeschränkungen* berücksichtigt werden. So verlangen etwa Verben wie „denken", „ahnen", „wissen" etc. in der Regel Subjekte, die das Merkmal [Mensch] und Objekte, die das Merkmal [abstrakt] aufweisen. (cf. *Bierwisch*, 1969, 70 f. Nach Bierwisch besteht die Bedeutungsangabe eines Lexems grundsätzlich aus zwei Teilen: einem Komplex semantischer Merkmale und den Selektionsbeschränkungen; a. a. O. 71.) Für eine große Klasse von Ausdrücken, sowie unter dem Aspekt einer textorientierten (= einbettungssensitiven) semantischen Beschreibung, dürfte es sich empfehlen, zusätzlich *kontextuelle Merkmale* einzuführen, die die mögliche Beeinflussung der Dominanzbildung (Hierarchisierung) unter den semantischen Merkmalen eines Merkmalbündels (= Lexicoids) durch den Kontext angeben, d. h. markieren, welchen Einfluß der Kontext auf die Aktivierung/Aktualisierung der semantischen Valenzen eines Textkonstituens ausübt (dieser Gesichtspunkt wird wichtig bei der semantischen Analyse von Metaphern.) Kontextuelle semantische Merkmale geben an, welches Lexem eines Paradigmas (tiefenstrukturell definiert durch ein Lexicoid) an welche Textstelle eingesetzt werden kann, um der thematischen Isotopie der Kontextstelle zu entsprechen.

Eine weitere wichtige Unterscheidung bringt *J. Levy* (1970), der zwischen *„definitional instructions"* und *„selective instructions"* unterscheidet (548 f.) Erstere qualifizieren bzw. umschreiben ein Paradigma von Ausdrücken (‚junger Mann' für ‚Jüngling', ‚Bursche' etc.); letztere geben Instruktionen an, die die Wahl zwischen den verfügbaren Alternativen eines Paradigmas regeln (z. B. [vulgärer Ausdruck]). Levy selbst parallelisiert diese Dichotomie mit der alten (von *J. St. Mill* stammenden) Unterscheidung in „Denotation" und „Konnotation" auf der Bedeutungsseite eines Lexems (p. 555). Eine ähnliche Unterscheidung trifft auch *F. Hundsnurscher* (1970, 49 ff.), wenn er zwischen *Erfordernisregeln* und *Inhaltsregeln* unterscheidet. Erfordernisregeln geben die „Begriffsstruktur eines Wortes" an, Inhaltsregeln die „möglichen Anwendungen eines Wortes in Sätzen" bzw. „Konnotationen", also für die Begriffsstruktur eines Wortes nicht-relevante Komponenten.

Diese Unterscheidung berührt auch die Trennung der semantischen Charakterisierung eines Ausdrucks in *Kern-* und *Peripheriekennzeichnung*, wie sie *Bierwisch & Kiefer* (1969) vorschlagen. „The *core* of a lexical reading comprises all and only those semantic specifications that determine, roughly speaking, its place within the system of dictionary entries, i. e. delimit it from other (non-synonymous) entries. The *periphery* consists of those semantic specifications that contribute to the meaning of a lexical entry without distinguishing it from other dictionary entries, i. e. of specification..." (69 f.) Diese Unterscheidung bezieht sich auf die in der Linguistik geläufige Unterscheidung zwischen sprachlichem und enzyklopädischem Wissen von der Informationsleistung eines Wortes in Texten, das bei der semantischen Charakterisierung eines Ausdrucks in Form semantischer bzw. enzyklopädischer Merkmale ausgedrückt wird. Die Peripherie des Ausdrucks einer Sprache enthält das nicht bloß sprachliche Wissen eines Beschreibers über Objekte, Sachverhalte oder Eigenschaften eines Sprechers dieser Sprache, „conceptualized by the reading of E in the dictionary of L"; der Kern eines Ausdrucks enthält „the linguistic knowledge associated with E in the sense that the core includes all and only those specifications that specify the delimitation of E within the dictionary of L". (72) Ausdrücke wie „geben", „lang", „haben" haben eine weitgehend leere Peripherie, solche wie „elektronisch", „Galaxis" etc. haben unterschiedliche und verschieden umfangreiche Peripherien. Mit dieser Unterscheidung versuchen Bierwisch und Kiefer, eine begriffliche Trennung von Lexikon und Enzyklopädie zu treffen, eine Unterscheidung, deren Fehlen *Ch. Rohrer* (1971, 91) zu Recht in der Literatur der GTG vermißt.

Man könnte demnach semantische Merkmale in solche einteilen, die die elementaren kategorialen Daten zur Einordnung des Lexems in Begriffssysteme angeben, wobei zwischen semantischen Kategorien und semantischen Merkmalen zu unterscheiden wäre, sowie in solche, die spezifischere Daten zur Kennzeichnung der Informationsleistung bringen. Je nach den zu einer zureichenden Kennzeichnung erforderlichen Merkmaltypen ließe sich das Lexikon einer Sprache einteilen in solche Lexemtypen, die relativ kontextvariabel verwendbar sind („gehen", „machen"), und solche, die sehr kontextspezifisch sind („Elektron"). (cf. die Weiterführung dieser Gedanken in 4.6.1)

Lexikalische Subsysteme könnten somit als Klassen von Einheiten nachgewiesen werden, die dank ihrer „internen" semantischen Struktur eine systematisch bedingte Affinität zu bestimmten Typen kommunikativer Handlungsspiele aufweisen.[24]

4.4.4 *Der Text als geordnete Anweisungsmenge*

In 4.3 war die Leistung eines Lexems bestimmt worden als *Instruktion* an Kommunikationspartner zu sprachlichem und nicht-sprachlichem Handeln. Diese Instruktion kann folgendermaßen erläutert werden: Die abstrakte Informationsstruktur (= verwendungsabstrakter Inhalt der Instruktion, darstellbar als Relation zwischen den semantischen Merkmalen in einem Lexicoid) eines Lexems wird im Kontext der Textkonstituenten einer Äußerung in einer spezifizierenden Weise interpretiert, indem durch den Kontext aus den Leistungsmöglichkeiten eines Lexems eine (bzw. wenige) bestimmte ausgewählt werden. Durch die möglichen Rollen des Textes in einem kommunikativen Handlungsspiel werden noch vorhandene Polysemien aufgelöst.

Diese allgemeine Skizze soll bei den gegenwärtigen Überlegungen als Rahmen für folgende Argumente dienen: Die Konstituenten eines Textes (also des sprachlichen Komplexes, der in einem Kommunikationsakt geäußert wird) fungieren in einem Kommunikationsakt als Anweisungen, bestimmte Interpretationen der im Text manifestierten Anweisungen vorzunehmen, d. h. die referentielle und kommunikative Relevanz der Konstituenten zu realisieren durch Anschluß an Korrelatsysteme, d. h. an sprachliche und nicht-sprachliche Elemente der Kommunikationssituation, des Kommuni-

---

[24] Die Probleme einer formalen Darstellung semantischer Merkmale im Rahmen von Transformationsgrammatiken bespricht umfassend *J. S. Petöfi*, 1971. Diese Darstellung macht ein Referat hier überflüssig.

kationssystems bzw. des in ihm geltenden Wirklichkeitsmodells einer Gesellschaft.

Ein Text kann, so gesehen, aufgefaßt werden als eine *geordnete Menge von Anweisungen* an Kommunikationspartner. Erst in kommunikativen Handlungsspielen realisieren Kommunikationspartner die Anweisungsmenge eines Textes, d. h. seine Bedeutung. Ein isolierter Text *hat* keine Bedeutung, er *bekommt* vielmehr solche in kommunikativen Handlungsspielen. Um diese beiden Ebenen zu unterscheiden, sollen die Termini „*Textsinn*" und „*Textanweisung*" eingeführt werden. ‚Textsinn' kennzeichnet die (durch die Proposition[en] bestimmte) potentielle informativ-kommunikative Rolle von Texten als Anweisungsmenge; ‚Textanweisung' bezeichnet die von Kommunikationspartnern realisierte informativ-kommunikative Relevanz von Texten in kommunikativen Handlungsspielen (= ausgeführte Anweisungen).

4.5 Referenztheorie im Rahmen einer Theorie der kommunikativen Handlungsspiele

In den vorangegangenen Überlegungen waren verschiedene Aspekte der Fundierung einer Semantiktheorie aufgezeigt worden, die Umrisse der Konzeption einer Instruktionssemantik [25] skizzieren. Diese Aspekte sollen im Zusammenhang einer Theorie der *Referenz* – einem schwierigen Thema jeder Semantiktheorie – noch einmal zusammengefaßt werden, wobei die vorläufigen terminologischen Vorschläge deutlicher akzentuiert werden sollen.

Beginnen wir mit folgender *Arbeitshypothese:* Unter „Referenz" soll der von Kommunikationspartnern durchgeführte Akt der Beziehung instruktionsfähiger Teile von Kommunikationsakten auf außersprachliche Elemente der Kommunikationssituation und der darin integrierten komplexen Voraussetzungssituationen von Sprechern und Hörern verstanden werden, d. h. die person- und situationsspezifische Interpretation der durch semantische und präsuppo-

---

[25] Vorschläge für eine Syntax als Theorie der Kommunikationssteuerung, die in eine ähnliche Richtung gehen, hat kürzlich *H. Weinrich* (1972) entwickelt.

sitionale Faktoren bedingten Referentiabilität von Äußerungen und Äußerungsteilen. *Referenz ist eine Kategorie auf der Ebene der Kommunikation*, nicht auf der Ebene von Propositionen oder Sätzen.

Auch *I. Bellert* (1969) betont, daß der ontologische (Wahrheits-) Wert einer Äußerung auf der Ebene der Kommunikation entschieden wird. Kontext, Redetyp und Weltkenntnis entscheiden in der Regel über diesen Wert. Die kommunikative Situation fungiert für die Kommunikationspartner als Bezugssystem, in dem eine „Operationalisierung der Nachricht" (*Hartig & Kurz*, 1971, 40) garantiert wird, d. h. wo der sozio-kommunikative Handlungseffekt sprachlicher Symbolisierungsakte ausgelöst und bestätigt wird.

Von ‚Referenz' deutlich zu unterscheiden sind ‚*Relation*' und ‚*Konsequenz*'. Die Unterscheidung dieser Begriffe kann so vorgenommen werden: ‚Referenz' benennt die Anweisung von Textkonstituenten an Kommunikationspartner, sich auf außertextliche Elemente der Kommunikationssituation und des in ihr geltenden Wirklichkeitsmodells zu beziehen; ‚Relation' benennt die Anweisung von Textkonstituenten, diese selbst auf andere sprachliche Konstituenten des Kontextes zu beziehen; ‚Konsequenz' schließlich benennt die intendierten Folgehandlungen, die ein Sprecher mit der Verwendung von Textkonstituenten erzielen will (= die Perlokutionseffekte).[26]

Aus diesen grundsätzlichen Überlegungen folgt, daß im Lexikon einer Textgrammatik lediglich die endliche Menge der *Referenzpotentiale* sprachlicher Ausdrücke notiert werden kann, zusammen mit den Anwendungsbeschränkungen allgemeiner (= aus dem *Sprachsystem* ableitbarer) Art. Der referentielle Wert einer Äußerung in konkreten kommunikativen Handlungsspielen kann von einer Grammatik nicht im Einzelnen prognostiziert werden. (Zur Frage der Referenzpotentiale cf. anschließbare Ansichten bei *S. C. Dik*; siehe Abschnitt 4.5.2)

4.5.1 Die oben vertretene Auffassung, daß Probleme der Referenz auf der Ebene der Kommunikation diskutiert werden müssen, wird gestützt von Überlegungen *W. Kummers* (1971). Kummer geht aus von *G. Sampsons* Auffassung, daß Grammatik, verstanden als

---

[26] Diese Unterscheidung treffen auch *Kallmeyer* u. a. (1972) (allerdings im Rahmen eines anderen Textmodells) sowie *Gülich & Raible*, 1972.

Theorie der „langue", nicht für Fragen der Referenz zuständig sein kann. Solche Probleme müssen vielmehr auf der Ebene der „parole" im Rahmen einer „communicational grammar" behandelt werden. Diese Auffassung bekräftigt Kummer in seiner Analyse der „indexical expressions", deren referentielle Interpretation in jedem Fall von der jeweiligen Kommunikationssituation abhängt. Zu Recht betont Kummer, daß die Begriffe ‚definite' und ‚indefinite referent' Einstellungen zur vertexteten Information bei Sendern und Empfängern charakterisieren [27], also auf Kommunikationssituation zurückgreifen, und er fordert: „Zur Analyse der referentiellen Struktur eines Satzes verlangen wir eine pragmatische Komponente einer Grammatik, in der Sender und Empfänger als kommunizierende Systeme erscheinen." (178) Eine solche pragmatische Komponente kann nicht in Form eines statischen Modells geliefert werden, da Sätze nicht als hypostasierte isolierte Einheiten betrachtet werden dürfen (wie im klassischen Grammatikmodell, auch noch der generativen Grammatik), sondern immer als „potentielles Textstück..., das von seinen Vorgängern im Text determiniert wird und andererseits seine Nachfolger determiniert." (178)

4.5.1.1 Fragen der Referenz und ihre Berücksichtigung in der Grammatik(theorie) spielen aber auch in der generativen Grammatik eine ständig wachsende Rolle, vor allem seit *N. Chomskys* „Aspects". So haben z. B. *L. Karttunen* (1968, 1969) oder *H. Isenberg* (1968a) vorgeschlagen, mit referentiellen Indices zu arbeiten oder spezielle Referenzmerkmale als Merkmale des Nomens einzuführen. Bei beiden Autoren aber wird Referenz als ein rein sprachinternes Problem behandelt, also Referenz weithin mit Relation verwechselt. Außerdem übersehen die Autoren (und die meisten anderen, generativistisch argumentierenden) den grundlegenden Zusammenhang zwischen Referenztheorie und der ihr zugrundeliegenden Bedeutungstheorie. Damit aber werden solche Arbeiten für eine kommunikationsorientierte Linguistik weitgehend unbrauchbar.

---

[27] In diesen Zusammenhang gehört auch die textlinguistische Analyse der Rolle des Artikels im Deutschen von *H. Weinrich* (1969). „Der unbestimmte Artikel hat nun für den Hörer den Signalwert, seine Aufmerksamkeit auf die Nachinformation zu lenken. In Opposition dazu signalisiert der bestimmte Artikel, daß es an dieser Stelle auf die Vorinformation ankommt." (66) Vor- und Nachinformation können sein: Kontext, Situation und Sprache als Code.

4.5.1.2 Eine bemerkenswerte Ausnahme bildet der schon erwähnte G. *Sampson*, der in (1969) Chomskys Theorie der Referenzmerkmale einer grundsätzlichen Kritik unterzieht. Sampson weist nach, daß Referenzindices logisch zur gesamten Nominalphrase (NP) gehören, nicht zu den einzelnen Lexemen, und daß – semantisch gesehen – der Referenzindex die logische Priorität über die Einzellexeme besitzt.

Sampsons eigener Lösungsweg basiert auf einem Ansatz, den er selbst eine „communicational grammar" nennt. Sampson geht davon aus, daß jeder Kommunikationspartner eine Anzahl von Entitäten „im Kopf" hat, die „Referenten" genannt werden können. Mit jedem Referenten ist eine Menge von Informationen darüber verbunden („associated"), wie er angemessen mit Hilfe allgemeiner Begriffe beschrieben werden kann. Einige der Referenten sind ausgezeichnet mit Eigennamen oder Individualbegriffen. Diese Referenten entsprechen weitgehend (aber nicht ausschließlich) physikalischen Eigenschaften der Umgebung der Kommunikationspartner.

Ein Satz kann nach diesen Voraussetzungen angesehen werden als „an operation on the hearer's set of referents", wobei die Nominalphrasen von Sampson interpretiert werden als *„instructions"* an Kommunikationspartner, ihrer gespeicherten Referentenmenge einen neuen Referenten hinzuzufügen bzw. einen bestimmten Referenten aus der bereits vorhandenen Menge auszusondern (hierzu cf. den Ansatz in Abschnitt 4.6). Je nach der Instruktionsleistung gehört die NP zum Typ von „establishing" bzw. von „re-identifying" NPs. (Diese Einteilung entspricht der in ‚definit' vs ‚indefinit'.)

Auf der Grundlage dieser Voraussetzungen gibt Sampson nun eine geordnete Folge von 5 Regeln für die Bildung korrekter englischer Nominalphrasen, die sich auf einen gegebenen Referenten beziehen sollen:

1. Wenn der Referent schon im „kernel sentence" vorgekommen ist, erhält die NP das Merkmal ‚reflexiv'. Das gilt für den Gebrauch von Reflexivpronomen und den Gebrauch von Emphasen.
2. Wenn der Sprecher oder Hörer der Referent ist, werden die Personalpronomen der 1. bzw. 2. Person benutzt.
3. Steht der Referent dem Aufmerksamkeitsfocus des Sprechers am nächsten, wird das entsprechende Pronomen der 3. Person gewählt.
4. Hat der Referent einen Namen, besteht die NP aus eben diesem Namen. (Ausnahmen können bei tabuisierten Namen auftreten.)

5. Ist keine der vorherigen Regeln anzuwenden, besteht die NP aus „the" gefolgt von genügend Lexemen, um alle anderen Referenten als die, die dem Aufmerksamkeitsfocus am nächsten stehen, auszusondern.

Diese Regeln können aus texttheoretischer Sicht durchaus als Lösungsvorschlag des Referenzproblems für Nominalphrasen akzeptiert werden. Sampson selbst scheint seinen Vorstoß zu einer Referenzsemantik nur halb vollzogen zu haben; denn am Ende seines Aufsatzes vermischt er den instruktionstheoretischen Ansatz wieder mit dem wortsemantischen Problem der Unterscheidung zwischen ‚Bedeutung' und ‚Referenz' (wie sie seit *Frege* in der Logik gemacht wird), sowie mit der psychologistischen bzw. mentalistischen These vom Referenten als Vorstellungsbild („the mental referent within the hearer"). Diese Probleme treten in einer konsequenten Referenzsemantik aber gar nicht mehr auf, da hier Referenz als *Akt* der Referenzherstellung verstanden wird. Der „Referent" (als Ziel oder Objekt der Referenzaufnahme) gehört also nicht zum Text, sondern zum kommunikativen Handlungsspiel; der „Referent" als Bestandteil der Kommunikationssituation bzw. der komplexen Voraussetzungssituation der Kommunikationspartner in einer Sprechergemeinschaft andererseits gehört zu den Kriterien für die Bildung und Anwendung eines Lexems als Instruktor.

4.5.2 Eine grundsätzliche, auf eine explizite Bedeutungstheorie gestützte Auseinandersetzung mit diesen Fragen, verbunden mit einer wichtigen Kritik an den Grundlagen der Transformationsgrammatik, hat *S. C. Dik* (1968a) vorgelegt. In der Frage nach dem Zusammenhang von Referenz und Bedeutung bezieht Dik (im Anschluß an *Reichling* und *Strawson*) die Position, daß nicht die Referenz die Bedeutung (in unserer Terminologie = Sinn) eines Ausdrucks determiniert, sondern umgekehrt die Bedeutung die Referenz. Nun liegen zwar die Korrelate, auf die man sich mittels sprachlicher Ausdrücke bezieht/beziehen kann, außerhalb dieser Ausdrücke/außerhalb der Sprache; aber jedes sprachliche Zeichen „can be characterized as predisposed to a specific range of reference. In as far as different signs have different predispositions in respect of reference, their ‚referential potential' belongs to their linguistic properties".

Referentielle Identität und Differenz spielen beim Aufbau einer Grammatik eine entscheidende Rolle; denn sie bilden einen integrierten Bestandteil der grammatischen und semantischen Struktur.[28] Zur Lösung dieser Aufgabe sind in der Transformationsgrammatik verschiedene Ansätze entwickelt worden (etwa von *Lees, Klima, Postal*), seitdem die Transformationsgrammatik mit einer semantischen Komponente versehen worden ist.

Wie *Dik* zeigt, sind diese Ansätze insgesamt inadäquat. Geht man nämlich ernsthaft davon aus, daß Referenz eine Funktion des *Gebrauchs* sprachlicher Ausdrücke in kommunikativen Handlungsspielen ist, dann muß man feststellen, daß die Transformationsgrammatik referentielle Daten auf einem falschen Level vorsieht. „It is only the relations of referential identity and difference which should be incorporated in the description, not the specific references (or differences of reference), which are not properties of lexical items." (76) Kurz gesagt besteht der Fehler der Transformationsgrammatik-Lösung darin, daß sie referentielle Eigenschaften „lexical items" zuordnet, während sie richtig nur „higher-level constituents" zugeordnet werden können.

Dieser Einwand, der nach Diks Meinung zu einer grundsätzlichen Umorientierung der Transformationsgrammatik insgesamt führen müßte, bezieht sich nicht nur auf die Referenzverhältnisse bei der Reflexivierung, sondern ebenso auf die Relativierung, die Pronominalisierung und die Konjunktion.

Das entscheidende Argument gegen die Transformationsgrammatik aber sieht Dik darin, daß die Transformationsgrammatik von einem *Reduktionspostulat* ausgeht, demgemäß alle komplexen Konstruktionen reduziert werden müssen auf einfache zugrundeliegende Strukturen, d. h. in der Regel auf einfache S-O-Propositionen (79). Erst durch diese Reduktion entstehen aber nach Dik viele Probleme der Transformationsgrammatik, so z. B. die Frage der Referenzidentität in reduzierten Pronominalisierungsoperationen.

Als ein geeigneteres Modell schlägt Dik selbst eine Lösung der referentiellen Probleme im Rahmen einer *funktionalen Grammatik* vor (dazu cf. auch *Dik* 1968), wobei Sätze in Termen ihrer eigenen und nicht einer reduzierten Struktur beschrieben werden. Die Frage

---

[28] Im Beispielsatz „John hit himself" ist die referentielle Identität zwischen „John" und „himself" ein Teil der im Satz enthaltenen Information und als solcher Teil der semantischen Struktur; als Teil der grammatischen Struktur bestimmt diese referentielle Identität die Selektion des Reflexivpronomens „himself".

der Referenzidentität läßt sich in diesem Modell leichter lösen, da hier die Referenzidentitätsrelation nicht auf dem lexikalischen Level eingeführt wird, sondern als eine Relation zwischen den in der Satzstruktur vorliegenden Funktionen bestimmt wird (zur Durchführung dieses Programms cf. 83 ff.).

4.6 Referenztheorie im Rahmen einer Instruktionssemantik

Kontroversen dieser Art machen sehr rasch deutlich, daß – wie schon erwähnt – eine Behandlung referentieller Fragen nicht möglich ist ohne eine explizite Bedeutungstheorie.

Einige Aspekte der hier vertretenen bedeutungstheoretischen Position waren in vorangehenden Kapiteln kurz behandelt worden; sie basieren auf einem Modell der Sprache, das nicht vom Wort als Zeichen ausgeht und Texte nicht als geordnete Wortaggregate synthetisiert. Die Produktion von Texten im Rahmen kommunikativer Handlungsspiele wird vielmehr als Realisierung eines kommunikativen Konzepts, einer kommunikativen Intention angesehen, d. h. als geregelter intentionaler Prozeß zur Veränderung einer Situation. Beginnt man auf diese Weise beim Text als kommunikativer Handlung, dann muß eine semantische Analyse von „Wörtern" von vornherein angelegt werden in Form einer Analyse von funktionalen Bestandteilen einer kommunikativen Äußerung unterhalb des Textlevels. Semantik erscheint dann notwendig als Text- und Textkonstituentensemantik und nicht als Wortsemantik.

Eine zweite Konsequenz dieses Ansatzes betrifft die *Reichweite* semantischer Analysen: Geht man aus vom Text als Vollzug soziokommunikativer Handlung (= erfolgreiche/mit Verstehen abgeschlossene Intentionsrealisierung), dann muß die Text-Äußerung als Kommunikationsakt im Rahmen eines kommunikativen Handlungsspiels untersucht werden. Die Fragestellung einer semantischen Analyse richtet sich also nicht primär oder gar ausschließlich auf die Frage, welche außersprachlichen Korrelate Textbestandteile „meinen", „bezeichnen" etc., sondern darauf, was ein Text in kommunikativen Akten *leistet,* und wie die einzelnen Konstituenten am Zustandekommen dieser Leistung beteiligt sind. Referenz im Sinne einer Identifizierung außersprachlicher Korrelate wird damit nur zu *einer* möglichen Funktion kommunikativen Sprechens, deren Rolle in der tatsächlichen Sprechpraxis einer Kommunikationsgesellschaft nicht in Folge einseitiger Beispieldiät (wie so oft in der Logik und Linguistik) überschätzt werden darf.

4.6.1 *Referenzkriterien*

Nach diesen grundsätzlichen Vorbemerkungen kann die Referenzproblematik elementar so gekennzeichnet werden: Was man mit einem Textkonstituens anfangen kann, d. h. welche sozio-kommunikative Funktion es in Kommunikationsakten erfüllen kann, ist durch verschiedene Kriterien *relativ* eingeschränkt (bzw. spezifiziert):

(a) durch die (meist implizierten) Gebrauchsregeln für die Verwendung eines Ausdrucks, wie sie im Verlauf des (stets gruppenspezifischen) *Spracherlernungsprozesses* internalisiert worden sind;

(b) durch die normbildende *Sprechpraxis* innerhalb der Gruppe, in der ein Sprecher agiert;

(c) durch die durch (a) und (b) über einen längeren Zeitraum empirisch aufgebaute *Hypothese über den rekurrenten Nennwert* (Funktionswert) eines Ausdrucks, also seine Anweisungsfunktion auf:

(α) Konstituenten der Kommunikationssituation;

(β) Konstituenten des Wirklichkeitsmodells einer Gruppe;

(γ) Konstituenten der komplexen Voraussetzungssituation einer Gruppe;

(d) durch die (Vor- und Nach-)Information aus dem sprachlichen *Kontext* und der *Kommunikationssituation*.

Für die Referentiabilität von Ausdrücken folgt daraus, daß Ausdrücke, die zur Referenzaufnahme verwendet werden können, nicht Zeichen oder Etiketten für nicht-sprachliche Korrelate sind, sondern eben Instruktionen, bestimmte erlernte und durch die erwähnten Kriterien geregelte Handlungen auszuführen, d. h. bei referentiell gebrauchten Ausdrücken: bestimmte Identifikations-Beziehungen zwischen Text/Textkonstituenten und kommunikativer Situation *herzustellen,* also die Bezugselemente für die im Text vollzogenen Prädikationen zu identifizieren.

Dabei muß berücksichtigt werden, daß man den Gebrauch und die Leistung von Textkonstituenten immer in bestimmten komplexen

Kommunikationssituationen gelernt hat, ausnutzt und beurteilt. Von diesem Faktorensyndrom darf in der semantischen Analyse nicht abstrahiert werden, will man nicht mit isolierten und konstruierten Beispielsätzen wie: „Der gegenwärtige König von Frankreich ist kahl" und dergleichen arbeiten und damit notwendig zu absurden Konsequenzen und Paradoxien kommen.[29]

Die instruktionssemantische Frage nach der Referenz eines Ausdrucks kann also nicht lauten: Was bezeichnet Ausdruck X? sondern: welche Anweisung an Kommunikationspartner gibt X in typischen Kommunikationssituation? Wie wird X von Kommunikationspartnern realisiert?

Das „Lexikon" einer natürlichen Sprache müßte neu konzipiert werden als Menge von Textkonstituenten, die je nach ihrer Rolle für den Textaufbau und dem Typ ihrer Instruktionspotenzen in Klassen, Systeme oder Mengen eingeteilt werden müssen (z. B. in *Textformantien* und *Anweisungsausdrücke:* auf die Kommunikationssituation, auf die Kommunikationspartner, auf den Kontext.) In linguistischer Isolierung kann die Instruktionsleistung eines Textkonstituens metasprachlich denominiert werden mit Hilfe *semantischer Merkmale*, die nach dem in 4.4.2 Gesagten nun interpretiert werden können als Selektionsrestriktionen, bzw. als *Kriterien der Anwendung* eines Textkonstituens in typischen (= sozial kanonischen) kommunikativen Handlungsspielen.

Die Frage, wie diese Kriterien genetisch und sozial zustandekommen, kann tentativ so beantwortet werden: Wie schon erwähnt (4.4) wird man davon auszugehen haben, daß das menschliche Informationsverarbeitungssystem bestimmte Dispositionen zur Gliederung des Wahrnehmungsfeldes und der auf die Rezeptoren eintreffenden Informationen physiologisch von Geburt an mitbekommt. Diese universalen menschlichen Dispositionen entwickeln sich in einem wahrscheinlich außerordentlich komplizierten Zusammenspiel von Erfahrungsprozessen und Spracherlernungsprozessen, in deren Kooperation kultur-, gesellschafts- und gruppenspezifische Zuordnungen von Sprachhandlungsfaktoren (Kategorien, Strategien etc.) zu nicht-sprachlichen Kategorisierungen (= Informationsklassifizierungen) eingeschliffen werden. Die Tatsache, daß Etwas im Deutschen ‚Stuhl' oder ‚Hund' genannt wird, beruht auf der Konvention, sich auf gewisse „reale" Wahrnehmungsmuster regelmäßig mit Hilfe

---

[29] So etwa exemplarisch *L. Linsky*, 1967 a.

eines bestimmten lautlichen Instruktors zu beziehen und diese Korrelation durch soziale (Gebrauchs-)Rekurrenz zu stabilisieren. Wer also dieses Textkonstituens in einem kommunikativen Handlungsspiel gebraucht, instruiert Kommunikationspartner, ein durch Gebrauchsrekurrenz sozial normiertes Erwartungsschema in der gegenwärtigen Kommunikationssituation (bzw. vorhergehenden und nachfolgenden oder auch nur möglichen Kommunikationssituationen) anzuwenden, die Kommunikationssituation also auf ein solches Element hin zu durchmustern bzw. neu zu organisieren. Bei sogenannten Abstrakta bezieht sich die Instruktion auf ein Merkmalbündel in bestimmten Teilen der komplexen Voraussetzungssituation, etwa wissenschaftliche Theorien („Elektron"), Ideologien („Freiheit", „Gott"), Geschichten („Cäsar") oder Texte („Romeo")

4.6.2 ‚Kanonische Instruktion' vs ‚situative Instruktion'

Die alten Unterscheidungen zwischen ‚Sinn' und ‚Bedeutung', ‚Begriff' und ‚Bedeutung', ‚Bezeichnetem' und ‚Bedeutetem' etc. sollten auf dieser Grundlage entweder ganz aufgegeben oder neu formuliert werden; dann müßte ‚Sinn' als ‚Instruktionsvirtualität', ‚Bedeutung' als ‚Instruktionsaktualität' gefaßt werden oder besser als ‚kanonische Instruktion' und als ‚situative Instruktion'[30]. ‚Kanonische Instruktion' bezeichnet dabei die linguistische Hypothese über den Inhalt der Anweisung eines isolierten Textkonstituens, die als ein geordnetes Bündel semantischer Merkmale (verschiedener Typen) beschrieben wird. Diese Merkmale haben den Status von sozial rekurrenten, für typische kommunikative Handlungsspiele *erwarteten* Gebrauchskriterien eines Textkonstituens. ‚Situative Instruktion' bezeichnet die faktischen Instruktionsleistungen eines Ausdrucks in tatsächlichen kommunikativen Handlungsspielen. Die faktischen Leistungsmöglichkeiten eines Ausdrucks sind, wie die Diskussion um Grammatikalität und Akzeptabilität zeigt, (cf. *G. Lakoff*, 1971a), nicht eindeutig prognostizierbar; lediglich die sozialen Sanktionen, die mit Kommunikationsprozessen verbunden sind, die nicht mit Verstehen abschließen, regeln eine Normbreite der Applikation, die Kommunikation stabilisiert.

Die *kanonische Instruktion eines* „*Satzes*" als Textkonstituens

---

[30] Diese Termini führen die in 4.4.4 eingeführten Termini „Textsinn" und „Textanweisung" weiter.

wird im folgenden mit einem eingeführten logischen Terminus ‚*Proposition*' benannt werden; eine Proposition ist eine Anweisung auf eine „mögliche Welt", wobei „mögliche Welt" hier verstanden wird als denkbares kommunikatives Handlungsspiel in einer Kommunikationssituation; erst die modale Spezifikation der Proposition konkretisiert die mögliche Welt zur Korrelatebene eines kommunikativen Handlungsspiels, also als den Bereich, in dem eine Instruktion eingelöst wird. Die *situative Instruktion* von *Texten und Textkonstituenten* sollte dagegen „soziokommunikative Relevanz" genannt werden.

Die *kanonische Instruktion eines Lexems* soll ‚*Begriff*' heißen. Kanonische Instruktionen sind Abstraktionsbildungen (= Überschriften) über den sozial erwartbaren, also statistisch rekurrenten Gebrauchsgeschichten eines Ausdrucks in typischen kommunikativen Handlungsspielen. (Die Linguistik als *struktur*erforschende Disziplin kann nur kanonische Instruktionen und daraus abgeleitete projektive Modelle situativer Instruktionen beschreiben bzw. konstruieren.)

Die alte sprachphilosophische Streitfrage, ob „die Wirklichkeit" die Sprache oder „die Sprache" die Wirklichkeit determiniert, erweist sich in diesem Zusammenhang der Überlegungen als eine falsch gestellte Frage. Tatsächlich beeinflußt jede Veränderung des Wirklichkeitsmodells einer Gesellschaft (und schon einer Gruppe) die kanonischen Instruktionen und die lexikalischen Systembildungen innerhalb der Systeme von Textkonstituenten; zugleich gilt, daß Veränderungen im Instruktionssystem Rückwirkungen auf die Wirklichkeitsmodelle haben. Diese Lösung ist kein halber Kompromiß, sondern Ausdruck der Tatsache, daß Sprache kein autonomes und von sozialer Interaktion isolierbares Zeichensystem ist, daß andererseits soziale Interaktion nur über sprachliche Kommunikationsstrategien erfolgreich und dauerhaft vermittelt ist und wird.

4.6.2.1 Eine ausgearbeitete *Instruktionssemantik* existiert noch nicht. Sie muß entwickelt werden, soll eine Texttheorie ein funktionierendes semantisches Instrumentarium bekommen. Erst im Rahmen einer solchen Instruktionssemantik könnte das Problem der Referenz auch formal adäquat behandelt werden, könnte die Arbeitshypothese verifiziert werden, daß nicht sprachliche *Ausdrücke* sich auf nicht-sprachliche Korrelate beziehen, sondern daß *Kommunikationspartner* in bestimmten kommunikativen Handlungsspielen *sich* mit Hilfe von Textkonstituenten auf nicht-sprachliche Korrelate beziehen bzw. Kommunikationspartner instruieren, eine solche Beziehung zu vollziehen.

Fassen wir zusammen: Der Vollzug von Referenz ist ein institutionalisierter Handlungszug, der mittels sprachlicher Ausdrücke (aber auch mit anderen Mitteln) im Rahmen kommunikativer Handlungsspiele vollzogen wird. Folglich muß Referenz auf der Textebene und nicht auf der Lexikonebene behandelt werden; auf dieser können lediglich (hypothetische) kanonische Instruktionen als Referenzpotentiale notiert werden.

5. „PROPOSITION", „PRÄSUPPOSITION" UND „KOMPLEXE VORAUSSETZUNGSSITUATION" IM RAHMEN EINER TEXTTHEORIE

In der bisherigen (logischen und linguistischen) Diskussion pragmatischer bzw. pragmalinguistischer Probleme spielen die Begriffe ‚Proposition' und ‚Präsupposition' eine wichtige Rolle. Aus diesem Grunde soll in den folgenden Abschnitten versucht werden, diese Diskussion aufzugreifen und im Rahmen einer Texttheorie Grundlagen für eine Lösung der mit diesen Begriffen verbundenen Probleme zu skizzieren.

5.1 ‚Proposition'

R. C. Stalnaker (1970) bestimmt als Gegenstandsbereich der Semantik das Studium der Propositionen. Er sieht eine der wesentlichen Aufgabe natürlicher Sprachen darin, Propositionen auszudrücken. Die Erforschung der Regeln „for matching up sentences of a natural language with the propositions they express" ist für Stalnaker ein Forschungsproblem der Semantik. Nun werden allerdings Propositionen nicht direkt in Sätze überführt, sondern in Abhängigkeit von Eigentümlichkeiten des (kommunikativen) Kontextes, in dem die Sätze gebraucht werden. Diese „contextual features" sind Teil des Forschungsbereichs der Pragmatik (275).

Aus den Überlegungen Stalnakers ergibt sich folgender Zusammenhang
(i) Satz → R (PROP, Kontextfeatures)[1]

Der Terminus ‚Proposition' wird bei *Stalnaker* zunächst von der formalen Semantik her bestimmt: Wenn wir eine Feststellung treffen, bestimmen zwei Determinanten, ob sie wahr oder falsch ist: die behauptete Proposition, und die Beziehung der Proposition zur „Welt", d. h. zu Systemen möglicher Referenten. Eine Proposition kann mithin so charakterisiert werden: „It must be a rule, or a func-

---

[1] „R" bezeichnet die/eine (noch unspezifizierte) Relation zwischen den Faktoren in der Klammer. „→" heißt: untersuche als Relation zwischen ...

tion, taking us from the way the world is into a truth value." (273)
Dabei wird nicht nur der „actual state of the world" berücksichtigt, sondern alle möglichen Weltzustände („possible worlds").

Wenn Propositionen als Transformationen „möglicher Welten" in Wahrheits-Werte bestimmt werden, dann können diese Regeln bzw. Funktionen unabhängig von ihren sprachlichen Formulierungen in Sätzen natürlicher Sprachen betrachtet werden, ebenso unabhängig von den Kommunikationsakten, in denen eine Proposition behauptet oder befohlen wird.

Wenn Propositionen hypothetisch als der gemeinsame Inhalt von „illocutionary acts" und „propositional attitudes" bestimmt werden, dann können die Wahrheits-Werte von Sätzen nicht direkt aus dem sprachlichen Kontext bestimmt werden, sondern müssen auch auf die Relation zwischen Proposition und Referenzrahmen („Welt") Bezug nehmen.[2] Kontexte und „mögliche Welten" sind also partielle Determinanten des Wahrheits-Wertes dessen, was in einem gegebenen Satz ausgedrückt ist (= seiner Proposition). Stalnaker unterschätzt dabei keineswegs die Bedeutung des Kontextes (in unseren Termini: der Kommunikationssituation). Er nimmt an, daß in den meisten Fällen der Kontext der Äußerung nicht nur die Stärke beeinflußt, mit der eine Proposition ausgedrückt wird, sondern die Proposition selbst modifiziert. „It may be that the semantical rules determine the proposition expressed by a sentence or clause only relative to some features of the situation in which the sentence is used." (276)

Auf der Basis dieser Überlegungen schlägt *Stalnaker* folgendes Schema vor:

(1) Die syntaktischen und semantischen Regeln einer Sprache determinieren einen interpretierten Satz/Satzteil.
(2) Diese zusammen mit Features des Gebrauchskontextes von Sätzen determinieren eine Proposition.
(3) Die Proposition zusammen mit einer „möglichen Welt" bestimmt den Wahrheits-Wert.[3]

---

[2] Eine ähnliche Auffassung scheint auch *van Dijk* zu vertreten: „we can only assign a truth value to an utterance if we know the pragmatic properties of the communicative situation" (1971, IX, 8)

[3] „An interpreted sentence, then, corresponds to a function from contexts into propositions, and a proposition is a function from possible worlds into truth values." (Stalnaker, 277)

So ist z. B. der Satz „Er ist ein Dummkopf" ein wohlgeformter deutscher Satz. Dieser Satz wird als Kommunikationsakt in einem kommunikativen Handlungsspiel von C geäußert, wobei der Sprecher C auf zwei zusammenstehende Personen A und B deutet. Nun mag klar sein, daß A ein Dummkopf ist, B nicht; aber ich weiß nicht, wen von beiden C gemeint hat. In einem zweiten Fall äußert C den Satz, indem er eindeutig auf B verweist, aber ich weiß nicht, ob B wirklich ein Dummkopf ist. In beiden Fällen bin ich unsicher über die Wahrheit des Satzes: aber diese Unsicherheit rührt im ersten Fall daher, daß ich nicht weiß, welche Proposition ausgedrückt werden sollte; im zweiten, ob die Fakten stimmen. M.a.W. im ersten Fall sind die Determinanten des Wahrheits-Wertes Teil des Kontextes, im zweiten der möglichen Welt. (278) (Die Charakterisierung des Kontextes erfordert eine Diskussion der pragmatischen Präsuppositionen; dazu cf. 5.2.)

Searle (1969) definiert ‚Proposition' als das, was in Akten der Feststellung, Behauptung etc. festgestellt, behauptet etc. wird. Der Ausdruck einer Proposition ist ein „propositional act", kein „illocutionary act". Wie schon erwähnt, können „propositional acts" nicht allein vorkommen, sondern müssen in „illocutionary acts" geäußert werden. Indem ein Sprecher einen Satz äußert, drückt er eine Proposition aus. Nicht alle „illocutionary acts" haben einen propositionalen Inhalt (z. B. expressive Ausdrücke wie „Ach", „Hurrah" etc.). Daraus kann man wohl schließen, daß *Searle* Propositionen als eine logico-semantische Prädikat-Funktion mit mindestens einem Argument auffaßt. (Darum rückt der Begriff Proposition in die Nähe des Begriffs „Satzbegriff" bei *H. E. Brekle*, 1970.) Unter semantischem Aspekt kann man, nach Searle, in der syntaktischen Struktur eines Satzes zwei Elemente unterscheiden (wenn auch nicht immer trennen):
(a) einen „propositional indicator" („indicator of propositional content" im folgenden abgekürzt als PI)
(b) einen „illocutionary force indicator" (im folgenden abgekürzt als IFI) [4]

Dieser Tatbestand kann in folgender (zu Regel i analoger) Regel festgehalten werden:
(ii) syntaktische Struktur → R   (PI, IFI)

---

[4] In (1971) betont *Searle* noch einmal nachdrücklich, daß nicht Sätze Propositionen ausdrücken, sondern daß Sprecher in der Äußerung Propositionen ausdrücken. – Die Termini „propositional indicator" bzw. „illo-

(b) gibt an, wie die Proposition aufgefaßt werden soll, d. h. welchen „illocutionary act" ein Sprecher im Äußern des Satzes vollzieht. Solche Indikatoren umfassen Elemente wie Wortstellung, Betonung, Intonationskontur, Zeichensetzung, den Verbmodus und die sogenannten performativen Verben. In dieser Aufzählung müßte noch genauer unterschieden werden zwischen supra-segmentalen Faktoren wie Betonung, Intonationsverlauf, Zeichensetzung; modalen Kennzeichnungen des Satzbegriffs und dem Gebrauch spezieller Verbklassen. Es ergäbe sich dann die Regel:

(iii) IFI → { suprasegmentale Faktoren / Modi / performative Verben }

„Illocutionary force indicators" (IFI) können *explizit* verbalisiert sein, so z. B. wenn man den „illocutionary act" einleitet mit „ich stelle fest, daß ..."; „ich entschuldige mich dafür, daß ...". Oft jedoch besorgt der Kontext in der Kommunikationssituation die Kennzeichnung des „illocutionary act", d. h. der IFI ist in der Oberflächenstruktur getilgt.

In der Satzoberfläche sind (a) und (b) oft nicht explizit unterschieden; z. B. in „Ich verspreche zu kommen". Hier muß man auf die Tiefenstruktur zurückgehen, um zu sehen, daß hier eine Verbindung von „ich verspreche" und „ich werde kommen" vorliegt (obwohl diese Feststellung nicht für alle Sätze generell zutrifft.)

Die Trennung in (a) und (b) erlaubt es aber, die Analyse der „illocutionary acts" unabhängig von der Analyse der Propositionen vorzunehmen.

Der Zusammenhang zwischen Proposition und „illocutionary act" stellt sich bei *Searle* so dar: Die allgemeine Form für fast alle „illocutionary acts" ist F (p), wobei F (bei Searle) für „illocutionary force indicator" und p für „Proposition" steht. D. h. es gilt die Regel: illocutionary act → F (p); bzw. in unserer Schreibweise:

(iv) ill. act. → IFI (PROP)

Die verschiedenen Typen von „illocutionary acts" können nach Searle so dargestellt werden:

---

cutionary force indicator" werden hier deutlicher umschrieben als „proposition-indicating element" und „function-indicating device' (43).

⊢ (p) : Assertion   ! (p) : Forderung   ? (p) : ja-nein-Fragen
Pr (p) : Versprechen   W (p) : Warnung   etc.[5]

5.1.1 Der *Propositions-Begriff*, der im Rahmen dieser Überlegungen – bewußt als theoretisches Konstrukt – zugrundegelegt werden soll, lehnt sich an die Auffassung *Ch. J. Fillmores* (1968), *H. E. Brekles* (1970) und *I. Bellerts* (1969) an.

Fillmore bestimmt (in 1968, 23) ,proposition' als „a tenseless set of relationships involving verbs and nouns (and embedded sentences, if there are any), separated from what might be called the ,modality' constituent. This latter will include such modalities on the sentence-as-a-whole as negation, tense, mood, and aspect."

H. E. Brekle (1970) hat diese Anregung aufgegriffen und folgendes Modell entwickelt: Mit Hilfe satzsemantischer Formationsregeln werden Strukturen von *Satzbegriffen* (= „propositional concepts" bei *S. K. Langer*, „Satz an sich" bei *Bolzano*) erzeugt. Satzbegriffe sind semantische Kerne, die mittels einer Anzahl von modalen Relationen (Assertion, Quantifikation, Negation, Modi) in Beziehung zu bestimmten Ebenen der Kommunikation gebracht werden. Ein Satzbegriff ist neutral in bezug auf die Wahrheit oder Falschheit des durch ihn bezeichneten Sachverhalts (57). Zu seinem Verständnis sind nur sprachliche Kenntnisse erforderlich (*I. Bellert*). ,Proposition' und ,Satzbegriff' gelten nach diesen Voraussetzungen im folgenden als austauschbare Begriffe. Zum *Status* der Proposition ist nachzutragen, daß er im Rahmen unserer Überlegungen bestimmt werden muß als metasprachliche Denomination der kanonischen Instruktion eines Satzes (cf. 4.6.1).

5.2 ,Präsupposition'

Nach diesen ersten Skizzen zum Verhältnis von Proposition, Äußerung, Illokutionsakt und Kommunikationsakt muß nun ein

---

[5] Mit Hilfe dieser Schreibweise kann der wichtige und oft übersehene Unterschied zwischen propositionaler Negation und illokutiver Negation so ausgedrückt werden:
∼ F (p) bzw. F (∼ p). (31 f.)

Thema behandelt werden, das bei der Analyse der situativen Instruktion (= Bedeutung) einer Äußerung in Kommunikationsakten eine besondere Rolle spielt: das Konzept ‚Präsupposition'. Auch zu diesem Thema finden sich einführende Hinweise bei Stalnaker.

Stalnaker unterscheidet zunächst den semantischen vom pragmatischen Präsuppositions-Begriff. Semantisch gesehen setzt eine Proposition P eine Proposition Q voraus, wenn und nur wenn Q sowohl durch P als auch durch non-P erfordert wird.[6] Im pragmatischen Wortsinn ist Präsupposition „a propositional attitude, not a semantic relation".

Eine genauere Unterscheidung findet sich bei *N. D. Belnap* (1969), der Präsupposition (im Sinne *Strawsons*) unterscheidet von *pragmatischen Implikationen,* die sich auf die Kommunikationspartner und den empirischen Kontext beziehen. Am Beispiel von Fragen definiert Belnap den Präsuppositions-Begriff wie folgt: „A question, q, presupposes a sentence, A, if and only if the truth of A is a logically necessary condition for there beeing some true answer to q." (29)

Im Rahmen unserer bisherigen Voraussetzungen ist festzuhalten, daß *Sprecher Präsuppositionen machen/haben,* die für Sätze/Texte gelten sollen, nicht daß Propositionen oder Sätze Präsuppositionen haben/machen; d. h. ‚Präsupposition' ist – wie ‚Referenz' – ein Begriff auf der *Ebene der Kommunikation,* nicht auf der Ebene der Grammatik. Das muß in jeder grammatischen Behandlung der Präsupposition berücksichtigt werden.[7] Alle in einem kommunikativen Handlungsspiel integrierten Faktoren (Personen, Gruppen, Institutionen, Texte, Gegenstände etc.) können Gegenstand einer Präsupposition sein; jede Proposition kann deren Inhalt oder Objekt sein (*Stalnaker,* 279).

Der Zusammenhang zwischen semantischem und pragmatischem Verständnis von Präsupposition ist nach *Stalnaker* eindeutig: „any semantic presupposition of a proposition expressed in a given con-

---

[6] Dieser Präsuppositionsbegriff dürfte dem Begriff entsprechen, den Searle (a. a. O. 126) von *Strawson* übernimmt: „an expression *a* presupposes an expression *b* if and only if in order for *a* to be true or false of an object *X*, *b* must be true of *X*."

[7] Ein Ansatz ist gegeben in *P. & C. Kiparski,* 1970.

text will be a pragmatic presupposition of the people in that context, but the converse clearly does not hold." (279) [8]

Wer eine Präsupposition (im pragmatischen Sinne) macht, hält deren Wahrheit für gegeben und nimmt an, daß die Partner des kommunikativen Handlungsspiels dies ebenfalls tun.[9] Wer einen Kommunikationsakt durchführt, macht dies von bestimmten Voraussetzungen aus, die man mit *Stalnaker* auffassen kann als eine Menge von Propositionen, die implizit vorausgesetzt sind, bevor der entscheidende sprachliche Akt durchgeführt wird (280)[10]. Diese Menge von Voraussetzungen determiniert eine Klasse „möglicher Welten", die mit den Propositionen verträglich ist. Nimmt man zu dieser Hypothese die zuvor erwähnte hinzu, daß die Proposition in Relation zur „möglichen Welt" und dem Kontext den Wahrheits-Wert einer Äußerung bestimmt, und definiert man „mögliche Welt" über die konsistente Menge von Präsuppositionen in einem kommunikativen Handlungsspiel, dann kann der Wahrheits-Wert der Äußerung einer Proposition bestimmt werden als Relation zwischen Propositionen, einer Menge von Präsuppositionen (als Konstituenten möglicher Welten) und der Kommunikationssituation, in der die Entscheidung über die Interpretation der möglichen Welt fallen muß.

Eine erfolgreiche Verständigung zwischen Partnern in einem kommunikativen Handlungsspiel kann nur erreicht werden, wenn die Kommunikationspartner über eine zureichende gemeinsame Menge von Präsuppositionen verfügen, d. h. über eine Menge von in Propositionen explizier*baren* Voraussetzungen/Vorannahmen. Präsuppositionen müssen von den Partnern für wahr gehalten werden, soll

---

[8] *Chr. Rohrer* (1971 a) erläutert den Unterschied zwischen dem logischen und dem linguistischen Verständnis der Präsuppositionen folgendermaßen: die Logik versteht Präsuppositionen als Relation zwischen Propositionen; die Linguistik faßt als Präsupposition eines Satzes „les conditions qui doivent être remplies pour que le locuteur soit prêt à employer une expression donnée; c'est-à-dire le locuteur doit supposer que ces mêmes conditions sont remplies s'il veut utiliser l'expression en question." (3) Ein wichtiges Kennzeichen von Präsuppositionen ist darüber hinaus, daß der Hörer sie zurückweisen kann.

[9] cf. O. *Ducrot* (1968, 42), der Präsupposition hypothetisch definiert als „présentation d'une croyance comme évidente".

[10] cf. *M. Black* (1952, 541): „... a presupposition of a word is always a proposition, i. e. something that is true or false and not itself a word."

Kommunikation zustande kommen. Die Menge der von Partnern für wahr gehaltene Präsuppositionen in einem kommunikativen Handlungsspiel ist der wohl wichtigste Bestandteil einer Kommunikationssituation. Nur mit Bezug auf diese Menge von Präsuppositionen können Kommunikationsakte und deren Bezug zu „Wahrheitswerten" (wie Voraussage, Bestätigung, kontrafaktische Feststellung, fiktives Erzählen etc.) beschrieben werden; können weiterhin die Regeln spezifiziert werden, die angeben, wie Propositionen relativ zu Kontexten in Äußerungen transformiert werden bzw. wie die Relation von Sätzen zu Propositionen vom Hörer interpretiert wird.

5.2.1. *Exkurs 2: Aspekte der bisherigen Diskussion des Präsuppositionsbegriffs*

Angesichts der Bedeutsamkeit der Präsuppositionsproblematik für jede Texttheorie soll im folgenden versucht werden, einen kurzen selektiven Überblick über die z. T. kontroverse Forschungssituation im Rahmen der bisherigen Pragmalinguistik zu geben, ehe ein texttheoretischer Klärungsversuch unternommen wird, der auf den dabei erzielten Ergebnissen aufbaut.

In der neueren Diskussion im Rahmen der weiterentwickelten Transformationsgrammatik spielt das Konzept ‚Präsupposition' eine wichtige Rolle. *McCawley* (1968) und *Fillmore* (1965) haben das Konzept der semantischen Präsupposition zunächst mit dem Konzept der Selektionsregeln in Verbindung gebracht, und die Selektionsbeschränkung als Aspekte der semantischen Präsupposition aufgefaßt.[11] In (1969) hat *Fillmore* darauf hingewiesen, daß zwischen präsuppositionalen Aspekten der semantischen Struktur des Prädikats und der eigentlichen Bedeutung des Prädikats unterschieden werden muß. Diese Unterscheidung wird an folgendem Beispiel diskutiert: Der Satz „Bitte öffnen Sie die Türe" kann nur dann als Kommunikationsakt ‚Befehl' / ‚Aufforderung' realisiert werden, wenn der Hörer weiß, welche Türe gemeint ist, und wenn die Türe noch geschlossen ist. Diese beiden Bedingungen gehören zu den Präsuppositionen, nicht zur Bedeutung; denn bei Verneinung liefert der Satz ganz andere Instruktionen, ohne daß die präsuppositionalen Bedingungen verändert würden. Bei einer Assertion z. B. entscheidet die Bedeutung eines Prädikats darüber, ob eine Assertion wahr oder falsch ist; die Präsupposition entscheidet darüber, ob ein Satz als Assertion (also als ein bestimmter Illokutionsakt) gebraucht wird oder gebraucht werden kann: „We may identify the presuppositions of a sentence as those conditions which must be satisfied

---

[11] Eine Formalisierung deiktischer Kategorien in Form von Suppositionsregeln gibt *Fillmore* in 1966, 222 ff.

before the sentence can be used in [speech act, Verf.] functions..." (120) (cf. auch 1970)

5.2.1.1. Eine Unterscheidung zwischen „*Präsupposition*" und „*contextual implication*" hat *A. Stroll* (1967) vorgenommen. Gemeinsam ist beiden Begriffen (die streng von den logischen Implikationen unterschieden werden), daß şie Elemente bezeichnen, die den „background" der Sprechsituation bilden; also Faktoren, die implizit bleiben, aber bei Bedarf explizit gemacht werden können. Der Unterschied zwischen den beiden Begriffen besteht nach Stroll darin, daß Präsuppositionen die Bedingungen bezeichnen, die erfüllt sein müssen, ehe eine Äußerung als Feststellung (statement) gewertet werden kann (also eine Aussage, die wahr oder falsch sein kann); Kontextimplikationen sind dagegen diejenigen Bedingungen, die erfüllt sein müssen, ehe eine Äußerung unter den gegebenen Umständen der Sprechsituation als „normal" angesehen werden können. ‚Präsupposition' bezieht sich also auf die Klasse der Statements als solche; ‚Kontextimplikation' bezieht sich auf die Klasse von Meinungen (beliefs), die Kommunikationspartner haben.

Von erheblicher linguistischer Relevanz dürfte *I. Bellerts* (1969) Diskussion der Begriffe ‚*Inferenz*' und ‚*Quasi-Implikation*' sein: „In natural language there are various devices which allow the hearer to draw certain conclusions from utterances. We may distinguish those conclusions which are drawn on the ground of what I called quasi-implications, and for which it is sufficient to know the language, the knowledge of the world being irrelevant. Such quasi-implications reflect, then, what a competent speaker implicitly knows about his language." (53, Anm. 14). Bellert unterscheidet dabei Quasi-Implikationen lexikalischer Elemente und spezifischer syntaktischer Strukturen (z. B. wenn-dann-Sätze, definite descriptions etc.). Eine Äußerung und die Konklusionen, die daraus gezogen werden (können), stehen nach Bellert in folgendem Verhältnis zueinander: „... the semantic interpretation of an utterance may be identified with the set of conclusions (consequences) derivable from it..." (a. a. O.)

P. Sgall (1969) interpretiert *Fillmores* Begriff der Präsupposition als das, was im Sinn eines Satzes als schon bekannt enthalten ist. Neben den im Lexikon lokalisierbaren Präsuppositionen, die von Fillmore eher als Konnotationen behandelt werden, berücksichtigt Sgall im Anschluß an *Mc Cawley* auch präsuppositionelle Beziehungen zwischen Lexikon und Syntax: „par exemple un group nominal désigne des propriétés dont le locuteur suppose qu'elles appartiennent aux entités conceptuelles contenues dans le discours." (235)

Um zu prüfen, durch welche Regeln die Spezifikation der Präsuppositionen gegeben ist, muß man untersuchen:
(1) ob die Präsupposition im Wörterbuch oder durch eine syntaktische Regel spezifiziert ist;

(2) ob eine Präsupposition durch die Verneinung des Satzes betroffen wird oder nicht (*McCawley*);
(3) ob eine Proposition präsupponiert ist (*Fillmore*) oder nur die Tatsache, daß das durch ein Wort bezeichnete Objekt schon im Kontext bekannt ist (235).

M. Tuțescu (1970) bestimmt als Korrelat des semantischen Begriffs der Präsupposition „cet ensemble de conditions qui doivent être remplies pour qu'un énoncé soit syntaxiquement et sémantiquement bien construit" (588) und setzt davon ab die Begriffe ‚le posé' und ‚le sous-entendu': „Le posé est ce que j'affirme en tant que locuteur; le sous-entendu est ce que je laisse conclure à mon allocutaire; le présupposé est ce que je présente comme commun aux deux personnages de l'acte de communication."

In einem System pronominaler Referenz entspricht, nach Tuțescu, das Gegebene dem ‚ich'; das stillschweigend Mitverstandene dem ‚du'; das Vorausgesetzte dem ‚wir'. Das stillschweigend Mitverstandene gehört nicht zur Äußerung selbst und taucht nur auf, wenn ein Hörer *nach* der Äußerung auf diese reflektiert; das Gegebene und das Vorausgesetzte dagegen sind „des apports propres de l'énoncé."

Als ein deiktisches Phänomen ist die Präsupposition nach Tutescus Ansicht vor allem bei solchen Morphemen zu suchen, die Zeit, Ort und Kommunikationspartner (Sprecher/Hörer) markieren. Die Präsupposition sichert die Isotopie von Texten durch die Wiederaufnahme semantischer präsuppositioneller Elemente von einer Äußerung zur anderen, ohne daß sie deswegen dem Sprecher als Redundanz erschiene (589). Präsuppositionen werden sprachlich manifestiert als syntagmatische Substitute wie Pro-Nomen, Pro-Adjektiv, Pro-Phrase etc. (590). (*cf.* O. Ducrot, *1968*)

Im Anschluß an O. *Ducrot* hält Tutescu die Präsupposition allgemein für einen besonderen Fall der Konnotation: „Aspect du langage connotatif, la présupposition s'intègre dans ce langage du second degré dont le signifiant est déjà un langage comportant lui-même une expression et un contenu." (591) Einen über *McCawley, Fillmore* und *Weinreich* hinausgehenden Vorschlag zur Explizitierung bietet Tuțescu selbst allerdings nicht an.

5.2.1.2. *S. Y. Kuroda* (1969, 1969a) hat McCawleys und Fillmores Gedanken weiterentwickelt und Chomskys Selektionsbeschränkungen als besondere Typen präsuppositioneller Regeln syntaktisch zu formalisieren versucht. Dabei bestimmt er die präsuppositionellen Regeln als Redundanzregeln, die zu den semantischen Anwendungsbedingungen eines Ausdrucks gehören.

Auch C. *Rohrers* Vorschlag zu einer logischen Formalisierung der Präsupposition (1971a) bleibt satzbezogen und notiert Präsuppositionen auf der Lexikonebene.

Nach G. *Lakoff* (1971) sind Präsuppositionen diejenigen „Bedeutungsinhalte", die wahr sein müssen, damit ein Satz wahr oder falsch ist. Mit dem Apparat einer natürlichen Logik unterscheidet Lakoff Präsuppositionen verschiedener Ordnungen und analysiert sie an einer Fülle von Beispielsätzen. Sein Ergebnis ist, daß Präsuppositions-Relationen nur zwischen logischen Formen von Sätzen und nicht zwischen Oberflächenformen gelten (65).

G. *Gabriel* (1971) versteht unter Präsuppositionen solche Voraussetzungen, die erfüllt sein müssen, um Aussagen nach wahr und falsch beurteilen zu können (27). Am Beispiel der Rolle der Präsuppositionen für Kennzeichnungen (definite singular descriptions) zeigt Gabriel, „daß es kaum gelingen dürfte, in eine referenzlose Semantik Präsuppositionen einzubauen. Darüber hinaus scheint es nicht möglich zu sein, ohne Präsuppositionen eine adäquate Semantik der natürlichen Sprachen aufzubauen, so daß also auf den Anschluß an die Referenz in der Semantik nicht verzichtet werden kann." (29)

Ch. *Gutknecht* (1971) schließlich diskutiert die Annahme, daß eine Präsupposition zu einem Satz S eine Aussage ist, die vom Sprecher sowohl für S als auch für non-S vorausgesetzt werden muß (32) und zeigt die Rolle der Präsuppositionen bei der Bestimmung der Grammatikalität von Sätzen.[12]

U. *Egli* (1971) hat in seiner Kritik am Semantikmodell von *Brockhaus & v. Stechow* darauf verwiesen, daß fast alle Sätze Präsuppositionen haben. Egli betont, daß die „Erfassung des Phänomens der Präsupposition durch eine Theorie über geordnete Paare: Satz – seine Präsupposition, inadäquat ist. Denn erstens kann ein Satz mehrere Präsuppositionen haben, und zweitens besteht oft eine hierarchische Struktur zwischen den Präsuppositionen, indem es Präsuppositionen von Präsuppositionen gibt..." (76) (Kritisch anzumerken wäre bereits hier, daß nicht Sätze Präsuppositionen haben, sondern daß Sprecher Präsuppositionen machen, wenn sie Sätze vertexten.)

Auf einige wichtige Aspekte bei der Diskussion von Präsuppositionen hat *J. L. Morgan* (1969) aufmerksam gemacht, z. B. auf den Aspekt der zeitlichen Relationen zwischen Präsupposition und der Zeit der Äußerung. So ist z. B. mit dem Verb ‚wissen' die Präsupposition assoziiert, daß das Komplement des Verbs (ausgedrückt in einem daß-Satz) wahr ist. Diese Präsupposition ist gleichzeitig zum Äußerungsakt.

---

[12] Diesen Aspekt hat O. *Ducrot* (1968) im Anschluß an G. *Frege* in folgender Negationsregel ausgedrückt: „La négation d'un énoncé comporte les mêmes présupposés que l'énoncé affirmatif qui lui correspond." cf. auch P. & C. *Kiparski* (1970), die auch auf die interessante Tatsache hinweisen, daß die Verneinung einer Präsupposition explizit vollzogen werden muß (151) z. B. „Mary didn't clean the room; it wasn't dirty."

Das Problem einer formalen grammatischen Darstellung von Präsuppositionen versucht Morgan im Anschluß an *Lakoffs* Theorie der *"worldcreating verbs"* zu behandeln. Verben dieser Art definieren, nach Lakoff, neue Mengen von Präsuppositionen, die in ihrem Bereich gelten, ohne den Präsuppositionen zu widersprechen, die durch „hugher verbs" bestimmt sind. Morgan schließt daraus, daß die Präsuppositionen eines Satzes „flow down the tree", bis sie blockiert werden von einer solchen Menge von Präsuppositionen „which consists of the downflowing set plus changes overtly defined within the sphere of this lower WC [world-creating, Verf.] verb. The new set of presuppositions holds in the sphere of this verb in the same manner unless changed again by a lower WC verb." (171) Die Menge der WC-Verben ist also nach Morgan genau die Menge der Verben, die die Eigenschaft haben, neue Mengen von Präsuppositionen zu bestimmen. Die Verben, denen diese Eigenschaften fehlen, bilden die Menge der *"factive verbs"*. Nach einer Fülle von Beispielanalysen kommt Morgan zu dem Schluß, „that the relationship between unuttered presuppositions and the sentence with which they are associated is exactly the same as that between a left-conjoined sentence and the conjuncts which follow it. By all indications, presuppositions are somehow conjoined to the left of the performative." (174) (Zur Kritik an diesem Ansatz cf. *Ch. Rohrer*, 1971 a).

D. Wunderlich (1971 b) hat eine klare Darstellung der Präsuppositionen und ihrer formalen Behandlung im Rahmen einer generativen Semantiktheorie vorgelegt. Dabei betrachtet er die linguistisch beschreibbaren Präsuppositionen als eine Teilklasse von Voraussetzungen, die in einer Kommunikation zwischen Sprecher und Hörer gemacht werden.[13] Die Beschreibung solcher – in der Kommunikation unterstellter – Voraussetzungen ist nach Wunderlich legitime Aufgabe einer linguistischen Theorie, da diese auch angeben muß, unter welchen Bedingungen sich eine Kommunikation zwischen Sprecher und Hörer entwickelt.

Kommunikation funktioniert zum großen Teil – darin ist Wunderlich zuzustimmen – nur dadurch, daß „Sprecher implizit eine Reihe von Voraussetzungen machen, die sie für gegeben bzw. evident halten, und daß der Hörer dann nicht nur zu den expliziten Aussageinhalten, sondern auch zu den impliziten Voraussetzungen (sofern er sie zu rekonstruieren vermeint) Stellung nimmt, zu Folgerungen aus den Voraussetzungen usw." (7). Die Präsuppositionen, die in einer sprachlich-kommunikativen Relation zwischen Partnern impliziert sind, konstituieren also weitgehend deren kommunikative Relevanz. Das gilt nicht nur für Äußerungen, die als illokutive

---

[13] In ähnliche Richtung geht die Ansicht *U. Maas'* (1972 a, 6). Maas versteht unter Präsupposition die Bestandteile der Bedeutung einer Äußerung, die mit ihr *mitbehauptet* werden. Präsuppositionen als das Mitbehauptete zu untersuchen ist s. E. „der allein fruchtbare Weg zu einer Theorie der Präsupposition".

Funktion ‚Behaupten' bzw. ‚Bestreiten' haben, sondern wohl generell für alle Äußerungen. Aus diesen Gründen schlägt Wunderlich vor, den Begriff der Präsupposition wie folgt *pragmatisch* zu definieren: „Wenn ein Sprecher einen Satz s äußert, dann sind die Präsuppositionen t von s diejenigen Voraussetzungen, die der Sprecher bei der Äußerung von s macht, und die der Hörer im Prinzip aus s und dem Aussageinhalt von s rekonstruieren können muß." (8)

Die grammatische Darstellung der Präsupposition versucht Wunderlich (im Anschluß an *Ross* und *Sadock*) über Hypersätze mit performativem Verb zu lösen, wobei in den Hypersätzen die mögliche Verwendungsweise der Sätze expliziert werden soll. (Dabei korrigiert er Schwächen der formalen Behandlung, die bei G. *Lakoff* (1970, bzw. dt. 1971, 88 ff.) bezüglich eingebetteter Präsuppositionen aufgetreten waren.) Eine ähnliche Lösung bietet *D. Lewis,* 1972.

Die *operationale* Definition der Präsuppositionen, die Wunderlich anbietet, lautet folgendermaßen: „t ist Präsupposition von s dann und nur dann, wenn der Sprecher in jeder Situation, in der er s in einem bestimmten Sinn positiv äußern (z. B. behaupten) würde, dann auch t in einem bestimmten Sinn positiv äußern (behaupten) würde, und wenn er ferner in jeder Situation, in der er s in dem erwähnten Sinn negativ äußern (z. B. bestreiten) würde, dann t gleichfalls in dem erwähnten Sinn positiv äußern (behaupten) würde." (5) (Eine äquivalente Definition hat *U. Egli,* 1971, 75 eingeführt.) Beide basieren auf der bekannten Tatsache, daß Präsuppositionen auch bei Verneinung einer Äußerung bestehen bleiben und daß (jedenfalls in den von Wunderlich behandelten Sätzen) aus einem Satz auch dessen Präsuppositionen rekonstruiert werden können (vom Linguisten wie vom Hörer).

5.2.1.3. Schon nach der Betrachtung der wenigen hier zitierten Ansichten kann m. E. bereits jetzt zu Recht die Hypothese bestätigt werden, daß man Präsuppositionen (wie *Fillmore, Searle, Stalnaker*) auf der Ebene der *Kommunikationsakte* diskutieren muß, und syntaktische und semantische Selektionsbeschränkungen, die zur eigentlichen Bedeutung gehören, davon trennt. Dieser Vorschlag kann präzisiert werden mit Hilfe der überzeugenden Argumente, die *G. Lakoff* (1971 a) für die Unmöglichkeit einer präsuppositionsfreien Syntax gegeben hat. An Hand zahlreicher Beispiele (wie Ko-Referenz, Reflexivierung, Betonung, Verwendung von „who" und „which", „felicity conditions" in Sprechakten) weist Lakoff nach, daß die Grammatikalität bzw. die Wohlgeformtheit von Sätzen nicht an Sätzen in Isolierung behandelt werden kann, sondern daß diese Begriffe nur in Relation zu Präsuppositionen über den „Weltzustand" (nature of the world) diskutiert werden können. Lakoff zeigt, daß „the general principles by which a speaker pairs a sentence with those presuppositions required for it to be well-formed are part of his linguistic knowledge" (329), also seiner sprachlichen Kompetenz. Sache der Performanz ist es, die Wohlgeformtheit zu beurteilen und etwa Abweichungen relativ zu außersprachlichen Kenntnissen zu konstatieren. Auf dieser Grundlage kann eine Grammatik neu gesehen werden als Instrument, einen Satz S mit einer Menge von Präsuppositionen PR zu verbinden. S ist nur grammatikalisch relativ zu PR. Diese Verbindung ist nicht an bestimmte außersprachliche Kenntnisse der Sprecher gebunden; diese außersprachlichen Kenntnisse werden erst bei der *Beurteilung* der Abweichung relevant. ‚Grammatikalität' ist also ein Begriff, der nur für *Paare* von S und PR gilt. Daraus folgert Lakoff zu Recht, daß eine präsuppositionsfreie Syntax keine linguistisch interessante sprachliche Erscheinung adäquat behandeln kann; denn: „It seems beyond doubt that the principles governing the distribution of morphemes will involve presuppositional information." (340)

5.3 Zur Klassifizierung von Präsuppositionen

Die bisher vorgestellten Definitionen bzw. Erläuterungen des Begriffs ‚Präsupposition' sind uneinheitlich und zum Teil widersprüchlich. Kennzeichnend ist für alle, daß sie vorwiegend *satzorientiert* konzipiert sind, keineswegs aber textorientiert oder kommunikationsorientiert. Bevor ein eigener Vorschlag entwickelt wird, soll versucht werden, die bisher behandelten Hypothesen schrittweise zu ordnen.

(1) Prinzipiell muß wohl unterschieden werden zwischen semantischen und pragmatischen Präsuppositionen. Für beide gilt, daß sie im Satz/Text impliziert sind, bei Bedarf aber in Form von Sätzen oder logischen Formen von Sätzen (z. B. Propositionen, cf. *D. Wunderlich*, 1971) expliziert werden können.

(2) Semantische Präsuppositionen sind solche Voraussetzungen, die erfüllt werden müssen, damit ein Satz grammatisch wohlgeformt (*Lakoff*) und seine Proposition als wahr oder falsch, also als Aussage (Stroll) behauptet bzw. beurteilt werden kann (*G. Gabriel*). Solche Präsuppositionen sind ausdrückbar als Propositionen/Aussagen, die sowohl für einen Satz als auch für dessen Verneinung vorausgesetzt werden müssen (*Stalnaker, Gutknecht*).

(3) Pragmatische Präsuppositionen sind zunächst solche Bedingungen, die erfüllt sein müssen, ehe ein Satz als illokutiv erfolgreicher Kommunikationsakt (= in Kommunikationsakt-Funk-

tion) gebraucht werden kann (*Fillmore, Stalnaker*). Solche Präsuppositionen müssen von allen Kommunikationspartnern für wahr bzw. für evident gehalten werden. (*O. Ducrot*)

Kompliziert wird dieses Schema, wenn man das Verhältnis der Präsuppositionen zur Theorie der „möglichen Welten" bestimmen will. Nach *Stalnaker* kann die „mögliche Welt" als eine konsistente Menge von Präsuppositionen beschrieben werden; d. h. die in einem Kommunikationsakt implizit gemachten Präsuppositionen definieren zugleich das für wahr gehaltene (bzw. für ein kommunikatives Handlungsspiel als verbindlich akzeptierte) Wirklichkeitsmodell.

Unter diesem Aspekt müssen die Präsuppositionen wohl unter eine andere Klassifikation gebracht werden, die – z. T. im Anschluß an die genannten Autoren – so aussehen könnte:

(1) allgemein gilt die Arbeitshypothese: Präsuppositionen sind alle Arten von impliziten (mitbehaupteten) Voraussetzungen, die von Sprechern gemacht werden, wenn sie einen Kommunikationsakt illokutiv erfolgreich durchführen (wollen). Präsuppositionen müssen – soll der Kommunikationsakt erfolgreich sein – von allen Kommunikationspartnern aus einer Äußerung entnehmbar sein und für wahr gehalten werden.

(2) Die gemachten Voraussetzungen sind einzuteilen je nach dem Gebiet, auf dem Präsuppositionen gemacht werden.

(a) *lexikalisch-semantische Präsuppositionen:* Annahmen eines Sprechers, daß der Kommunikationspartner die Art und Relation der semantischen Merkmale in einem Lexem (also dessen Relation zu seinem Lexicoid) und damit verbindbare Assoziationen in bestimmten Kontexten kennt (wer „schwanger" sagt, setzt ‚weiblich' und ‚menschlich' voraus; im Satz „A denkt B" ist vorausgesetzt, daß A das Merkmal [menschlich] zukommt, etc.; cf. die Quasi-Implikationen bei *I. Bellert* als implizite Sprachkenntnisse, sowie die referierten Aspekte von *Rohrer, Fillmore* und *Sgall*.)

(b) *syntaktisch-semantische Präsuppositionen:* implizite Kenntnisse des Sprechers und Hörers von semantischen und kommunikationstechnischen Valenzen bestimmter Satzstrukturen (*Bellert*) (z. B. eine Satzform wie „weder A noch B" setzt voraus, daß A B nicht impliziert).

(c) *kontextuelle Präsuppositionen:* implizite Annahmen eines Sprechers über die Anschließbarkeit eines Textstückes an die es sprachlich umgebenen (z. B. Annahmen, die die Auswahl

aus einem Lexikonparadigma regeln, also Entscheidungen darüber, ‚Weib' oder ‚Frau' zu wählen.)
(d) *situationelle Präsuppositionen:* implizite Annahmen eines Sprechers über eine bestimmte Gleichartigkeit der Wahrnehmung und Einschätzung der Kommunikationssituation durch die Kommunikationspartner (einen Formalisierungsvorschlag dazu hat *Th. Ballmer,* 1971, gegeben.)(z. B. Voraussetzungen über die Referenz von Deiktika, etwa im Satz „Ich gehe allein dorthin".)
(e) *pragmasemantisch-referentielle Präsuppositionen:* implizite Annahmen eines Sprechers über Korrelatsysteme (Wirklichkeitsmodelle, Textuniversen, sozio-kulturelle Bezugssysteme), auf die Textelemente referentiell bezogen werden können (z. B. um zu entscheiden, ob an einer Textstelle ‚Demokratie' oder ‚Parteiherrschaft' gesagt wird.) Diese Klasse von Präsuppositionen definiert das Wirklichkeitsmodell (= mögliche Welt), in dem ein geäußerter Text sinnvoll ist/sein soll.
(f) *handlungssemantische Präsuppositionen:* implizite Annahmen eines Sprechers über die sozio-kommunikative Relevanz bestimmter Kommunikationstypen in der Handlungssemantik einer Interaktions- und Kommunikationsgesellschaft.

Angesichts dieser Fülle von Präsuppositionsbegriffen stellt sich nun die Frage, ob nicht genauer unterschieden werden müßte zwischen (mitbehaupteten) Voraussetzungen für Sprechvollzüge, die im Sprachsystem zu lokalisieren sind (das sind m. E. die hier unter (a) bis (c) genannten Positionen), und solchen, die im Rahmen des gesamten kommunikativen Handlungsspiels angesetzt/angenommen werden müssen (nämlich [d] – [f]). Nur die zweite Gruppe von Voraussetzungen würde ich „Präsuppositionen" nennen, während die erste Gruppe wohl besser als „syntaktisch-semantische Implikationen des verwendeten Sprachsystems bzw. des Textkontextes" bezeichnet werden sollten. Erst mit dieser Einteilung könnte man dann genauer unterscheiden zwischen kommunikationsaktspezifischen (okkurrenten) und sprachtypischen (rekurrenten) Implikationen.

Wie *U. Egli* (1971) zu Recht betont hat, wird man damit rechnen müssen, daß Sätze/Texte mehrere Präsuppositionen haben, genauer: daß Sprecher bei der kommunikativen Äußerung von Sätzen/Texten verschiedene Präsuppositionen machen, die untereinander in einer bestimmten hierarchischen Weise aufeinander bezogen sein dürften.

Die Klärung dieser Frage dürfte eine wichtige linguistische Aufgabe sein (cf. den Ansatz von *J. L. Morgan*).

Der im folgenden zur Diskussion gestellte Vorschlag zur Klärung des Präsuppositionsbegriffs geht aus von folgender Überlegung:

5.4 Komplexe Voraussetzungssituation und Situationspräsuppositionen

Das Gesamtsystem der für Kommunikationsakte verbindlichen Präsuppositionen gehört in den Bereich der *komplexen Voraussetzungssituation*, in der Sprecher und Hörer in jedem Kommunikationsakt stehen, bildet allerdings nur einen spezifischen Teil dieser komplexen Voraussetzungssituation. Dieses Verhältnis kann so beschrieben werden: Die komplexe Voraussetzungssituation enthält alle spezifischen Bedingungen, Beschränkungen und Bestimmungen, unter denen Kommunikationspartner in Kommunikationsprozessen stehen:
(a) sozio-ökonomische: Rolle, Status, wirtschaftliche Lage
(b) sozio-kulturelle, kognitiv-intellektuelle: Rolle in einem „intellektuellen Kräftefeld" (*P. Bourdieu* 1970), Text- und Weltkenntnisse, Bildung, Erfahrung, Wirklichkeitsmodelle
(c) biographisch-psychische: persönliche Kompetenzen und Dispositionen, aktuelle biographische Situationen, Pläne, Absichten etc.

Die komplexen Voraussetzungen bestimmen, welche Interpretation des Wirklichkeitsmodells einer Gesellschaft in ein kommunikatives Handlungsspiel miteingebracht und dort (zumindest partiell) bei Kommunikationspartnern vorausgesetzt wird als gemeinsames Bezugssystem, auf das hin die Instruktionen eines Textes referentiell bezogen werden (können) („mögliche Welt").

Aus diesem komplexen Repertoire *virtuell* wirksamer Voraussetzungen werden in individuellen Kommunikationsakten bestimmte Ausschnitte aktualisiert als Präsuppositionen dieses Kommunikationsakts in einem bestimmten kommunikativen Handlungsspiel. Präsuppositionen bilden also eine Teilmenge der Voraussetzungen der komplexen Voraussetzungssituation. Um diesen Zusammenhang auch terminologisch zu fassen, sollen die aktualisierten Voraussetzungen *„Situationspräsuppositionen"* genannt werden. Welche Situationspräsuppositionen in einem Kommunikationsakt aktualisiert werden, entscheidet sich im Rahmen der virtuellen komplexen Voraussetzungssituation nach Maßgabe der Mitteilungs- und Wirkungsabsicht des Sprechers, die er mit dem jeweiligen Kommunikationsakt in einer Kommunikationssituation verfolgt. Unter zeitlichem Aspekt sind Situationspräsuppositionen solche Voraussetzungen, die mit der Äußerung eines Textes gleichzeitig sind/gemacht werden, während die Faktoren der komplexen Voraussetzungssituation dem gesamten Kommunikationsakt vorausgehen und nachfolgen.

Für die konkrete Kommunikationspraxis dürfte folgende allgemeine Regel gelten: Je mehr Bezüge zu seiner eigenen komplexen Voraussetzungssituation ein Sprecher im Kommunikationsakt als Situationspräsuppositionen implizit voraussetzt, desto schwieriger wird es für die Kommunikationspartner, die Äußerung zu verstehen. (Die starken Divergenzen bei der Interpretation literarischer Texte belegen das deutlich genug.)

5.4.1 *'Situationspräsupposition' als texttheoretische Kategorie*

Fassen wir zusammen:
(1) Situationspräsuppositionen bilden eine in kommunikativen Handlungsspielen aktualisierte Teilmenge der Bestandteile der komplexen Voraussetzungssituation. Daraus folgt, daß ‚Präsupposition' ein Begriff ist, der auf der Ebene der Kommunikation diskutiert werden muß.
(2) Situationspräsuppositionen werden vom Sprecher implizit vorausgesetzt; er sieht ihre Geltung auch für den Hörer als gegeben an. Daraus folgt, daß erfolgreiche Kommunikation nur dann zustande kommt, wenn Sprecher und Hörer eine ausreichende Menge von Situationspräsuppositionen analog implizieren bzw. voraussetzen.
(3) Situationspräsuppositionen sind im Kommunikationsakt unausgesprochen, sie können aber auf Befragen expliziert werden bzw. müssen vom Kommunikationspartner aus dem kommunikativen Handlungsspiel entnehmbar sein. Daraus folgt, daß Situationspräsuppositionen (etwa in Form von Propositionen) explizierbar sein müssen.
(4) Situationspräsuppositionen gelten auch bei einer Negation des geäußerten Textes [14].

---

[14] *D. T. Langendoen* (1971, 341) hält (*mit H. Savin*) die Negationsregel für den besonderen Fall eines allgemeinen Prinzips, nach dem Präsuppositionen prinzipiell keine adverbiale Modifikation erlauben.

(5) Situationspräsuppositionen sind beschreibbar als Konstituenten derjenigen „möglichen Welt", die in einem kommunikativen Handlungsspiel als verbindliche Interpretationsebene für den geäußerten Text als Anweisungsmenge vorausgesetzt wird. Daraus folgt, daß eine Linguistik, die eine funktionierende Sprache beschreiben will, Situationspräsupposition in einer textgrammatischen Repräsentation explizit notieren muß.

Situationspräsuppositionen lassen sich klassifizieren je nach der Ebene, bzw. dem Bereich, auf/in dem Sprecher implizite Voraussetzungen machen, die das Illokutionspotential sowie den Erfolg (= das Verstehen, das „Glücken") eines Kommunikationsakts bestimmen.

5.4.1.1 *„Kommunikative Kompetenz"*

Von der komplexen Voraussetzungssituation und den Situationspräsuppositionen deutlich zu unterscheiden sind diejenigen Faktoren, die den Vollzug sprachlicher Kommunikation allererst ermöglichen: also die Kenntnis einer natürlichen Sprache (ihres Lexikons, ihrer Grammatik) sowie die Kenntnis der Regeln für das Glücken von Kommunikationsakten. Diese Faktoren sollen hier – der Kürze halber – „kommunikative Kompetenz" heißen. (Dieser Terminus ist *nicht* gleichbedeutend mit Habermas' gleichlautendem Terminus.)

5.4.2 Damit sollen diese Skizzen über einige Forschungsaspekte einer kommunikationsorientierten Linguistik abgebrochen werden. In den nächsten Kapiteln wird versucht, im Anschluß an Kommunikationsmodelle sowie die Überlegungen zu einer Theorie der Sprechakte, eine detailliertere Analyse von *Kommunikationsakten* im Rahmen kommunikativer Handlungsspiele zu entwickeln und anzudeuten, welche Zusammenhänge zwischen den bisher erwähnten Faktoren in einer Texttheorie konstatiert werden können. In der gegenwärtigen Forschungslage kann es sich dabei nur um vorläufige Modelle und Arbeitshypothesen handeln; doch ist auch eine solche vorläufige und hypothetische Darstellung notwendig, um Detailuntersuchungen in einem größeren Forschungsrahmen und vor allem im Rahmen eines Modells erkenntnistheoretischer und texttheoretischer Voraussetzungen zu situieren, um verschiedene Vorschläge gegeneinander charakterisierend und also mit Erkenntnisgewinn abheben zu können.

6. VORARBEITEN ZU EINEM FAKTORENMODELL IDEALISIERTER KOMMUNIKATIVER HANDLUNGSSPIELE

Nach den für die bisherigen Überlegungen maßgeblichen Voraussetzungen kann eine detaillierte Analyse von Kommunikationsakten (die in Abschnitt 6.2 vorgenommen werden soll) im Rahmen kommunikativer Handlungsspiele nur im Rahmen eines Kommunikationsmodells unternommen werden. Ziel dieser Überlegungen ist es, zumindest ein geordnetes *Faktorenschema* von (aus wissenschaftstheoretischen Gründen notwendig) idealisierten Faktoren kommunikativer Handlungsspiele zu ermitteln, das als *Programm* für künftige Forschungen auf diesem Gebiet dienen kann. — Betrachten wir zunächst zwei Kommunikationsmodelle, die als Rahmen für den anschließenden Entwurf von Sprechaktmodellen dienen können.

6.1 Kommunikationsmodelle

Bis heute hat sich in der linguistischen Diskussion weitgehend das informationstheoretische Kommunikationsmodell, das primär von Aspekten der Nachrichten*übertragung* bestimmt war, in seinen Grundzügen zu erhalten. In diesem Modell überträgt ein Sender S über einen Kanal an einen Empfänger E eine Nachricht, wobei die Bedingung gilt, daß Sender und Empfänger über einen gemeinsamen Code verfügen und in einer gemeinsamen Kommunikationssituation stehen.

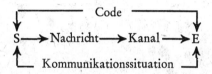

Fig. 2

Dieses Modell entspricht einem informationstheoretischen Ansatz, in dem die semantische Bedeutung einer Nachricht nicht in Betracht gezogen wird. Beim Versuch einer Anwendung des Modells auf sprachliche Kommunikation in natürlichen Sprachen zeigte sich bald, daß weitgehende Ergänzungen vorgenommen werden mußten. In welche Richtung diese Entwicklung heute geht, läßt sich gut demonstrieren an dem relativ detaillierten Kommunikations-Modell von G. F. *Meier* (1969), das hier stellvertretend besprochen werden soll[1].

Meier geht zunächst aus von einem globalen Modell, das folgende Positionen aufweist: mindestens zwei Kommunikationspartner, einen Kanal, ein weitgehend übereinstimmendes Zeichensystem. Die Kommunikationspartner sind potentiell durch Rückkoppelung miteinander verbunden.

Beim Empfänger unterscheidet Meier 3 Arten von Dekodierung:
(a) akustisch-phonematisch-syllabematische Dekodierung
    (= Hör- und Lautfolgeanalyseprozeß)
(b) grammatisch-semantisch-stilistische Dekodierung
    (= Verstehensprozeß und emotionale Bedeutung)
(c) individuelle Dekodierung und Zuordnung zum Erwartungsprogramm (dazu s. u.) (= Vorbereitung der Kodierung des Reaktionsprogramm aus (b) und dem vorhandenen Erwartungsprogramm).

Wichtig ist Meiers Hinweis darauf, daß man beim Verstehens- und Reaktionsprozeß eine potentielle und eine aktuelle Stufe unterscheiden muß. Die potentielle Stufe stellt mehrere Möglichkeiten der Auswahl zur Verfügung; eine dieser Möglichkeiten wird dann durch einen Selektionsprozeß in die aktuelle Stufe überführt. (cf. Fig. 3)

---

[1] Eine übersichtliche Einführung in Kommunikationsmodelle findet sich in der „Einführung in die Textlinguistik" der Projektgruppe Fernstudium an der Universität Bielefeld, Bielefeld/Köln 1972. Ein Kommunikationsmodell, das sowohl Sender- und Empfängerstrategien als auch eine „hermeneutische Situation" für die Textinterpretation berücksichtigt, hat W. P. *Rohde*, 1971, 6–9, vorgelegt. Ein Kommunikationsmodell als Basis für Textmodelle bringen E. *Gülich & W. Raible*, 1972. Metakommunikative Aspekte der Soziolinguistik bespricht D. *Baacke*, 1971.

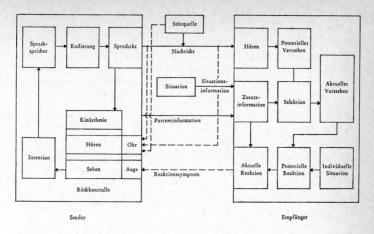

Fig. 3

Dieses grobe Modell wird im folgenden so spezifiziert:
(1) *Sender-Teil des Kommunikationsmodells*
Der Senderteil wird psychologisch-semantisch spezifiziert, nicht wie in der Transformationsgrammatik rekursiv-syntaktisch. Konsequent stellt Meier an den Anfang jeder Kommunikationshandlung das „Kommunikationsmotiv" und die „inhaltliche Absicht", die unter der Bezeichnung *„Intention"* zusammengefaßt werden. Die Kodierung der Nachricht hängt in der tatsächlichen Kommunikation ab von einer Reihe von Faktoren: von der verfügbaren Zeit, dem möglichen Situationskontext, psychologisch-taktischer Berücksichtigung des Partners, Lenkung der Konzentration auf Teile der Nachricht, emotionale Situation des Senders, Abstand zwischen den Kommunikationspartnern, Kanalbedingungen, Störquellen, dramaturgische Gestaltung, Wahrheitsgehalt der Nachricht, Fachbezogenheit des Inhalts und erwünschte Reaktionsweise, sowie von ästhetischen Gesichtspunkten.

Wichtig ist ferner, daß bei der *Kodierung* zwei Faktoren zusammenwirken: die Textanordnung und die prosodische Gestaltung. Kinästhetische, autoauditive und optische Rückkoppelung ergeben für den Sender optimale Bedingungen.
(2) *Empfänger-Teil des Kommunikationsmodells*

Hier unterscheidet Meier – da die Textäußerung eine gewisse Zeit in Anspruch nimmt – zwei *Situationsinformationen:* synchrone und vor Textbeginn liegende Informationen. Die in die Kommunikation einwirkende *Sozialinformation* ist zum Teil Situationsinformation (z. B. eine Information über den Sprecher), z. T. extratemporär, aber zur Zeit der kommunikativen Handlung wirksam.

Unabhängig von der gegenwärtigen Nachricht ist das *Erwartungsprogramm* des Empfängers vor Eintreffen der Nachricht. Es setzt sich zusammen aus dem psycho-physiologischen *Aktualprogramm* und der Vorinformation. In das Aktualprogramm gehen ein:

(a) Informationen über die objektiven Bedürfnisse des Empfängers (z. B. größere Wohnung);

(b) Informationen über die Umgebungssituation (z. B. Klima, ökonomische Situation);

(c) Informationen über die psychophysiologische Grundsituation (z. B. Stimmung, Ermüdung).

Verstehensprozeß und Erwartungsprogramm wirken nun zusammen und führen zur Bildung eines *potentiellen Reaktionsprogramms*. Durch das Einbetten der potentiellen Sozialreaktion, der emotionalen und religiösen *Vorbehalte/Vorurteile,* der subjektiven *Partnereinschätzung* und der aktuellen *Situationsbewertung* entsteht dann ein selektiver Prozeß, der zur Ausbildung des *aktuellen Reaktionsprogramms* führt. (Auf die Kanalbedingungen soll hier nicht näher eingegangen werden.) Dieses Programm dürfte dem entsprechen, was in 6.5 und 8.5.2 hier „Kommunikationsaktprogramm" genannt wird.

6.1.1 Ein detailliertes Sprecher-Hörer Modell der Kommunikation hat W. *Kummer* (1971/72) entworfen. Kummer definiert einen Kommunikationsakt als eine „kommunikative Handlung" (Interaktion), durch die ein Sender einen bestehenden Zustand der Relation zu Empfängern in einen neuen Zustand überführt (p T q/$\sim$ q). Kennzeichnet man Sprecher mit A, Empfänger mit B und ihre Relation vor dem Kommunikationsakt mit R, nach dem Kommunikationsakt mit R', den Zustand, der sich ohne Kommunikationsakt ergeben hätte mit AR" B, so kann die Definition von ‚Kommunikationsakt' spezifiziert werden zu:

ARB T A' R' B' / A' R" B'.

Die Pole des Kommunikationsaktes werden nun spezifiziert nach

den Parametern, durch die sie definiert sind. Dabei berücksichtigt Kummer beim Sprecher A, und beim Empfänger B:
(a) Ich-Origo (Identität und raum-zeitliche-Fixierung);
(b) Identität des anvisierten Empfängers;
(c) Zeichensystem des Sprechers und des anvisierten Empfängers;
(d) Kommunikationsbasis des Sprechers (Tatsachenbild, Theoriebildung, Kommunikationspostulate, Wert und Werthierarchisierung, Topik) und des anvisierten Empfängers;
(e) System von Kommunikationstechniken und Kommunikationsstrategien bei Sender und Empfänger;
(f) Zielzustand des Senders und Empfängers für den Kommunikationsakt (anvisierter Zielzustand und Kommunikationsziel).

Die Relation zwischen A und B bestimmt Kummer nach:
(a) Basis von R: Stellung von A und B im Produktionsprozeß;
(b) Soziale Rollen von A und B;
(c) Geschichte der Relation R durch frühere Interaktion und Kommunikationsakte;
(d) Kommunikationsrahmen: Typus von Kommunikationsspiel nach Interpretation von A und B, Rolle von A und B im anvisierten Kommunikationsspiel (spezifiziert nach Selbst- und Fremdeinschätzung), anvisierte Relation von A und B;
(e) verfügbare Kanäle (auditiv, visuell, taktil etc.).

Der *situative Kontext* enthält alle kopräsenten Objekte, der *Kontext* Menge, Abfolge und Art der Kommunikationsakte im Rahmen der präsenten Interaktion, die dem Kommunikationsakt vorausgehen bzw. von A geplant werden. Schließlich berücksichtigt Kummer die *kopräsente Interaktion* zwischen A und B, die gleichzeitig zum Kommunikationsakt liegt.

6.2 Einige Weiterentwicklungen des Sprechaktmodells

D. Wunderlich (1970) hat – unter voller Berücksichtigung der Schwierigkeiten und der dadurch bedingten Vorläufigkeit – den Versuch unternommen, ein Modell für sprachliches Verhalten zu entwerfen, genauer: Elemente dieses Modells aufzuführen. Dabei geht er aus von einer Menge von Gegebenheiten, die man *phänomenal*

konstante Elemente eines kommunikativen Handlungsspiels nennen könnte:
(a) Kommunikationspartner, zwischen denen kommunikative Kontakte bestehen;
(b) Kommunikationsmedien;
(c) Zeit und Ort der Durchführung des kommunikativen Handlungsspiels in der Perspektive der Kommunikationspartner;
(d) sprachliche Äußerungen;
(e) begleitende Handlungen.

Die Äußerung ist nach Wunderlich verbunden mit einer Reihe von Faktoren, die er lediglich aufzählt und die hier neu geordnet und zum Teil in die bisher entwickelte Terminologie übersetzt werden sollen: Voraussetzungen, die die Kommunikationspartner mitbringen, also Elemente der komplexen Voraussetzungssituation (cf. Abschnitt 5.4). In dieser Gruppe kann man (mit Wunderlich) unterscheiden zwischen *allgemeinen Voraussetzungen*, die während des kommunikativen Handlungsspiels einigermaßen konstant bleiben:
(1) Wissen des Sprechers (enzyklopädische Weltkenntnis, Kenntnis des Gesprächsthemas, Kenntnis der gesellschaftlichen Normen, der komplexen Voraussetzungssituation des Partners);
(2) Fähigkeiten des Sprechers-Hörers (Produktions- und Rezeptionsfähigkeit, kognitive Fähigkeiten, Lern- und Konzentrationsfähigkeit, Fähigkeit der Einstellung auf Kommunikationspartner, Kenntnis der eigenen Rolle);
(3) allgemeine Motivationen der Kommunikationspartner (Wünsche, Bedürfnisse, Interessen), kurz: die Mitteilungs- und Wirkungsabsichten, die Kommunikationspartner in kommunikativen Handlungsspielen verfolgen, wobei man primär thematisch, handlungsmäßig und ausdrucksmäßig orientierte Kommunikationsintentionen unterscheiden kann;

und *speziellen Voraussetzungen*, die sich im Verlauf des kommunikativen Handlungsspiels ändern können:
(4) Annahmen über die komplexe Voraussetzungssituation und die psychischen Dispositionen der Kommunikationspartner (deren Wissen, Fähigkeiten, Motivationen, Rollenverständnis etc.);
(5) Verständnis der vorausgegangenen Äußerungen und Handlungen;
(6) Verständnis der eigenen Rolle;
(7) an das kommunikative Handlungsspiel geknüpfte Erwartungen;
(8) Gefühlslage;

(9) psychischer Zustand (Aufmerksamkeit, Ermüdung etc.);
(10) kommunikative Interrelation der Kommunikationspartner.

Bei der *Äußerung* sind folgende Aspekte zu berücksichtigen:
(1) phonologisch-syntaktische Eigenschaften der verbalen Äußerung;
(2) phonetische Eigenschaften der außerverbalen Äußerungsformen;
(3) strukturelle Eigenschaften der paralinguistischen Begleitphänomene;
(4) strukturelle Eigenschaften der begleitenden Handlungen;
(5) cognitiv-propositionaler Inhalt der Äußerung (20),
also Aspekte der kommunikationsunterstützenden suprasegmentalen Elemente einer Äußerung sowie Eigenschaften von Begleitphänomenen und Handlungen, die Einfluß auf die Interpretation einer Äußerung nehmen können [2].

In (1971) definiert Wunderlich *jeden* Sprechakt als einen „Handlungszug, d. h. mit der Äußerung eines Satzes ist auch ein Tun des Sprechers in bezug auf den Hörer verbunden." Damit ein Sprechakt Gültigkeit für die Kommunikation bekommen kann, muß der Hörer auf ihn entweder durch Sprechakte oder durch nicht-

---

[2] Eine konzentriertere Darstellung der (idealisierten) Sprechsituation gibt *D. Wunderlich* in 1969 und 1971a (177 ff.), wo er jede Sprechsituation auffaßt als ein 9-tupel folgender Art:
Sit = Sp, Hö, s, l + w, Äuß, Inh, Voraus, Int, Rel
Dabei bedeuten:
Sp = Sprecher; Hö = Angesprochener; s = Zeit der Äußerung (Sprechzeit); l + w = Ort und Wahrnehmungsraum des Sprechers; Äuß = phonologisch-syntaktische Eigenschaften der Äußerung; Inh = kognitiver Inhalt der Äußerung; Voraus = mit der Äußerung notwendig verbundene Voraussetzungen des Sprechers, wobei fünf Teilkomponenten unterschieden werden:
Voraus – Sp: sein Wissen und seine Fähigkeiten;
Voraus – Hö: seine Annahme über Wissen und Fähigkeiten des Hörers;
Voraus – Hö – w: Annahme über den Wahrnehmungsraum des Hörers;
Voraus – soz: die soziale Beziehung von Sprecher und Angesprochenem;
Voraus – Text: sein Verständnis der vorausgegangenen Äußerungen:
weiter bedeuten: Int = mit der Äußerung verbundene Intention des Sprechers; Rel = mit der Äußerung gesetzte Interrelation zwischen Sprecher und Hörer. Wichtig ist Wunderlichs Hinweis, daß die zwischen Sp und Hö begründete Interrelation sprachlich durch Verben ausgedrückt werden kann. Er zieht daraus den Schluß, „daß in allen performativ zu äußernden Sätzen die Komponenten Sp, Hö und Rel einer Sprechsituation verbalisiert werden."

verbale Handlungen reagieren. Wunderlich zieht daraus den wichtigen Schluß, die Betrachtung von Sprechakten zu erweitern in Richtung auf die „Betrachtung von Handlungsfolgen" (z. B. Frage-Antwort) (14).

Diese *Elementarsenale* von Sprechakten sind Ergebnis erster phänomenologischer Analysen. Eine solche taxonomische Übersicht über Elemente des kommunikativen Handlungsspiels bekommt aber erst dann expliziten Aufschlußwert für ein Modell sprachlicher Kommunikation, wenn es gelingt, die *Relationen* zwischen ihnen festzustellen und die Elemente zu systematisieren. Diese Aufgabe soll im folgenden näher skizziert werden; von einer Lösung sind wir noch weit entfernt.

6.2.1 Bei der texttheoretischen Konstruktion eines Modells der sprachlichen Kommunikation kann man ausgehen von folgenden *konstanten/erwartbaren Faktoren* eines idealisierten kommunikativen Handlungsspiels: Kommunikationspartner; Kommunikationssituation (= räumlich und zeitlich lokalisierte Einbettung eines kommunikativen Handlungsspiels); komplexe Voraussetzungssituation der Kommunikationspartner und Situationspräsuppositionen; „kommunikative Kompetenz"; Kommunikationsakte, bestehend aus Textäußerung, normierter sozio-kommunikativer Funktion der Äußerung (Illokutionsakt-Potential) und konkomitierenden nichtverbalen Handlungen der Kommunikationspartner.

Ein kommunikatives Handlungsspiel kann dargestellt werden als eine *komplexe Relation* zwischen den angegebenen Faktoren. Dabei wird man im Einzelnen (und hier liegen die wesentlichen Schwierigkeiten) unterscheiden müssen zwischen solchen Faktoren, die die *Produktion* eines Textes bestimmend beeinflussen; solchen, die die *Äußerung* des Textes beeinflussen und solchen, die die kommunikative *Rolle* bzw. Relevanz der Äußerung bzw. deren Interpretation durch die Kommunikationspartner beeinflussen. Zweitens wird zu unterscheiden sein zwischen *direkten* und *indirekten* Beeinflussungen. So dürfte deutlich sein, daß etwa Faktoren der soziokulturellen bzw. sozio-ökonomischen Situation der Kommunikationspartner die Textbildung nur indirekt (d. h. nach Transformation im Bewußtsein der Kommunikationspartner) beeinflussen, während etwa thematische Intentionen direkt die Tiefenstruktur eines Textes beeinflussen.

Ehe diese Aspekte im einzelnen untersucht werden können, muß aber zunächst geklärt werden, ob es Regeln für eine erfolgreiche Durchführung von Illokutionsakten gibt und wie ihr Verhältnis zu Texten, Äußerungen und Kommunikationssituationen bestimmt werden kann.

6.3 Regeln für Illokutionsakte

Um das Verhältnis zwischen Ausdruck, Bedeutung und Sprechakt zu klären, führt *Searle* (1969) zwei Regelsorten ein: (a) *regulative* und (b) *konstitutive* Regeln (33). Regulative Regeln regulieren unabhängig bestehende Verhaltensformen (z. B. regeln Etiketten interpersonale Beziehungen, die unabhängig von diesen Regeln existieren); konstitutive Regeln dagegen schaffen oder begrenzen neue Verhaltensformen (z. B. Schach- oder Fußballregeln). (a) haben als Form „tu X" oder „wenn Y dann X"; (b) haben entweder die Form von (a) oder die Form „X gilt als Y in Kontext C".

Searles zentrale Hypothese, daß Sprechen angesehen werden muß als Vollzug von Sprechakten gemäß Regeln, wird nach dieser Unterscheidung so formuliert: „the semantic structure of a language may be regarded as a conventional realization of a series of sets of underlying constitutive rules and ... speech acts are acts characteristically performed by uttering expressions in accordance with these sets of constitutive rules." (37) Die Regeln für Sprechakte sind vom Typ *konstitutiver* Regeln; d. h. die Tatsache, daß eine Äußerung unter bestimmten Bedingungen als ein bestimmter Sprechakt gewertet wird, ist eine soziale Konvention (= die Realisierung einer konstitutiven Regel.)

Die Unterscheidung zwischen Regeln, Konventionen und Akten macht Searle folgendermaßen plausibel: die verschiedenen natürlichen Sprachen sind verschiedene konventionelle Realisierungen derselben zugrundeliegenden Regeln. Die Tatsache, daß etwa der Sprechakt „Versprechen" die Übernahme einer Verpflichtung involviert, ist dagegen nicht eine Sache der Konvention, sondern eine Sache der Regel. (Eben diese Regel garantieren übrigens die Übersetzbarkeit von Äußerungen in andere Sprachen bzw. Medien.)

Illokutionsakte sind regelgesteuerte Handlungen; Konventionen sind Realisierungen von Regeln (40). Regelgesteuertes Verhalten (wie Sprechen) unterscheidet sich von bloß regelmäßigem Verhalten dadurch, daß die Handlungspartner Abweichungen vom Pattern als falsch erkennen, und daß die Regel automatisch neu auftretende Fälle abdeckt. Die Performanz eines Sprechaktes ist ein „institutional fact" (52), das nur mit Hilfe der konstitutiven Regeln beschrieben werden kann, die ihm zugrunde liegen. (cf. Abschnitt 7.)[3] Solche *Regeln,* die der Mehrzahl aller Sprechakte zugrundeliegen, gibt *Searle* im folgenden an als:

(1) *propositional content rule:* diese Regel unterscheidet den propositionalen Inhalt p von seiner Äußerung in illocutionary acts;

(2) *preparatory rule:* diese Regel spezifiziert die Voraussetzungen, die erfüllt sein müssen, damit ein Sprechakt erfolgreich durchgeführt werden kann (z. B. beim Sprechakt „Forderung": H ist in der Lage, X zu tun; S glaubt, daß H in der Lage ist, X zu tun);

(3) *sincerity rule:* der Sprecher hat die ernste Absicht, einen bestimmten Sprechakt durchzuführen (und nicht etwa ironisch zu sprechen);

(4) *essential rule:* diese Regel ist eine konstitutive Regel im engeren Sinne. Sie spezifiziert, daß S mit einer Äußerung die sozialen Folgerungen eines Sprechaktes übernehmen muß, d. h. sie gibt an, daß eine Äußerung als ein bestimmter Sprechakt gilt (z. B. beim Sprechakt „Forderung": die Äußerung einer Forderung gilt als Versuch von S, H zu einer bestimmten Reaktion zu bewegen). Wichtig ist, daß diese 4. Regel die anderen Regeln determiniert.

An einer Fülle von Beispielen zeigt Searle, daß diese Regeln für die Mehrzahl aller Sprechakte gelten (65, 66). So würden die Regeln 2–4 etwa für den Sprechakt „einen Befehl erteilen" so aussehen:

(2) S nimmt gegenüber H eine Autoritätsstellung ein.

(3) S wünscht, daß H den Befehl ausführt.

(4) S intendiert seine Äußerung als Versuch, H zur Ausführung des Befehls zu bringen[4].

6.3.1 Eine weiterführende Präzisierung der Searle'schen Analyse von Sprechakten hat *D. Wunderlich* (1971) unternommen. Er

---

[3] Zu weiteren Einzelheiten cf. *G. Grzyb,* 1972.

[4] Die Rolle von offenen oder verdeckten Intentionen für den erfolgreichen Vollzug von Illokutionsakten bespricht ausführlich *P. F. Strawson* (1971); darauf soll hier nur ergänzend verwiesen werden.

geht aus von Searles Postulat, Sprechakte als elementare Einheiten der sprachlichen Kommunikation anzusetzen, als „Kommunikationshandlungen". Die Aufgabe einer Pragmatik besteht nach Wunderlich genau darin, die *Regeln* zu präzisieren, die das Verhältnis von geäußerten Sätzen zu ihren (möglichen) Kontexten bestimmen.

Ähnlich wie Searle nennt Wunderlich als Indikatoren der Art der illokutiven Akte performative Verben, grammatische Modi, modale Elemente, Intonationsverlauf etc. Die Forschungsprobleme einer Sprechakt-Theorie teilt Wunderlich in zwei Gruppen ein:
(a) Analyse der Bedingungen, die erfüllt sein müssen, damit ein Sprechakt gelingt.
(b) Analyse der Bedingungen für das Aufeinanderfolgen von Sprechakten.

Die Bedingungen für das Glücken eines Sprechaktes untersucht Wunderlich genauer und teilt – neben den syntaktischen Wohlgeformtheitsbedingungen und den semantischen Regeln für Propositionen – die pragmatischen Bedingungen für das *Akzeptieren* einer Sprechhandlung in folgenden Gruppen ein:
(1) normale Kontaktbedingungen
(2) Bedingungen des propositionalen Gehalts
(3) Voraussetzungsbedingungen
(4) Bedingungen der Ernsthaftigkeit
(5) Sprechakt-Bedingungen
(6) Bedingungen des Verstehens
(7) Akzeptionsbedingungen
(8) perlokutive Bedingungen

Diese Einteilung geht über *Searle* hinaus. Für den Kommunikationsakt „einen Rat geben" können diese Bedingungen nach Wunderlich so präzisiert werden:
„1. *Es gelten normale Kontaktbedingungen.*
Diese Bedingung gilt für nahezu alle Sprechakte:
ausgeschlossen werden sollen Störungen im Übertragungskanal, Artikulationsfehler, Schwerhörigkeit, Unkenntnis der Sprache, Einfluß von Drogen, usw.
2. *Bedingungen des propositionalen Gehalts*
2. a. S drückt in der Äußerung von T aus, daß p.
2. b. Indem S ausdrückt, daß p, prädiziert S eine zukünftige Handlung A von H.
3. *Voraussetzungsbedingungen*
3. a. S und H verstehen sich in einer gleichberechtigten Position

3. b. S nimmt an, daß H in der Lage ist, A zu tun
3. c. H ist in der Lage, A zu tun
3. d. S nimmt an, daß die Interessen von H besser erfüllt werden, wenn H A tut als wenn H A nicht tut (A nicht zu tun, könnte negative Folgen für H haben).
3. e. Es ist für S noch nicht offensichtlich, daß H im weiteren Verlauf der Dinge A tun wird.
3. f. Es steht für H noch nicht fest, daß er im weiteren Verlauf der Dinge A tun wird.
4. *Bedingungen der Ernsthaftigkeit*
  S wünscht die bestmögliche Erfüllung der Interessen von H
5. *die für den Sprechakt wesentlichen Bedingungen*
5. a. S intendiert H zu überzeugen, daß es im Interesse von H ist, A zu tun.
5. b. S intendiert H zu verstehen zu geben, daß S unter vergleichbaren Umständen wie H ebenfalls A tun würde anstelle von nicht-A. (Ich an deiner Stelle würde zum Arzt gehen).
6. *Bedingungen des Verstehens*
  S intendiert, daß seine Äußerung von T H erkennen läßt, daß die Bedingungen 4 und 5 zutreffen, und daß H dies erkennt mittels dessen, daß H den geäußerten Satz als einen solchen erkennt, der konventionell für diesen Zweck verwendet wird. H erkennt dies, entsprechend der Intention von S.
7. *Akzeptionsbedingungen*
  Für H zählt die Äußerung von T durch S als Erklärung des S, daß S bereit wäre, unter vergleichbaren Umständen wie H ebenfalls A zu tun.
  Wenn alle Bedingungen, die hier aufgeführt sind, erfüllt sind, dann hat der Sprecher damit nicht nur intendiert, dem Hörer einen Ratschlag zu geben, sondern der Hörer hat diese Intention erkannt und er hat die Sprechhandlung des Ratgebers sozusagen angenommen. Hierfür ist natürlich einerseits notwendig, daß die Voraussetzungen 3 a, 3 c und 3 f auch tatsächlich zutreffen, und andererseits, daß der Hörer die Verpflichtungsbedingungen 5 b auch seinerseits akzeptiert, so wie es die Bedingung 7 ausführt. Der Hörer kann, zum Zeichen dessen, daß er verstanden und akzeptiert hat, dies selbstverständlich dem ersten Sprecher kundgeben, aber er muß dies nicht notwendig verbal oder unmittelbar tun. Wenn er allerdings die Voraussetzungsbedingungen 3 c und 3 f als nicht erfüllt ansieht, so wird er normalerweise dies dem ersten Sprecher direkt und auch verbal kundgeben durch Widerspruch oder Einwendung. Damit daß ein Hörer in dieser Weise den Ratschlag als Sprechhandlung akzeptiert, muß er aber noch nicht den Rat als solchen akzeptiert haben, d. h. er braucht noch nicht überzeugt zu sein, daß es wirklich besser für ihn ist, die Handlung A zu tun. Wir müssen daher

noch eine weitere Bedingung hinzufügen, die angibt, wenn der intendierte perlokutive Akt geglückt ist:
8. *perlokutive Bindung*
H akzeptiert, daß es in seinem Interesse ist, A zu tun."

6.3.2 *J. L. Austin* (1962) hat mehrfach auf die *Konventionalität* von Illokutionsakten deutlich hingewiesen und in diesem Charakteristikum zugleich den entscheidenden Unterschied zu Perlokutionsakten gesehen (120 f.) Die Konventionalität von Illokutionsakten dürfte diejenige Stelle markieren, wo der Zusammenhang zwischen Sprechakten und sozialen Handlungen bzw. Handlungsformen lokalisiert werden kann. Die sozio-kommunikative Relevanz des Vollzugs von Vertextung in kommunikativen Handlungsspielen manifestiert sich eben darin, daß Sprechtypen zugleich und notwendig Handlungstypen sind, wobei die sozio-kommunikative Relevanz dem Sprechhandlungsvollzug insgesamt zugesprochen werden muß. Illokutionsakte sind sozial sinnvoll, weil und insofern sie regelbestimmte Realisierungen von Illokutionstypen bzw. Illokutionspotentialen sind, die als erwartbar normierte soziale Interaktionsmuster gesellschaftliche *Institutionen* darstellen, deren Sinn – ähnlich dem Sinn von Lexemen im System des Lexikons – durch ihre Stelle im System sozialer Institutionen definiert ist. (Dieser Sinn dürfte dem entsprechen, was *Austin* die „illocutionary force" eines Illokutionsaktes nennt.) Um diese Zusammenhänge zu erläutern, könnte man den Begriff „Illokutionspotential" umschreiben mit „sozio-kommunikativer Funktionstyp eines Kommunikationsaktes"; denn normierte Illokutionsakte wie Feststellen, Fragen, Befehlen, Versprechen etc. sind soziale Handlungsformen, die im Medium sprachlicher Handlung als kommunikative Handlungstypen auftreten, ihre soziale Relevanz aber nur durch ihre Integration in soziale Interaktionsformen bekommen. (näher cf. Abschnitt 8)[5]

6.4 Zur Typologisierung von Illokutionsakten

Für eine Texttheorie im Rahmen einer Kommunikationstheorie wäre es nun außerordentlich wichtig, *universale Illokutionsakte* bzw.

---
[5] Zu handlungslogischen Aspekten der Sprechakttheorie cf. Abschnitt 7.2.

Typen von solchen Akten zu finden (und die Bedingungen ihres erfolgreichen Vollzugs zu systematisieren), auf die alle vorkommenden Formen reduziert bzw. aus denen sie abgeleitet werden könnten. Alle diese Versuche sind aber – nach *Searle* – bis heute fehlgeschlagen, da die bisherigen Kriterien der Einteilung kontrovers sind.

Es wäre zu prüfen, ob die folgenden Gesichtspunkte für eine Typologisierung herangezogen werden können:
(a) Rang-Verhältnis der Kommunikationspartner zueinander (gleichgestellt, unter-/übergeordnet; Gespräch/Unterhaltung vs Befehl);
(b) Art der zeitlichen Verhältnisse (Beziehung der Äußerung auf Sprechzeit, bzw. Vergangenheit, Gegenwart und Zukunft dazu: Bericht vs Versprechen vs Erzählung);
(c) Art der beabsichtigten Intention des Illokutionsaktes (Situationsbeschreibung, Situationsveränderung; Partnerinformation; emotive Selbstdarstellung; z. B. Report vs Indoktrination vs Überredung vs Auffordern vs Klagen vs Prahlen);
(d) Art des verwendeten Text-/bzw. Redetyps.

In diesem Zusammenhang wäre auch zu prüfen, ob nicht einer solchen Typologie von Kommunikationsakten eine Typologie der allgemeinen *Intentionen* bzw. Wirkungen sprachlicher Kommunikation überhaupt vorangestellt werden müßte. Eine Klärung der Frage also, warum, zu welchen Zwecken Partner überhaupt miteinander kommunizieren. Eine solche Typologie könnte folgende generell gültigen Kommunikationsintentionen enthalten:
(a) Kommunikation zum Zweck sozialer Kontaktaufnahme und -durchführung
(b) Kommunikation zum Zweck der (gegenseitigen) Information
(c) Kommunikation zum Zweck der (dominant einseitigen) Information: Lehren
(d) Kommunikation zum Zweck der sozialen Selbstdarstellung eines Individuums.

6.4.1 J. Habermas (1971) hat von einer kommunikationsorientierten Soziologie her versucht, die möglichen Sprechakte in 4 Klassen einzuteilen. Dabei arbeitet er jedoch mit einer weitgehenden Vermischung von sprachlichen, soziologischen und philosophischen Kategorien und bringt Sprechakte, Handlungsformen und deren Bewertung durch Partner in eine direkte Beziehung. Nach Habermas ist jeder Kommunikationsakt aus einem performativen Satz und einem Satz propositionalen Gehalts zusammengesetzt. Der performative Satz dominiert den propositionalen; er wird in einer

Äußerung dazu verwendet, um einen Modus der Kommunikation zwischen Sprecher und Hörer herzustellen (cf. den „illocutionary force indicator" bei *Searle*), während der propositionale Satz in einer Äußerung dazu verwendet wird, um über Gegenstände zu kommunizieren (105).

Unter Berufung auf die „essential rule" Searles unterscheidet *Habermas* vier universal gültige Klassen von Sprechakten (111 ff.):

(1) *Kommunikativa:* diese Klasse dient dazu, „den pragmatischen Sinn der Rede überhaupt auszusprechen. Sie expliziert den Sinn von Äußerungen qua Äußerungen." (z. B. sagen, fragen, widersprechen, erwähnen etc.)

(2) *Konstativa:* diese Klasse dient dazu, „den Sinn der kognitiven Verwendung von Sätzen auszudrücken. Sie expliziert den Sinn von Aussagen qua Aussagen." (z. B. beschreiben, mitteilen, erklären, versichern, bestreiten).

(3) *Repräsentativa:* in dieser Klasse wird der pragmatische Sinn der Selbstdarstellung eines Sprechers vor einem Hörer ausgesprochen. „Sie expliziert den Sinn des zum Ausdruckbringens von Intentionen, Einstellungen, Expressionen des Sprechers". (z. B. offenbaren, verschweigen, zum Ausdruck bringen).[6]

(4) *Regulativa:* diese Klasse dient dazu, „den Sinn der praktischen Verwendung von Sätzen auszudrücken. Sie expliziert den Sinn des Verhältnisses, das Sprecher/Hörer zu Regeln einnehmen, die sie befolgen oder verletzen können". (z. B. befehlen, sich verpflichten, entschuldigen, raten etc.).

Diese Sprechakte erlauben es, nach Habermas, „drei fundamentale Unterscheidungen vorzunehmen, deren wir mächtig sein müssen, wenn wir überhaupt in eine Kommunikation eintreten wollen." (113). Es handelt sich dabei um die Unterscheidung zwischen Sein und Schein, die durch die Verwendung von Konstitutiva vorgenommen wird; um die Unterscheidung zwischen Wesen und Erscheinung, die die Verwendung von Repräsentativa ermöglicht; und schließlich um die Unterscheidung zwischen Sein und Sollen, die die Verwendung von Regulativa möglich macht.

Um zu verdeutlichen, auf welchen Einteilungsprinzipien diese Klassifikation der Sprechakte beruht, bestimmt Habermas zunächst den Begriff ‚Kommunikation' genauer. Er unterscheidet dabei zwei Formen der Kommunikation: kommunikatives Handeln (Interaktion) und Diskurs: „Dort wird die Geltung von Sinnzusammenhängen naiv vorausgesetzt, um Informationen (handlungsbezogene Erfahrungen) auszutauschen; hier werden problematisierte Geltungsansprüche zum Thema gemacht, aber keine Informationen ausgetauscht." (115) In jedem kommunikativen Handeln un-

---

[6] Schon hier wäre kritisch zu fragen, ob Habermas nicht in unzulässiger und verwirrender Weise das Illokutionspotential eines Sprechaktes abhängig macht vom Verb.

terstellen wir unserem Partner unvermeidlich Zurechnungsfähigkeit, nehmen eine Intentionalität seines Sprechens an und erwarten, daß er nach Normen handelt, die er legitimieren könnte. D. h. wir gehen auch im Diskurs – nach Habermas – aus von einer *idealisierten Sprechsituation,* um Kriterien für eine Wahr-Falsch-Beurteilung eines Konsensus zu gewinnen. Die erwähnten vier Typen von Sprechakten nun sind – nach Habermas – genau die „zureichenden Konstruktionsmittel für den Entwurf der idealen Sprechsituation" (122). Das Modell reinen kommunikativen Handelns verlangt die Möglichkeit von Diskursen; die Bedingungen von Diskursen können umgekehrt nicht unabhängig von den Bedingungen reinen kommunikativen Handelns gedacht werden: mit dieser These begründet Habermas seine These, daß wir eine ideale Sprechsituation vorgreifend installieren müssen, um überhaupt mit Konsens kommunizieren zu können bzw. um einen Konsensus beurteilen zu können. Seine vier Typen und nur jene (!) garantieren s. E. den Entwurf einer solchen idealen Sprechsituation: „Daher läßt sich nun auch der Systematisierungsvorschlag für Sprechakte unter dem Gesichtspunkt rechtfertigen, daß Sprechakte als pragmatische Universalien, d. h. als Mittel zur Erzeugung allgemeiner Strukturen möglicher Rede nur fungieren können, wenn sie zugleich als Mittel zum Entwurf einer idealen Sprechsituation dienen." (140) Dieser Vorgriff auf eine ideale Sprechsituation hat für jede Kommunikation die Bedeutung eines „konstitutiven Scheins, der zugleich Vorschein einer Lebensform ist." (141)

6.4.2. Gegen diesen Entwurf haben *D. Wunderlich* (1970) und *N. Luhmann* (1971) erhebliche Einwände vorgetragen. *Wunderlich* verweist auf die utopische Voraussetzung einer Gesellschaft von freien, mündigen und sprachlich rationalen Individuen.[7] Er betont, daß die von Habermas vorausgesetzte volle Symmetrie nicht in allen Kommunikationsprozessen erreichbar ist, und er kritisiert Habermas' Einengung der sozialen Welt auf verbale Interaktion, die wichtige Kommunikationsmöglichkeiten in anderen Medien ausschließt. (30 f.).

Luhmann wirft Habermas eine Überforderung einer allein an Sprache orientierten Kommunikationstheorie vor, „wenn sie vom Phonetischen bis zum Phronetischen auszugreifen sucht". (337) Das Gelingen einer Diskussion kann nicht allein auf Logik, Semantik oder Sprache zurückgeführt werden, und seine Bedingungen können im Begriff der kommunikativen Kompetenz nicht vollständig zusammengefaßt werden. Nach Luhmann bürdet Habermas der Sprache auf, was Leistung des sozialen Systems ist, statt Diskurs als ein Diskussionssystem mit spezifischen Funktionen für die Begründung von Wahrheitsansprüchen zu betrachten (339).

Über diese Einwände hinaus wäre gegen Habermas' Reduktion möglicher Sprechakte kritisch zu fragen, ob damit mehr gewonnen ist als ein erster allgemeiner und sehr globaler Rahmen, der auf seine erkenntnis-

---

[7] Hier setzt auch die Kritik von *H. Weinrich* (1972 a) erfolgreich an.

fördernde Leistung hin befragt werden muß, wohl kaum aber als die endgültige Lösung angesehen werden kann. Habermas' Klassifikation wiederholt lediglich in anderem Vokabular Argumente der alten Theorie der Sprachfunktionen (seit *Bühler*) und der Sprachspieltheorie seit *Wittgenstein*, wonach Sprache leistet:
(1) die Herstellung und Erhaltung von Partnerbezug mittels verbaler kommunikativer Operation;
(2) die Orientierung von kommunikativem Partnerbezug durch gemeinsames Interesse an „Sachen", d. h. durch gemeinsam vollzogene Referenz auf Korrelate der verbalen Operationen;
(3) die Selbstdarstellung von Kommunikationspartnern, die sich zugleich und unablösbar von der Kommunikation über „Sachen" vollzieht;
(4) die Verbindung verbaler Operationen mit Regeln sozialer Interaktion im Rahmen des Wirklichkeitsmodells (Ideologemsystems) einer Kommunikationsgesellschaft und der Versuch der Kommunikationspartner, ihre Handlungsdispositionen, Handlungsbereitschaften, Handlungsnormen und Handlungen mittels verbaler Operationen zu transformieren.
Diese Gesichtspunkte sind in der bisherigen Argumentation bereits vorgekommen. Sie scheinen in der Tat allgemeine Konstanten der Kommunikation auszumachen und gehören somit zugleich in eine Theorie der Grundlagen der Kommunikation und in eine spezielle Kommunikationstheorie, wenn und insofern nachgewiesen werden kann, wie sie im Einzelnen den Vollzug von Kommunikationsakten in kommunikativen Handlungsspielen beeinflussen.

6.4.3 Faßt man die dargestellten Kommunikations-Modelle zusammen mit den Hinweisen, die in diesem Abschnitt bei den ersten Analysen von Kommunikationsakten gegeben worden waren (Modelle von *Searle* und *Wunderlich*) sowie mit den Erläuterungen zu den Begriffen ‚komplexe Voraussetzungssituation' und ‚Präsupposition', so läßt sich das im folgenden Abschnitt entwickelte idealisierte Modell sprachlicher Kommunikation als *Arbeitshypothese* zur Diskussion stellen. Dieses Modell versucht, das kommunikative Handlungsspiel als Elementareinheit sprachlicher Kommunikation zu spezifizieren. Dabei wird wegen der Fülle der Daten als Darstellungsart nicht das Flußdiagramm gewählt; vielmehr wird versucht, eine Folge von Regeln (i. w. S.) zu notieren, die – leider noch unspezifizierte – Relationen zwischen Faktoren kommunikativer Handlungsspiele aufzeichnen. Die Spezifizierung dieser Relationen und die Überprüfung der Vollständigkeit des Systems wird angesehen als *Forschungsprogramm einer expliziten Texttheorie*. (cf. 1.2.3.1)

6.5 Ein Faktorenmodell idealisierter kommunikativer Handlungsspiele

Das *kommunikative Handlungsspiel* wird angesehen als Grundeinheit des erfolgreichen Vollzugs verbaler sozialer Interaktion in einer Kommunikationsgemeinschaft. Ein kommunikatives Handlungsspiel wird definiert (cf. Abschnitte 4.1 u. 4.1.4) als eine integrierte Menge von mindestens zwei Kommunikationsakten (KA). Kommunikationsakte werden von mindestens zwei Kommunikationspartnern in einer Kommunikationssituation vollzogen (KP in KSit): sie sind definiert als komplexe Relation zwischen sprachlichen, sprachlich-sozialen und nicht-sprachlichen Konstituenten in einer Kommunikationssituation. Die sprachlichen Konstituenten sind Textäußerungen (TÄ) von Kommunikationspartnern, die über eine vergleichbare „kommunikative Kompetenz" (KK) verfügen (cf. 5.4.1.1, zur KK gehören die Kenntnisse des Lexikons und der Grammatik der zur Kommunikation verwendeten Sprache sowie die Kenntnis der Regeln für das Glücken von Kommunikationsakten (RG) (wie sie Searle und Wunderlich beschrieben haben) und in komplexen Voraussetzungen stehen (= komplexe Voraussetzungssituation, KVS). Solche Textäußerungen werden vollzogen in sozial erwarteten/erwartbaren (= rekurrenten) Manifestationsformen, bei denen unterschieden werden muß zwischen: Diskurstyp (DT), Redetyp (RT), Texttyp (TT) und Satztyp (ST), (cf. Regel 10–13)[8]. Als sprachlich-soziale Konstituenten waren eingeführt worden: die Illokutionspotentiale des KA insgesamt (IP_{ka}), die integrierten Illokutionspotentiale der Manifestationsformen ($IP_{dt\ tt\ rt\ st}$).

Die nicht-sprachlichen Konstituenten sind Elemente der KSit, die als Wahrnehmungssituation aufgefaßt werden kann (Zeit, t; Ort und Wahrnehmungsraum, l; besondere Situationsumstände in speziellen KA, kopräsente Objekte etc.). Ferner zählen hierher nicht-sprachliche Partnerreaktionen bzw. Perlokutionseffekte (PEff) oder zum Äußerungsvollzug kopräsente konkomitierende Handlungen (konHand) (cf. die „kopräsente Interaktion" bei W. *Kummer*) sowie suprasegmentale Faktoren (Akzent, Intonation etc.).

---

[8] Die enger *text*bezüglichen Überlegungen werden hier nur angedeutet. Zur Textdefinition und zur Klärung des Text-Satz-Verhältnisses cf. Kap. 8.

Diese Definitionen sollen im folgenden in „Regeln" (i. w. S.) festgehalten werden. „→ R" bedeutet dabei: „untersuche als Relation zwischen den Klammerinhalten"; spitze und geschweifte Klammern geben Spezifikationen an. „: →" heißt: wird definiert als...
(1) KHS→ R (1+n KA, 1+n KP, KSit) (wobei n ≧ 1)

(2) KA→ R (KP ⟨KVS⟩, TÄ ⟨DT, RT, TT, ST⟩; IP_{ka}, $IP_{dt\,rt\,tt\,st}$, KK ⟨Lex, Gram, RG⟩, KSit, PE_{ff}, konHand, suprasegm. Fakt.

(3) KSit: → t, l, Wahrnehmungsraum der KP

Im folgenden müssen nun die einzelnen Ausdrücke in den Klammern näher erläutert werden. Beginnen wir mit den Kommunikationspartnern, die definiert werden als Sprecher, S, und Hörer, H, wobei die Rollen von S und H als prinzipiell vertauschbar angesehen werden. S und H sind spezifizierbar nach den im Verlauf dieser Arbeit bereits erwähnten Parametern (cf. *Wunderlich, Kummer, Meier*): Ich-Origo, Zeichenbasis, Kommunikationsbasis, Kommunikationstechniken, Kommunikationsziele, Erfolgserwartungen etc. (Diese Parameter hängen eng zusammen mit der komplexen Voraussetzungssituation (KVS), die in Abschnitt 5.4 skizziert worden ist.) Danach müssen wir unterscheiden zwischen „kommunikativer Kompetenz" (KK), den Situationspräsuppositionen (SitPräs) (cf. Abschnitt 5.4), die für S und H zumindest partiell gleich sein müssen; hinzu kommen die Situationsinformationen und Sozialinformationen (*Meier*) sowie die Erwartungsprogramme und die resultierenden Reaktionsprogramme (Kommunikationsaktprogramme, KAProgr). (Nach 7.2 können diese Punkte wahrscheinlich in einem handlungslogischen Modell genauer expliziert werden.)

Diese Punkte lassen sich etwa so zusammenfassen:
(a) kommunikative Kompetenz (KK) soll abdecken: die gemeinsame Zeichen- und Kommunikationsbasis, Kommunikationstechniken, Kommunikationsrepertoires, Kenntnis der Regeln für das Glükken von KA;
(b) Mitteilungs- und Wirkungsabsicht (MWA);
(c) die SitPräs der KVS, die das Erwartungsprogramm bedingen;
(d) das Bild, das sich ein Sprecher von der KSit macht (KSitBild)
(e) Kommunikationsaktprogramm (KAProgr)

Die vierte Regel könnte dann wie folgt angegeben werden:
(4) KP ⟨S, H⟩ → R (KK, MWA, KVS ⟨SitPräs⟩, KSitBild, KA Progr)

Die Textäußerung (TÄ) wird definiert als token (tk) eines Text-types (Ty)[9] in einer natürlichen Sprache (L_n). TÄ wird zu einem bestimmten Zeitpunkt (t_1) an einem bestimmten Ort (l_1) in einer KSit vollzogen, wobei rekurrente Manifestationsmodi (DT, TT, RT, ST) erwartet werden:

(5) TÄ $\langle$DT, RT, TT, ST$\rangle$: $\rightarrow$ tk $\langle$Ty, L_n, t_1, $l_1\rangle$

Ein Text-type kann bestimmt werden als Relation zwischen einer Proposition (PROP) und deren Illokutionspotential (IP), das sprachlich in „illocutionary force indicators" (IFI) indiziert werden kann:

(6) Ty: $\rightarrow$ R (PROP, IP $\langle$IFI$\rangle$)

PROP war im Abschnitt 5.1.1 bestimmt worden als semantischer Kern, der mittels modaler Relationen in Beziehung zu Ebenen der Kommunikation gebracht wird und den Status der kanonischen Instruktion eines Satzes hat.

Als IFI waren eingeführt worden:

(7) IFI: $\rightarrow \left\{ \begin{array}{l} \text{suprasegmentale Faktoren} \\ \text{Modi} \\ \text{performative Verben} \end{array} \right\}$

Perlokutionseffekte sind Änderungen in der Disposition der Kommunikationspartner, psychische und physische Reaktionen und/oder Handlungen in anderen Medien (z. B. Gesten):

(8) PEff: $\rightarrow \left\{ \begin{array}{l} \text{Dispositionsänderungen} \\ \text{Reaktionen} \end{array} \right\}$

⋮

Konkomitierende Handlungen unterstützen entweder die kommunikative Relevanz einer TÄ oder sie sind kontrovers dazu (z. B. Kopfnicken bei einer verneinenden Antwort); neutrale kommen nicht in Betracht.

(9) konHand: $\rightarrow \left\{ \begin{array}{l} \text{adjuvierend} \\ \text{kontrovers} \end{array} \right\}$

Nachzutragen sind noch die Definitionen der Manifestationsformen. Dabei werden Diskurstypen definiert als Teilsysteme des gesamtgesellschaftlichen Kommunikationssystems (z. B. wissenschaftliche Kommunikation).

---

[9] ‚Text-type' wird im 8. Kap. näher definiert als ‚Textformular'. Beide Begriffe können nebeneinander verwendet werden, sie akzentuieren nur jeweils andere Aspekte.

(10) DT: → $\left\{\begin{array}{l}\text{alltagssprachlich}\\ \text{wissenschaftlich}\\ \text{literarisch}\end{array}\right\}$
⋮

Redetypen kennzeichnen die Partnertaktik in einem KHS.

(11) RT: →(Monolog)
(Dialog)

(12) TT: → $\left\{\begin{array}{l}\text{narrativ}\\ \text{expositorisch}\\ \text{performativ}\end{array}\right\}$
⋮

(13) ST: → $\left\{\begin{array}{l}\text{Aussage}\\ \text{Frage}\\ \text{Imperativ}\end{array}\right\}$

Schließlich ist zu verweisen auf die Illokutionspotentiale der Manifestationsformen:

(14) $IP_{dt\ rt\ tt\ st}$: → $\left\{\begin{array}{l}\text{Informieren}\\ \text{Selbstdarstellung}\\ \text{Konflikterregung}\\ \text{Reflexion}\end{array}\right\}$
⋮

sowie auf die Illokutionspotentiale von Kommunikationsakten:

(15) IP_{ka}: → $\left\{\begin{array}{l}\text{Versprechen}\\ \text{Befehlen}\\ \text{Wünschen}\end{array}\right\}$
⋮

6.5.1 Mit diesen Hinweisen ist zunächst nicht mehr geleistet als ein erstes (noch phänomenologisches) Aufarbeiten derjenigen Faktoren, deren Zusammenwirken in einer Texttheorie genauer untersucht werden muß. Als Anregung zu einer solchen Untersuchung sollen die Überlegungen dieser Arbeit beitragen. Ziel solcher Explikationen müßte – um es noch einmal zu wiederholen – die Entwicklung eines vollständigen *Modells der idealisierten sprachlichen Kommunikation* sein, in dessen Rahmen die bereits verfügbaren oder neu erarbeiteten Teilforschungen als Explizierung bestimmter global definierter Partien des Makromodells eingeordnet werden können (z. B. Syntax-Theorie als Theorie der sprachlichen Kommunikationstechniken von Sprecher und Hörer; Texttiefenstrukturtheorie als Theorie der Intention; Präsuppositionstheorie als Theorie der in die Textbildung investierten Faktoren der komplexen Voraussetzungssituation, etc.).

Im Rahmen der Überlegungen zu einem Texterzeugungsmodell im 8. Kap. hat dieses Faktorenmodell die Aufgabe, diejenigen Gesichtspunkte bereitzustellen, die bei einem solchen Erzeugungsmodell berücksichtigt werden müssen. Dabei wird sich zeigen, daß die Elemente des oben erläuterten Faktorenmodells die *Informationsblöcke* sein werden, die bei der Texterzeugung zusammenwirken und die im Rahmen eines elaborierten Texterzeugungsmodells ausreichend expliziert werden müssen.

7. TEXTGRAMMATISCHE MODELLE IN TEXTTHEORETISCHER SICHT

Um die bisher erarbeitete Menge komplexer Relationen, mit deren Hilfe ein kommunikatives Handlungsspiel beschrieben wurde, für eine textgrammatische Beschreibung im engeren Sinne fruchtbar zu machen,[10] müßte nun auf den einzelnen Beschreibungsebenen verdeutlicht werden, wie das Zusammenwirken von Textfaktoren und Faktoren des kommunikativen Handlungsspiels expliziert werden kann. Wie in 6.2 bereits angedeutet müßte nun geklärt werden, welche Faktoren der Kommunikationsrealität die Texterzeugung beeinflussen, welche die Äußerung und Bewertung eines Textes beeinflussen und wie das Verhältnis von Text, Äußerung und kommunikativer Relevanz bestimmt werden kann. In diesem Fragenbereich steht fast alles noch zur Debatte, und so können die folgenden Hinweise auf einige textgrammatische Modelle, die noch auf der Grundlage pragmalinguistischer Vorstellung arbeiten, nur exemplarischen Wert haben.

7.1 Zur Berücksichtigung kommunikativer Aspekte in der Textgrammatik

T. A. van Dijk (1971, III) hat eine vorläufige formale Notation für die Texttiefenstruktur vorgeschlagen, die bereits einige kommunikationsbezügliche Faktoren enthält. So gibt er als zweite Regel (nach der allgemeinen Regel T → T (& T)^n an:
T → TQL PROP
wobei unter TQL (= textqualifier) die verschiedenen modalen Elemente zusammengefaßt werden, die eine Proposition modifizieren. TQL wird dann analysiert in einer allgemeinen Modalkomponente MOD, die die nukleare Proposition (X) modifiziert.

---

[10] Mit dieser Aufgabenstellung ist – um das noch einmal ganz deutlich zu sagen – zum Ausdruck gebracht, daß eine Textgrammatik im bisherigen linguistischen Sinne (etwa die Textgrammatik von *J. S. Petöfi* [1971]) Bestandteil einer Texttheorie sein muß und sein wird. Allerdings müßte eine solche Textgrammatik dann nach den texttheoretischen Basishypothesen modifiziert werden.

TQL → X MOD
MOD umfaßt Kategorien wie ‚Negation', ‚Possibilität', ‚Faktizität',
‚Probabilität' (33).

MOD → $\left\{ \begin{array}{l} \text{Neg} \\ \text{Poss} \\ \text{Prob} \\ \text{Fakt} \end{array} \right\}$ (MOD)

X schließlich soll durch performative Komponente sowie durch Raum- und Zeitindikatoren (l_0, t_0) ersetzt werden, die den Satz- oder Texttyp spezifizieren (Feststellung, Frage, Befehl, Erzählung) und damit die Beziehung zur Kommunikationssituation angeben.[11]

X → PERF

PERF → $\left\{ \begin{array}{l} \text{Ass} \\ \text{Qu} \\ \text{Imp} \\ \text{Narr} \end{array} \right\}$ t_0, l_0

Diese Hinweise legen nahe, schon in der Tiefstruktur eines Texterzeugungsmodells Daten zu berücksichtigen, die sich auf die kommunikative Rolle eines Textes beziehen. Eine direkte Relation zwischen kommunikativen Handlungsspielen und Texterzeugung scheint also gegeben zu sein in der globalen Entscheidung darüber, welcher *Texttyp* gewählt wird und welche *modale Spezifikation* die Proposition im Kommunikationsakt erfährt. Vom kommunikativen Handlungsspiel her gesehen scheint ein unmittelbares Bedingungsverhältnis zwischen dem Typ des Kommunikationsaktes und dem zu wählenden Text- und Satztyp vorzuliegen. So setzt z. B. ein intendierter Kommunikationsakt „Befehl" einen bestimmten Manifestationstyp (Satz- und Texttyp) (nämlich ‚Imp') voraus sowie als modale Spezifikation ‚Faktizität'.

---

[11] Anschließbare Gedanken finden sich bei *I. Bellert* (1969) in ihren Ausführungen über „modal frames". Bellert betont, „that a full semantic interpretation of any utterance requires the specification of what is often called ‚pragmatical elements', ‚modalities' or ‚modal frames'. In short, the proposition or propositions expressed by each utterance are ... interpreted as if they were preceded by a statement about the attitude of the speaker towards the event, situation or state of affairs described." (41) An anderer Stelle (37, Anm. 6) bestimmt sie den Term „modal frame" als „that component in the description of an utterance which expresses the attitude of the speaker towards the proposition expressed."

Diese Kategorien der Texttiefenstruktur beeinflussen dann entscheidend die *Texterzeugung* hinsichtlich der Wahl der Satzstrukturen, der Auswahl und Verbindung von Lexicoiden, schließlich der Wahl von Lexemen und stilistischen Formantien der Oberflächenstruktur sowie der Wahl suprasegmentaler Faktoren (z. B. beim „Befehl" die Wahl von genormten, z. T. terminologischen Lexemen, von z. B. elliptischen Satzformen, von Lautstärke und Intonationsverlauf.)

Gegen van Dijks Auffassung der Texttiefenstruktur (und andere dieser Art) müssen aus texttheoretischer Sicht einige prinzipielle *Einwendungen* gemacht werden: die Kategorien der Modalkomponente (Neg, Poss etc.) spezifizieren bestenfalls Sätze, keineswegs aber Texte größeren Umfangs. Diese Feststellung gibt Anlaß zu der Vermutung, daß Modelle dieser Art eigentlich *Satzmodelle* sind, die lediglich durch Vorschalten einer allgemeinen Regel (T → T (& T^n)) zu Textmodellen umgedeutet worden sind. Ein zweiter Einwand betrifft die performativen Komponenten, die den Satzbzw. Texttyp spezifizieren sollen: Kategorien wie ‚Feststellung', ‚Frage' und ‚Befehl' können nur Satztypen spezifizieren, nicht aber Texttypen; ein Texttyp ‚Frage' erscheint jedenfalls problematisch. Textspezifisch ist lediglich eine Kategorie wie ‚Erzählung', die aber deutlich auf einer anderen kategorialen Ebene liegt als ‚Feststellung' oder ‚Frage'. (cf. Regel 11 u. 12 in Abschnitt 6.5)

7.1.1 Andere Lösungsversuche skizziert *D. Wunderlich* (1971a, 179 ff.). Im Anschluß an die generative Semantik diskutiert er die Frage, in welcher Form die „pragmatischen" Eigenschaften von Sätzen den syntaktischen Strukturbeschreibungen zugeordnet werden können. Dabei bezieht er Sätze ein, in denen Komponenten der Sprechsituation verbalisiert werden (z. B. der Sprecher und die phonologische und syntaktische Form einer Äußerung, Zeit, Ort etc.). Zu diesem Zweck muß – nach Wunderlich – die Verbalisierung von Situationskomponenten als Abbildung „aus einer möglichen pragmatischen Beschreibung in eine mögliche Satzbeschreibung verstanden werden." Das bedeutet aber, daß die pragmatische Beschreibung bereits so strukturiert ist, daß sie syntaktischen Tiefenstrukturen entspricht. Faßt man nun mit *Lakoff*, *Ross* und *McCawley* die Kategorien in Tiefenstrukturen auf als (prädikatenlogisch abbildbare) universale Kategorien, dann kann man die Tiefen-P-Marker erweitern zu einem Konzept von Situationsmarkern: „Sie stellen die logische

Struktur von Sprechsituationen dar, die bisherigen Tiefen-P-Marker erscheinen dabei als eingebettete Teilstrukturen." (180)

Diesem Modell, bei dem die Hauptschwierigkeiten darin bestehen, wie die Situationsmarker verbalisiert und dann in syntaktische Oberflächen-P-Marker überführt werden können, stellt Wunderlich andere Möglichkeiten gegenüber, bei denen der eigenständige Charakter der linguistischen Syntax (gegenüber Semantik und Pragmatik) gewahrt bleibt. *Wunderlich* schlägt vor, allen obersten Sätzen und allen Objektsätzen nach einem verbum dicendi die übrigen Komponenten der Beschreibung der Sprechsituation in Form von syntaktischen Merkmalen zuzuordnen. Für den Beispielsatz „Er sagt mir, daß ich ein Unglücksrabe bin" ergäbe sich dann folgende Stammbaumdarstellung (185):

(F14)
WUNDERLICH

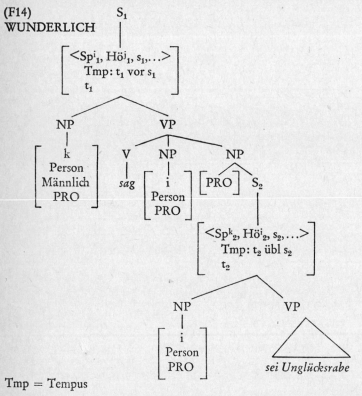

Tmp = Tempus

Die Superskripts bzw. Merkmale i, j, k dienen als Referenzindizes, die Subskripts unterscheiden die Sätze voneinander.
Es gilt die Bedingung, daß Sp_2 referenzidentisch ist mit der Subjekts-NP von S_1 und daß $Hö_2$ referenzidentisch ist mit der indirekten Objekts-NP von S_1 und daß s_2 identisch ist mit t_1. Diese Bedingung ist als lexikalische Eigenschaft aller verba dicendi anzusehen.

7.1.2 Gegen den Ansatz der beiden letzten Modelle können von seiten einer kommunikationsorientierten Linguistik – neben dem schon erwähnten Einwand der fehlenden Textorientiertheit – generell noch folgende Einwände erhoben werden:
Bereits die Kontroverse zwischen generativer und interpretativer Semantik hat eine Reihe wichtiger Argumente dafür beigebracht, Syntax und Semantik nicht als getrennte linguistische Teilforschungsbereiche aufzufassen (cf. *H. E. Brekle*, 1970, *Ch. Rohrer*, 1971, im Anschluß an *McCawley*).
Versteht man als Forschungsziel einer vollständigen Linguistik die Analyse und Beschreibung der sprachlichen Kommunikation, dann muß Syntax erforscht werden als eine Form sprachlicher „Sinngebungstechnik" (*P. Hartmann*) und nicht als Beschreibung der „linearen Ordnung der sprachlichen Elemente in Sätzen und deren Kombinatorik" (*Wunderlich*, 1971, 180). Die Texterzeugung in kommunikativen Handlungsspielen kann in dieser Perspektive aufgefaßt werden als eine Folge von komplexen *Entscheidungsoperationen* (dazu cf. Verf. 1971 b) zwischen Textbildungsmöglichkeiten, die vom Sprachsystem angeboten und von der Kommunikationssituation erfordert bzw. erlaubt werden. Situationsmarker tauchen in einem solchen Modell daher an verschiedenen Stellen des Textproduktionsmodells auf (und nicht wie bei Wunderlich als vorgeschaltete pragmatische Information) als Stimuli bzw. Determinatoren der Entscheidung für Textbildungsmöglichkeiten bzw. als Filter, die die möglichen, d. h. durch die Regeln sozialer Kommunikation erforderten/erlaubten sprachlichen Strategien in bestimmten Typen kommunikativer Handlungsspiele beeinflussen. So markieren etwa die performativen Komponenten im Modell *van Dijks* den Satztyp, in dem ein Satz als sinnvolle sprachliche Handlung geäußert wird. Faktoren der komplexen Voraussetzungssituation und Situtionspräsuppositionen bestimmen die Wahl der Lexicoide und Lexeme, die Wahl der syntaktischen Strukturmuster, die eine ‚langue' als grammatikalisch bzw. als akzeptabel anbietet. Die Topikalisierungs-

operation im Satzbegriff (*cf. H. E. Brekle*) dürfte ebenfalls eindeutig nicht nur von Vorinformationen aus voraufgegangenen Textstücken bestimmt werden, sondern auch von Notwendigkeiten einer adäquaten Berücksichtigung der Kommunikationssituation.

Eine kommunikationsorientierte Linguistik müßte also eine Matrix (im Idealfall: ein Regelsystem) derjenigen (idealisierten) Entscheidungsdeterminatoren aufstellen, die auf den verschiedenen Ebenen der Texterzeugung die Textgestalt und die Textwirkung (Illokutionspotential) beeinflussen/bestimmen. Wie das im Einzelnen geschehen könnte, ist im Augenblick noch nicht zu übersehen. Vermutlich wird man eine Hierarchie von allgemeineren zu immer spezielleren Faktoren aufstellen müssen, wobei das Problem darin besteht zu entscheiden, welche Faktoren direkt, welche indirekt auf den Textbildungsprozeß einwirken, und wie der Zusammenhang zwischen den Faktoren auf den verschiedenen Analyseebenen bestimmt werden kann. (Ein Modell dieser Art wird in 8.5 vorgestellt.)

7.1.2.1 Einen ersten Ansatz zu einem solchen Modell, in dem der Prozeßcharakter der Textkonstituenten zu einer zentralen grammatikalischen Kategorie gemacht wird, hat W. *Kummer* (1971) entworfen.

Kummer skizziert (im Auschluß an *G. Sampson*) ein Textmodell, in dem die Tiefenstrukturen von Sätzen (die bezeichnenderweise nicht mehr als hypostasierte Einheiten, sondern als potentielle Textstücke in Kontexten behandelt werden) gekennzeichnet sind durch:
(a) pragmatische Sprechsituationsmarkierungen,
(b) Referenzangaben,
(c) propositional frame,
(d) semantische feature-Bündel (einer semantischen Metasprache).
 (179)

Ein *Textgenerator* baut auf diesen Tiefenstrukturen auf. Er besteht aus „einem System von Regeln über die referentiellen und semantischen Forderungen, die ein Satz in einem Text an seinen Folgesatz bzw. die Folgesätze stellt." Die von der Grammatik erzeugten Tiefenstrukturen werden dann in Übereinstimmung mit diesen Regeln zu möglichen Sätzen kombiniert.[12] (179) Bereits in (1968) hatte

---

[12] In einem solchen Modell müßte bei den Bündeln semantischer Merkmale deutlich unterschieden werden zwischen kontextabhängigen und

W. *Kummer* gefordert, Sprechsituation und Aussagecharakter (Illokutionspotential) in der Tiefenstruktur eines Satzes als Teil der semantischen Interpretation explizit zu markieren. Die Markierung der Sprechsituation besteht z. B. aus einem Satz folgender Art:

$$P_1 \quad (P_2) \quad \text{Pro} \quad \left\{ \begin{array}{l} \text{fragen} \\ V_H \\ V_{dic} \end{array} \right\}$$

P_1 = Sprecher, 1. Person
P_2 = Angesprochener, 2. Person
V_{dic} = verbum dicendi
V_H = Heischverben (ersuchen, auffordern, raten, befehlen ...)

In Form einer Transformationsregel formuliert *Kummer* die *Sprechsituationsmarkierung* wie folgt:

$$P_1 \quad (P_2) \quad \text{Pro} \quad \left\{ \begin{array}{l} V_H \\ V_{dic} \\ \text{fragen} \end{array} \right\} T_1 \quad \text{Obl} \quad \longrightarrow$$

| 1 | 2 | 3 | 4 |
| 1 | 4 | 2 | 3 |

Grundsätzlich muß eine Bestimmung der Sprechsituation in der Texttiefenstruktur drei Grundfragen ausweisen, die den Bezug zum kommunikativen Handlungsspiel angeben: Tempus, Person, Assertion (cf. *H. Weinrich*).

Verschiedene Einzelaspekte zu diesem Problembereich hat W. *Kummer* auch in (1968) beigetragen. Kummer bezeichnet dort das Illokutionspotential (mit einem nicht sehr deutlichen Terminus) als „*Aussagecharakter*" und verweist darauf, daß der Aussagecharakter Teil der Sprechsituation ist. Wichtig ist Kummers Hinweis, daß so, wie mit jedem Satz sein Aussagecharakter implizit oder explizit gegeben wird, auch die Sprechsituation implizit oder explizit signalisiert wird. Auf diesem Punkt hatte *H. Weinrich* (bereits 1964 und 1966) hingewiesen. Weinrich behandelt drei Faktoren für die Bestimmung der Sprechsituation: Tempus, Personmorphem und Assertionsmorphem (ja/nein). Das Personmorphem bringt die Bedeutung

---

kontextunabhängigen Merkmalen; eine Unterscheidung, die bei der Überführung von Lexicoiden in Lexeme eine wichtige Rolle spielen dürfte.

des Verbs und damit den Sinn des ganzen Satzes in direkte Beziehung zur Kommunikationssituation. Diese Anregung greift *Kummer* auf und ermittelt als feste Regeln, „daß bei impliziter Markierung der Sprechsituation der Sprecher immer die 1. Person ... und der Angesprochene immer die 2. Person ist. Weiter ist das Tempus bei impliziter Markierung der Sprechsituation immer das Nulltempus der besprochenen Welt." (51) Implizit signalisiert werden kann jedoch nur die unmittelbar gegebene Sprechsituation zwischen Sprecher und Angesprochenem.

Ein wichtiges Problem der Sprechsituation ist weiterhin der Gegensatz zwischen „direkter" und „indirekter" Rede. Hier zeigt sich nach Kummer, „daß die direkte Rede primär ein Signal ist, daß eine neue Sprechsituation beginnt." (53)

Eine große Rolle spielt die Berücksichtigung der Sprechsituation auch für die linguistische Analyse von Fragen und für eine mögliche *Satztypologie*. Hier zeigt Kummer, wie man von einer Markierung von Sprechsituation und Aussagecharakter in der Tiefstruktur zu Einteilungsgesichtspunkten kommen kann. Er geht dabei aus von der Beobachtung, daß ein „Hauptsatz" jeder Satz ist, der „in der Tiefenstruktur von der Markierung einer Situation direkt dominiert wird, oder die Markierung der Sprechsituation selbst, wenn sie nicht durch Transformationen eliminiert wird." (58 f.; zur Formalisierung dieser Thesen cf. 60 ff.) Wichtig für unseren Zusammenhang ist Kummers Forderung, die Sprechsituationen in der Tiefenstruktur eines Satzes vollständig zu markieren und dazu den Aussagecharakter jedes Satzes anzugeben.

7.1.3 Im Theorierahmen der generativen Semantik hat *G. Lakoff* (1970, dt. 1971) Vorschläge zur Darstellung der illokutiven Kapazität eines Satzes(!) gemacht.

Lakoff geht davon aus, „daß die zugrundeliegende grammatische Struktur eines Satzes die logische Form dieses Satzes *ist,* und daß daher die Regeln, die die logische Form mit der Oberflächenform in Beziehung setzen, genau die Grammatikregeln sind." (23) Die illokutive Kapazität eines Satzes läßt sich demgemäß linguistisch relevant in logischer Form darstellen, und zwar durch die Anwesenheit eines *performativen* Verbs, das in der Oberflächenstruktur explizit vorkommen kann oder nicht. Die logische Form von Imperativen, Fragen und Behauptungen stellt Lakoff einheitlich in folgendem Schema vor:

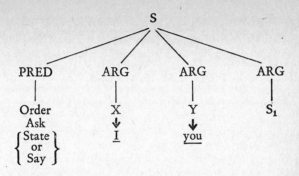

S₁ repräsentiert dabei den Inhalt der Proposition des Befehls, der Frage oder der Behauptung. Im Unterschied zu anderen Auffassungen vertritt Lakoff die These, daß auch in Behauptungen „die illokutive Kapazität der Behauptung in der logischen Form durch die Anwesenheit eines performativen Verbs dargestellt wird" (24) und prüft diese Hypothese an einer Fülle von Beispielen.

Gegen Darstellungen dieser Art wäre von seiten einer kommunikationsorientierten Linguistik kritisch einzuwenden, daß sie implizit unterstellen, Sätze (und nicht etwa nur Texte in kommunikativen Handlungsspielen) hätten Illokutionspotentiale. Wie in Kap. 8 gezeigt wird, kann diese Unterstellung nicht aufrechterhalten werden. Vielmehr wird man ernsthaft berücksichtigen müssen, daß sog. pragmatische bzw. sprechsituationsbezügliche Aspekte kategorial nur auf der Ebene von Texten-in-Funktion bestimmt werden können, während Sätze lediglich den Status von Textkonstituenten besitzen. (Dazu ausführlich Abschnitt 8.2.2)

7.2 Exkurs 3: Texttheoretische Anschlußstellen in der Handlungslogik

Ein pragmatisch fundiertes Diskursmodell unter Verwertung *handlungslogischer* Aspekte versucht *W. Kummer* in verschiedenen Arbeiten (1971, 1971/72, 1972, 1972 Ms) zu realisieren. Obgleich dieses Modell noch sehr skizzenhaft ist, scheint hier ein wichtiges Arbeitsgebiet für die künftige Texttheorie eröffnet worden zu sein; Grund genug, diesen Ansatz hier kurz vorzustellen.

7.2.1 *Kummer* geht aus von der Überlegung, daß linguistische Beschreibungen, die den Sprechakt als linguistische Basiseinheit wählen, in einer allgemeinen Handlungstheorie fundiert werden müssen (dabei beruft er sich auf *A. A. Leont'ev*). Als allgemeinste Struktur einer Handlung bestimmt Kummer – im Anschluß an *G. H. v. Wright* – „die Veränderung eines Zustandes in der Zeit, der ohne Einwirkung eines Handelnden gleichgeblieben wäre oder eine andere Veränderung erfahren hätte, oder die Verhinderung einer Änderung eines Zustands, wenn ohne Einwirkung eines Handelnden die Situation sich geändert hätte. In generellster Form kann die Struktur einer Handlung dargestellt werden als: p T q / $\sim$ q
$$p T p / \sim p$$
wobei ‚T' die Relation der zeitlichen Abfolge zwischen Zuständen ‚p' und ‚q' kennzeichnet und der Schrägstrich die nichtverwirklichte alternative Möglichkeit kennzeichnet." (1971/1972)

Wie jede andere Handlung kann nach Kummer auch die Sprechhandlung mit Hilfe dieser Struktur als ein Übergang zwischen zwei Zuständen beschrieben werden.

In 1972 versucht Kummer dann, die Umrisse einer „logic of action" zu skizzieren (wieder im Anschluß an G. H. v. Wright[13]).

Dabei sind folgende Schritte vorgesehen:
(a) Spezifizierung des Ausgangszustandes;
(b) Angabe eines Operators der zeitlichen Folge;
(c) Spezifizierung alternativer Endzustände, die ohne Einwirken des handelnden Organismus erreichbar wären.

Jeder Zustand soll beschrieben werden als eine Menge von deskriptiven Sätzen, die die wesentlichen Eigenschaften des jeweiligen Zustandes beschreiben.

7.2.1.1 Als Spezifikation dieses allgemeinen Handlungsmodells sieht *Kummer* die Sprechakte an. Ein Sprechakt ist (nach Kummer) zunächst einmal eine Einheit der Interaktion zwischen Organismen. Damit wird das Konzept der Zustandsänderung ziemlich komplex;

---

[13] Zur Geschichte der „Logic of Action", die auf eine „Logic of Change" zurückgeht, cf. *G. H. v. Wright,* (1968); dort findet man auch eine zusammenfassende Bibliographie.

denn die Ausgangs- und Endzustände sind Konstrukte der handelnden Organismen sowie der Organismen, auf die hin gehandelt wird; die Zustände sind definierbar als Beziehungen zwischen den handelnden Organismen, die ihre Rolle als Handelnder und Handlungsziel vertauschen können.

Wichtig bei jeder Beschreibung von Sprechakten ist die Tatsache, daß sie durch die Annahmen der handelnden Organismen determiniert werden; dabei ist es irrelevant, ob diese Annahmen wahr oder falsch sind. (An *Searle* kritisiert Kummer, daß er diese Tatsache übersehen hat.) Die Berücksichtigung der Annahmen des handelnden Organismus bezieht die *Intention* des Sprechers in die Analyse von Sprechakten ein, die nun definiert werden können als *zielgerichtete Handlungsart* (cf. N. Luhmann 1972): „The acting of organism intends to arrive at a change in its relation with the organism acted upon and choses a speech-act which it assumes to be a means leading to the proposed end." (1972, 26) Dieses Ziel kann auch durch andere Handlungen erreicht werden, was wieder den wichtigen Aspekt des „Umsteigenkönnens" von einem Handlungsmedium in andere berührt [14]).

Der Sprechakt „danken" z. B. könnte auf dieser Basis nach folgendem Schema beschrieben werden:
(1) Annahme von S: (a) es gibt eine vergangene Handlung A, ausgeführt von H.
(b) A ist S zugute gekommen.
(c) S ist dankbar für A/erkennt A an.
(2) Intention von S: (d) H weiß, daß S Dankbarkeit/Anerkennung für A empfindet.
(3) Annahme über den Endzustand von S: H weiß, daß S für A Dankbarkeit/Anerkennung empfindet.

---

[14] Kritisch anzumerken wäre hier, ob mit diesem Schema wirklich alle Arten von Sprechakten abgedeckt werden können. Dabei ist der entscheidende Punkt der, in welchem Sinne alle Sprechakte als „zielgerichtet" bestimmt werden können. Sprechakte wie: Plauderei, zufällige Unterhaltung über den Gartenzaun und an der Straßenecke etc. haben sicher oft keine direkte zielgerichtete Intention und beliebig austauschbare Themen. Entweder müßte also das Kriterium der Zielgerichtetheit eingeschränkt werden auf bestimmte Sorten von Sprechakten, oder der Begriff der Intention müßte erheblich erweitert werden. Ein Ansatz dazu ist in dieser Arbeit in 3.3.1 bereits genannt worden: die *thematische Orientierung* der Kommunikationsakte in einem kommunikativen Handlungsspiel.

Der Endzustand des Sprechaktes wird bei dieser Beschreibung so dargestellt, daß er in der Intention der handelnden Organismen im Anfangszustand antizipiert wird [15].

7.2.1.2 Ein wichtiges Problem ist die Frage der *Verkettung* von Handlungen zu Handlungs-Sequenzen. Der einfachste Fall von Verkettung liegt vor, wenn der Endzustand von Handlung$_1$ in toto der Eingangszustand von Handlung$_2$ ist (z. B. die syntaktische Derivation in einer Transformationsgrammatik). Daneben gibt es komplexere Typen von Verkettungen, bei denen nur einige Aspekte des Endzustands der vorausgehenden Handlung als Anfangszustand der neuen Handlung benützt werden (z. B. die Derivationen in einem Logik-System). In Sprechakten natürlicher Sprachen werden aber in der Regel sehr viel komplexere Regularitäten für die Verkettung von Sprechakten benutzt. So kann der Anfangszustand einer Handlung potentiell auf allen Informationen aller vorhergehenden Endzustände basieren. Er kann nicht nur über die Informationen aus vorangehenden Sprechakten verfügen, sondern auch über Inferenzen und Informationen, die Einzelne und Gruppen in anderen Erfahrungszusammenhängen gemacht haben und die z. B. erst im Verlauf weiterer Handlungen offenbar werden. Auch der Zusammenhang zwischen dem Handlungsziel und den Schritten zu seiner Verwirklichung kann höchst komplex sein, die Handelnden können sich bei der Handlung ändern, u. a. m. Kummer verweist zu Recht darauf, daß eine Lösung dieser Probleme beim gegenwärtigen Forschungsstand noch lange nicht in Sicht ist. Gewisse Aufschlüsse kann man von Teilgebieten erwarten, die bereits besser bearbeitet sind: so etwa von der Theorie der *Argumentation* (die *Ch. Perelman* und *L. Olbrechts-Tyteca* im „Traité de l'Argumentation" (Paris 1958) behandelt haben) und von der Theorie des *Problemlösens* (dazu ist zu verweisen auf *B. Kleinmuntz*, Problem Solving: Research, Me-

---

[15] *Kummers* Formalisierung dieser Beschreibung stützt sich auf den formalen Apparat, den *D. Gordon* & *G. Lakoff* in den „Conversational Postulates" (1970) entwickelt haben. (Vorausgesetzt ist bei dieser Darstellung, daß *Searles* „sincerity condition" erfüllt ist):
Thank (S. H.) → DO (H, A, t). t < t_S . Benefit (A, S)
  GRATEFUL (S, A) v APPRECIATIVE (S, A)
  INTEND (S, KNOW (H, (GRATEFUL (S, A v APPRECIATIVE (S, A))

thod and Theory, New York 1970). Argumentation und Problemlösen sind in diesen Arbeiten analysiert worden als „goal-directed complex action".[16]

7.2.1.3 Am Beispiel des theoretischen *Problemlösens* versucht *Kummer* zu zeigen, daß die Regeln der Handlungslogik auf diesen Typ internalisierter Handlung angewendet werden können. Als Beschreibungsinstrumentarium wählt er dabei eine *„deskriptive Logik"*, die – im Unterschied zu analytischen Instrumentarien klassischer Logiken – die Schritte zur Lösung eines spezifischen Problems erklärt, indem sie die Fakten und Regeln, die der Problemlöser annimmt und anwendet, spezifiziert, ohne darauf Rücksicht zu nehmen, ob diese Regeln und Fakten „reale Fakten" sind: „A rule in a specific descriptive logic is always a ‚rule for someone', as well as a fact is a ‚fact for someone'." (1972, 31)

Eine einfache deskriptive Logik besteht aus folgenden Teilen:
(1) einer Liste der benutzten Zeichen;
(2) Formationsregeln;
(3) einer Menge von Axiomen (= die Fakten);
(4) einer Menge von Postulaten (= die Regeln);
(5) einer Menge von Derivationsregeln.

(Weitere Einzelheiten werden hier übergangen, da es lediglich auf den Argumentationsrahmen ankommen soll.)

7.2.1.4 Wichtige Hinweise für eine Texttheorie scheint auch die Theorie der Argumentation zu liefern, die Kummer von *Perelman* und *Toulmin* übernimmt.[17] Perelman nimmt an, daß der handelnde Organismus ausgeht von einer Argumentationsbasis, die er als gemeinsame Basis aller Handlungspartner annimmt. Zu dieser Basis gehören:

---

[16] Eine Schwäche der *Kummer*'schen Überlegungen liegt darin, daß er bei der Verkettung von Handlungen die notwendige Integriertheit von Kommunikationsakten in kommunikative Handlungsspiele als einfache Sozialsysteme (cf. 4. 1. 4) nicht ausreichend berücksichtigt, also die Verkettungsbedingungen durch die thematische Orientiertheit jedes Kommunikationsaktes nicht ausreichend als Determinatoren der Textbildung in Rechnung stellt.
[17] Zur Theorie der Argumentation cf. den Forschungsbericht von *H. W. Johnstone*, 1968.

(1) Fakten (cf. die Axiome im System der deskriptiven Logik);
(2) systematische Korrelationen zwischen Fakten, vérités (cf. Postulate);
(3) Konversationspostulate, présomptions (cf. basale pragmatische Regeln für Sprechakte, z. B. die „sincerity rule");
(4) Werte;
(5) Werthierarchien;
(6) Topoi.

Allgemein gesagt heißt das: der Handelnde bildet eine Hypothese über den Adressaten der Argumentation; er vermutet, daß der Inhalt dieser Hypothese zur „deskriptiven Logik" des Adressaten gehört. Das Grundgesetz der Theorie der Argumentation besagt nun, daß der Anfangszustand durch die Hypothese des Handelnden über den/die Handlungspartner (= Modell der deskriptiven Logik des Partners) gegeben ist. Das Ziel der Argumentation besteht nach *Perelman* darin, dieses Modell der deskriptiven Logik beim Partner entweder zu erhalten oder zu verändern.

Kummer definiert dieses Grundgesetz so: „a speech-act, and in the narrower sense, an argumentation, is caused by a certain problem, which consists in a discrepancy between some aspects of the acting organism's hypothesis about the descriptive logic of the organism(s) acted upon and a state of this descriptive logic which the acting organism has set himself as a goal." (1972, 35) Eine Kette von Sprechakten ist abgeschlossen, wenn der Handelnde annimmt, daß sein Handlungsziel erreicht ist.

Aus Kummers Argumentation ist zu erschließen, daß eine Beschreibung von Handlungsfolgen die Zustände beschreibt als hypothetische Konstrukte eines Handelnden über die deskriptive Logik seiner Handlungspartner und deren Veränderung. Formalisiert werden kann diese Beschreibung nach Kummer, indem man ein Modell der deskriptiven Logik des Handelnden in das Modell der deskriptiven Logik des Handlungspartners einfügt. Die Argumentationsbasis ist dann „the intersection between the set of elements of this model and the rest of the descriptive logic of the acting organism" (14); das Argumentationsziel kann charakterisiert werden durch eine partielle Veränderung des Modells der deskriptiven Logik des Handlungsempfängers. Um diese Veränderung zu erreichen, benutzt der Handelnde Material aus seiner eigenen deskriptiven Logik. (Auf Kummers Anwendung dieses Modells auf einen längeren Text kann hier nur verwiesen werden, cf. 1972, 37 ff.)

7.2.2 Diese Überlegungen können im Rahmen einer Texttheorie in verschiedenen Hinsichten angeschlossen und ausgearbeitet werden:
(1) das System der Präsuppositionen kann beschrieben werden als System der Bestandteile von Modellen deskriptiver Logiken;
(2) die – zumindest für die Argumentation und das Problemlösen – plausible Hypothese, daß die entsprechenden Sprechakte zielgerichtete Handlung sind, läßt sich gut anschließen an die bisher vertretene Hypothese von der Textbildung als Entscheidungsprozeß (zur Ausarbeitung dieser Hypothese cf. Abschnitt 8.5). Es wäre zu verdeutlichen, wie die Determinanten der Entscheidung für bestimmte Textkonstituenten und Vertextungsstrategien als Kommunikationsstrategien zur Erreichung eines bestimmten Handlungsziels (in Abhängigkeit von Intention, Erfolgserwartung und hypothetischem Empfängermodell) dargestellt werden können;
(3) Systeme deskriptiver und deontischer Logiken (logic of action, logic of change), die zur Beschreibung dynamischer Systeme entworfen sind (Modell: Jurisprudenz), dürften schon vom Ansatz her geeigneter sein zur Beschreibung von kommunikativen Handlungen in natürlichen Sprachen als die klassischen (analytischen) Logiken, die statische Systeme voraussetzen und/oder beschreiben (Modell: Physik). Von Entwicklungen auf diesem Gebiet wird man für eine Texttheorie brauchbare formale Instrumentarien erwarten dürfen.

8. TEXTBEGRIFF UND TEXTERZEUGUNG IM RAHMEN EINER TEXTTHEORIE

Ein zentrales Problem der Texttheorie ist die Frage, wie Sprachkommunikation und Sozialkommunikation (in der Formulierung von *Althaus & Henne*) miteinander verbunden sind (bzw. in der Theorie verbunden werden können). Dieses Problem war in den vorherigen Kapiteln bereits besprochen worden im Zusammenhang mit der Analyse von Sprech- bzw. Kommunikationsakten, und zwar unter dem Stichwort „*Illokutionspotential*". In diesen Zusammenhang muß m. E. auch das Problem einer texttheoretischen Neufassung des Begriffs ‚Text' gestellt werden.

8.1 ‚Text' und ‚Textualität'

In der bisherigen Textlinguistik ist immer wieder versucht worden, den Text als eine rein sprachliche Einheit mit ausschließlich linguistischen Mitteln zu definieren. Verschiedene Arbeiten der letzten Zeit (etwa von *U. Oomen* und *P. Hartmann*) und soziologische Überlegungen (*J. Frese*) legen – neben dem Scheitern der textlinguistischen Definitionsversuche – nahe, den Text nicht als ein rein sprachliches Phänomen zu betrachten, sondern von einem Modus ‚*Textualität*' auszugehen. Dabei kann folgende Arbeitshypothese entwickelt werden: ‚*Textualität ist die Bezeichnung für eine Struktur*, die sowohl unter sprachlichen als auch unter sozialen Aspekten betrachtet werden muß.

Diese Hypothese betrifft die beobachtbare Tatsache, daß alle objektsprachlichen, kommunikativ funktionierenden (also nicht metasprachlichen) Äußerungen von Kommunikationspartnern als Manifestationsmodus bzw. als Realisationsstruktur ‚Textualität', ‚Texthaftigkeit' oder ‚Textförmigkeit' aufweisen. *Wenn überhaupt kommuniziert wird, wird textual/texthaft kommuniziert.* (cf. Abschnitt 1.2.3)

Textualität scheint somit diejenige Struktur zu sein, die in allen beobachtbaren Kommunikationssystemen als normative Form für kommunikativ zu Äußerndes vorgeschrieben ist. Anders gesagt: Textualität ist der universale, allsprachlich verbindliche gesellschaftliche *Manifestationsmodus* für den Vollzug von Kommunikation. In Hinblick auf das gesellschaftliche Handlungssystem ‚Kommunikation' fungiert Textualität mithin als normative Manifestations- und Realisationsform sozio-kommunikativen Handelns mittels Sprachen im weitesten Sinne.

Im Hinblick auf die jeweiligen Sprachsysteme fungieren *Texte* als sprachliche Realisierungen von Textualität als Organisationsformen für die Bildung mehrheitlicher Komplexe, also als Matrix für aufeinander bezügliches (kohärentes) Vorkommen von Elementen des Sprachsystems.

Wir müssen folglich zwei Aspekte unterscheiden:
(1) *Textualität* als Strukturmerkmal sozio-kommunikativer (und somit auch sprachlicher) Handlungen von/zwischen Kommunikationspartnern;
(2) *Texte* als jeweilige konkrete Realisierung der Struktur ‚Textualität' in einem bestimmten Kommunikationsmedium.

Texte sind nach dieser Bestimmung stets in Textualität, also sozio-kommunikativ funktionierende, geäußerte Sprachzeichenmengen, also *Texte-in-Funktion* im Einbettungsrahmen kommunikativer Handlungsspiele. Als solche sind sie stets sprachlich *und* sozial bestimmt und definierbar, also keine rein sprachlichen Strukturen, die ausschließlich linguistisch definierbar wären [1].

8.1.1 Nur wenn man den Textbegriff auf dieser erweiterten (linguistischen *und* soziologischen) Ebene zu explizieren versucht, kann man auf die scharfsinnige und berechtigte Kritik antworten, die *E. Lang* (1973) an der bisherigen Textlinguistik geübt hat.

Lang geht davon aus, daß ein linguistischer Textbegriff nur ein theoretisches Konstrukt sein kann. Aber er knüpft an diese – allseits zugegebene Feststellung – die Forderung: „Zugleich aber muß ein linguistischer Textbegriff so spezifisch sein, daß eine auf ihn gegründete Grammatik die in der Begriffsdefinition zugrunde gelegten intuitiven Bewertungen und Eigenschaften von sprachlichen Gebilden als ‚Texte' in empirisch nachvollziehbarer Weise expliziert." (19 f.)

---

[1] cf. *A. A. Leont'ev* (1971), „daß der ‚Text' keine unmittelbare, dem Forscher vorliegende Gegebenheit ist... Der Text existiert nicht außerhalb seiner Erstellung oder seiner Rezeption (z. B. des Lesens)." (22)

Von einem solchen Textbegriff aber sind wir – nach Lang – noch weit entfernt.

Nach seiner Analyse der bisherigen Textdefinition und ihrer Abgrenzung vom Begriff des Satzes kommt Lang zu dem zutreffenden Ergebnis, daß eine linguistische Textdefinition bis heute aussteht: „Es ist keineswegs klar, weder intuitiv, noch in der theoretischen Rekonstruktion, bis zu welchem Komplexitätsgrad eine zusammenhängende sprachliche Struktur noch ein ‚Satz‘ ist und ab wann sie schon ein ‚Text‘ ist." Diese Schlußfolgerung verweist m. E. notwendig darauf, daß eine (nach der bisherigen Konzeption von Linguistik) rein linguistische Definition des Textes (in Absetzung vom Satz) unmöglich ist, eben weil ‚Text‘ keine rein linguistische Kategorie ist, sondern über sozio-kommunikative Kriterien (wie das der Textualität und des Illokutionspotentials, s. u.) definiert werden muß. M. a. W. der Term ‚Text‘ benennt kein nur sprachliches *Objekt*, sondern eine kommunikative Rahmen-Funktion für sprachliche Elemente und Strategien, die – wie jede Funktion – zu ihrem Zustandekommen ein Code-System (ein „System von Mitteln", *L. S. Vygotski,* 1969, 12) braucht, dessen Existenz aber erst von der Funktion her gerechtfertigt werden kann. Textualität als Funktion aber kann nur im Kontext sozialer Interaktionszusammenhänge beschrieben werden.

Damit ist eine neue Umschreibung der oben gegebenen Hypothese geliefert, daß ‚Text‘ eine zweiseitige, sprachlich-soziale Struktur benennt, die über Kriterien wie ‚Textualität‘ definiert werden muß, nicht über grammatische Bestandteile und deren Kohärenz. Eine Beschäftigung mit solchen Strukturen aber setzt eine Erweiterung des Forschungsskopus und der Methodologie der bisherigen Linguistik notwendig voraus.

8.1.2 Die bisher entwickelten Argumente zu einer Textdefinition können gestützt werden durch Versuche, Aspekte der *Systemtheorie* für die *Texttheorie* fruchtbar zu machen.

U. Oomen (1969) geht in ihrer „Systemtheorie der Texte" davon aus, daß die Mitteilungsfunktion von Texten mit in die Beschreibung einbezogen werden muß. Die Begrenzbarkeit von Texten wird systemtheoretisch aus der Mitteilungsfunktion abgeleitet; Texte werden als Prozesse der Sprachverwendung definiert, wobei die sprachlichen Eigenschaften von Texten „primär unabhängig von grammatischen Konstruktionen" erfaßt werden (16). Im Unterschied zu den bisher geläufigen textlinguistischen Ansätzen vertritt Oomen die These, „daß die sprachlichen Merkmale von Texten Merkmale des Textablaufs und nicht der zugrundeliegenden Grammatik sind." (16)

Kriterium der „Ganzheit" eines Textes (qua „komplexes Beziehungsnetz von aufeinander einwirkenden Komponenten") ist dabei das Verhalten der Kommunikationspartner, die normalerweise intuitiv Texte von Anreihungen beziehungsloser Ausdrücke unterscheiden können. Grundlage dieser Unterscheidungsfähigkeit ist die kommunikative Funktion eines Textes, die – systemtheoretisch – bedingt ist durch die „Ganzheitlichkeit und Gerichtetheit des Prozeßablaufs". (19) Systemcharakter haben nur Texte als Kommunikationseinheiten, die sprachlich realisiert sind, nicht sprachliche Einheiten, die zusätzlich kommunikativen Charakter haben.[2]

Aus diesen Überlegungen folgert *Oomen*:
(1) „Ohne Kommunikative Funktion ergibt sich kein Text."
(2) „Die jeweilige Kommunikationsfunktion steuert den spezifischen Ablauf des Textprozesses." (19)

Teiltexte sind integrierte Komponenten bzw. Subsysteme im Gesamtsystem „Text", die durch ihre Funktion für den Gesamttext (= Systemzusammenhang) definiert sind; der Gesamttext funktioniert in einem außerlinguistischen Kontext und bekommt seine Definition eben von dieser Funktion: „Darin liegt der eigentliche Grund für die Unmöglichkeit, Texte mit linguistischen Kriterien allein zu erfassen." (29) Denn für die kommunikative Funktion eines Textes spielen syntaktische und grammatische Relationen nicht notwendigerweise eine dominierende Rolle. (30)

Dieses systemtheoretische Textmodell ist also ein „außergrammatisches Modell": „Es konstituiert Texte als Objekte, die sich qualitativ von grammatischen Einheiten unterscheiden, und bildet sie als Prozesse der Sprachverwendung ab." (30)

(Wichtige Aspekte dieses Ansatzes sind in den bisherigen Überlegungen bereits genannt und werden noch weitergeführt: so der Prozeßcharakter von Texten; die kriteriale Rolle der Kommunika-

---

[2] Damit ist deutlich der faktische Primat der kommunikativen Dimension über die semantische und syntaktische Dimension ausgedrückt (cf. *J. W. Oller*, 1972), woraus eine Texttheorie die entsprechenden methodologischen Konsequenzen ziehen muß.

tionsfunktion für die Textdefinition und der außerlinguistische Status des Textbegriffs.)

8.1.2.1 Dieser letzte Aspekt soll noch eine Weile verfolgt werden. Dazu müssen wir zurückgreifen auf die in Kap. 4. bereits andiskutierten soziologischen Gesichtspunkte. Ich gehe aus von der Hypothese, daß die Interaktionsvollzüge (kommunikative und nichtkommunikative) in einer Gesellschaft für den Einzelnen weitgehend strukturell präformiert sind in Form von *Interaktionstypen*. Solche Interaktionstypen im *kommunikativen* Bereich können bezeichnet werden als Kommunikationstypen mit einem bestimmten Illokutionspotential (z. B. Fragen, Grüßen, Befehlen, Belehren, Antworten, Bitten etc.). Kommunikative Interaktionstypen sind in einer Gesellschaft dadurch normiert, daß sie von allen Mitgliedern der Gesellschaft erlernt werden müssen, Regeln unterliegen, rekurrieren und darum erwartbar sind. Sie sind voneinander durch distinktive Merkmale abgegrenzt, damit als solche an bestimmten Features/Signalen identifizierbar und in gewissem Sinne sozial einklagbar.
Die gesellschaftliche Relevanz solcher Kommunikationstypen ist allgemein bekannt und man verläßt sich darauf, daß alle Interaktionspartner sie – in situativ bestimmten Grenzen – vergleichbar einschätzen. Systemtheoretisch (im Sinne *N. Luhmanns*) gesehen könnte man solche Kommunikationstypen auffassen als gesellschaftliche Institutionen, die die Komplexität möglicher Handlungsvollzüge reduzieren, soziale Interaktion damit überschaubar und beherrschbar machen. (Diese Kommunikationstypen müßten in einer allgemeinen *Handlungsgrammatik* bzw. *Handlungssemantik* in Zukunft erforscht werden). Kommunikationstypen wirken als Selektionsmuster zur Strukturierung von Information (= informationstheoretisch gesehen als Redundanzsystem). Die Typen kommunikativer Interaktion können nun in verschiedenen Äußerungs- bzw. Vollzugsmedien realisiert werden, wobei auch Kombinationen von Medien vorkommen (Bitten: flehentliche Gebärde, Demutshaltung + „ich bitte dich herzlich ...") bzw. wobei man von einem Medium in das andere „umsteigen" kann (schimpfen → Tür knallen). Textäußerung als sozio-kommunikativ funktionierendes sprachliches Handeln muß als eine spezifische Manifestations- bzw. Vollzugsform kommunikativen Handelns angesehen werden. Das heißt: jede Textäußerung (im oben bestimmten Sinne) ist neben ihrer sprachlich-physikalischen Seite (in)direkt Vollzug eines gesellschaft-

lich rekurrenten, strukturell normierten Kommunikationstyps. Nur mit Hilfe dieser Hypothese wird erklärbar, warum Texte sozio-kommunikative Relevanz (und nicht nur sprachlichen Sinn) haben (können): Texte sind sozio-kommunikativ relevant, weil die Textualität des Kommunikationsvollzugs als eine soziale Institution das Bindeglied zwischen sozialer Interaktion und sprachlicher Elementverkettung darstellt. Textualität aber kommt nicht abstrakt vor, sondern in typisierter Manifestationsstruktur, eben als Handlungs- bzw. Kommunikationstyp. Jeder Text ist somit Realisat eines Kommunikationstyps. Die Relevanz der Textualität einer Äußerung ist sozial konkret in der sozio-kommunikativen Relevanz eines Kommunikationstyps.

Um einen Text zu verstehen, muß ein Kommunikationspartner also nicht nur die Textzeichenmenge kennen, sondern er muß auch die im Text aktivierte Handlungsgrammatik/Handlungssemantik kennen, die die Relevanz des Textes als Realisat eines strukturell präformierten Kommunikationstyps definiert.

8.2 Ein Explikat für ‚Text'

In diesem Zusammenhang muß die Frage kurz aufgenommen werden, ob „illocutionary acts", wie z. B. *Searle* behauptet, in/mittels *Sätzen* vollzogen werden. Nach den bisherigen Erläuterungen kann die Antwort nur lauten: Illokutionsakte qua Realisationen des Illokutionspotentials bestimmter sprachlicher Handlungsformen können nur auf der Textebene sinnvoll diskutiert werden, weil nur auf der Ebene von Textualität über die sozio-kommunikative Relevanz des Gebrauchs sprachlicher Handlungsmittel gehandelt werden kann. Wird ein Illokutionsakt durch einen „Satz" (= Äußerung in Satzumfang) realisiert, dann hat dieser Satz notwendig Textpotenz, d. h. er wird im Modus der Textualität geäußert. Andererseits wird mit Hilfe dieser Argumentation plausibel, daß nicht jede einzelne Äußerung oder jeder Satz per se einen Kommunikationsakt performiert (wie *Searle* u. a. anzunehmen scheinen), sondern daß dazu in der Regel eine Reihe von Äußerungen und Sätzen insgesamt dient. Die Zuordnung von Sätzen zu Kommunikationsakten kann also nicht mechanisch erfolgen.

Nimmt man diese Aspekte zusammen mit den – von *U. Oomen*

und *N. Luhmann* referierten – systemtheoretischen Ansätzen, dann ließe sich eine *Textexplikation* so anlegen:
(1) Ein Text ist jeder geäußerte sprachliche Bestandteil eines Kommunikationsaktes in einem kommunikativen Handlungsspiel, der thematisch orientiert ist und eine erkennbare kommunikative Funktion erfüllt, d. h. ein erkennbares Illokutionspotential realisiert. Nur durch die von einem Sprecher beabsichtigte und von Kommunikationspartnern erkennbare, in einer Kommunikationssituation realisierte illokutive (sozio-kommunikative) Funktion wird eine Menge sprachlicher Äußerungen zu einem kohärenten sozio-kommunikativ erfolgreich funktionierenden, durch konstitutive Regeln geregelten Textprozeß (= einer Manifestation von Textualität).
(2) Werden in einem Kommunikationsakt mittels verschiedener Äußerungsmengen verschiedene unterscheidbare Illokutionsakte realisiert, und lassen sich diese Illokationsakte hierarchisch in ein kohärentes System einordnen, dann gilt die gesamte Äußerungsmenge, die die Illokutionshierarchie vollzieht, als Text; die Äußerungsmengen, die unterscheidbare integrierte Illokutionsakte vollziehen, heißen *Intexte*. Dabei gilt, daß Texte Sprechern zugeordnet werden. Das hat zur Folge, daß auch solche Äußerungsmengen, die von Äußerungen der Kommunikationspartner unterbrochen werden, aber vom Sprecher als zu einem Illokutionsakt gehörig angesehen werden, als ein einheitlicher Text gelten.

8.2.1 Im Unterschied zu der bislang üblichen Bedeutung von ‚Text‘ (= kohärente Menge von Sätzen) besagt ‚Text‘ im hier entwickelten Zusammenhang immer: Äußerungsmenge-in-Funktion, bzw. sozio-kommunikativ realisiertes Vorkommen von Textualität. Die aus einem kommunikativen Handlungsspiel linguistisch-analytisch isolierte kohärente Sprachzeichenmenge bzw. Satzmenge (= linguistischer Textbegriff) soll im Unterschied dazu *Textformular* heißen. (Dieser Ausdruck ist m. W. zuerst von *J. Frese,* allerdings in einem etwas anderen Sinne, eingeführt worden.) Ein Textformular bezeichnet die über einer thematischen Texttiefenstruktur (dazu cf. 8.3.1) geordnete sprachliche Konstituentenmenge und muß deutlich als ein metasprachlicher linguistischer Begriff gewertet werden.[3]

---

[3] Ähnlich *van Dijk,* (1971, IX, 8): „A text is merely a formal syntac-

Der Ausdruck ‚Formular' verweist auf den defizienten Status; ein Textformular hat den Status einer abstrakten geordneten Menge von Instruktoren und muß in kommunikativen Handlungsspielen „ausgefüllt" werden, um sozio-kommunikativ relevant sein/werden zu können. Das Textformular ist Forschungsgegenstand einer Textgrammatik als Teilforschungsbereich einer Texttheorie.

8.2.2 ‚Text' vs ‚Satz'

Bei dieser Art der Problemstellung erhebt sich nun die Frage, wie das Verhältnis zwischen Textformular und Textkonstituenten („Satz", „Wort", etc.) bestimmt werden kann. Vom Gesichtspunkt des Kommunikationsaktes aus erscheint der *„Satz"* als die vom Sprach*system* als komplexeste Einheit/Integrationsform bereitgestellte Ebene der Aktualisierung der Textualität (als Prinzip bzw. Struktur kommunikativen Vertextens von Informationen). Satzformen sind die kleinsten Rahmeneinheiten, in denen Konstituenten des Sprachsystems mehrheitlich und mit kommunikativer Relevanz (also im Status der Textualität) kombiniert werden können. Einwortsätze bilden dabei keine Ausnahme, hier wird man mit Null-Stellen in kommunikativ relevanten Satzformen argumentieren können.[4] Ganz abgesehen davon, wie innerhalb einer linguistischen Theorie der „Satz" definiert wird, kann man kommunikationsorientiert davon sprechen, daß Kommunikationsakte mittels Texten, diese mittels Sätzen sprachlich realisiert werden. Damit ist sowohl die Möglichkeit und Notwendigkeit der Anschließbarkeit von Sätzen aneinander berücksichtigt, als auch die Möglichkeit, Einsatz-

---

tico-semantic construction, only when we utter it in a concrete situation we can use it to refer to a state of affairs." – cf. auch *E. Lang*, (1973, 19): „Ein linguistischer Text-Begriff kann natürlich nur ein theoriegebundenes Konstrukt sein, basierend auf einigen Grundannahmen, die das Fundament der theoretischen Linguistik überhaupt ausmachen."

[4] Diese Darstellung übersieht nicht, daß auch einzelne Äußerungen textual funktionieren können, und daß Textteile nicht notwendig Sätze sein oder Sätze enthalten müssen (cf. *U. Oomen*, 1969, 29). Unter dem hier relevanten Aspekt der Manifestationsformen von Textualität aber empfiehlt sich dennoch die Lösung, am Satz als Textteil festzuhalten und Ausdrücke in Textualität als nur partielle Ausfüllungen von Satzformen zu beschreiben.

texte als sprachliche Konstituenten von Kommunikationsakten zu erkennen und theoretisch zu berücksichtigen.

Zur Bestätigung dieser Hypothesen sollen Überlegungen von E. *Lang* (1973, 20) herangezogen werden, nach denen auch in einer Textlinguistik der Satz weiterhin zentrales Forschungsthema bleibt. Zur Begründung verweist Lang auf den erkenntnistheoretischen Vorgang der *Prädikation,* der sich in Entsprechung zum Satz vollzieht: „Der ‚Satz' stellt *die* Domäne für die Distributions- und Kombinationsregeln der Einheiten des Sprachsystems dar. Der ‚Satz' hat seine Entsprechung im kognitiven Elementarvorgang des Prädizierens, dessen Manifestation eben sprachlich als (minimaler) ‚Satz' erscheint. Die Logik hat davon die Grundeinheit ‚Proposition' abstrahiert. Und in klarer Übereinstimmung damit, daß der ‚Satz' diejenige Einheit ist, mit Hilfe derer sich die Konstitution und Verbalisierung von Sachverhalten zuträgt (Prädikation!), spielt die Struktureinheit ‚Satz' im Prozeß der Spracherlernung die primäre Rolle. Davon haben wir auszugehen bei der Suche nach einem tragfähigen Text-Begriff." Diese Argumentation kann nach den bisher vorgetragenen Hypothesen so erweitert werden: Geht man aus vom Gesichtspunkt der Fundierung, dann muß der Satz vom Text-in-Funktion her analysiert werden, nicht der Text von der Satzebene aus. Sätze bekommen Funktion auf der Ebene des Textes, genauer: als Verfahren der Vertextung. Kognitive Elementarvorgänge wie das Prädizieren sind Prozesse, die sich auf der Ebene von Textualität vollziehen, sozial eingebettete und sozial bedingte Prozesse, nicht rein individuelle Leistungen, die sich in einer a-sozialen Isolierung vollziehen. (cf. das in Abschnitt 4.5 f. zur Referenz Gesagte). Prädikation hat ihre Entsprechung in textförmigen sprachlichen Handlungsvollzügen, als deren – sprachsystematisch elementare – *Form* der Satz in eine Texttheorie eingeführt werden kann.

8.2.3 Die Schwierigkeiten einer texttheoretischen Argumentation geben Anlaß, terminologische Differenzierungen einzuführen, um den Fundierungsverhältnissen der Konstituenten kommunikativer Handlungsspiele gerecht zu werden: Der sozial abgesicherten Institution „sprachliches Handeln" korrespondiert strukturell die notwendige Textualität sprachlicher Äußerungen. D. h. wer sich überhaupt sinnvoll äußert, tut dies in Formen, denen das Merkmal ‚Textualität' zukommt. Die Kennzeichnung ist unabhängig davon, wie elementreich/komplex etc. die Äußerung ist. (Die Frage, ab wel-

cher Länge oder Komplexität eine sprachliche Lautfolge ein „Text" ist, wird damit hinfällig, da die Textexplikation über die kommunikative Funktion erfolgt.) Um etwas in textueller Funktion äußern zu können, muß der Sprecher auf das System der natürlichen Sprache (bzw. anderer symbolfähiger Codes) zurückgreifen, das ihm Elemente und Komplexionsverfahren für Elemente zur Verfügung stellt, die nach sozial rekurrenten Regeln gebraucht werden (können), um textual zu „handeln". Diese Elemente, Verfahren und Regeln „bedeuten" nichts für sich, sondern erhalten ihre Bedeutung von ihrem Funktionieren in textualen Handlungen. Die komplexeste Integrations- bzw. *Organisationsform* für Elemente textualen Handelns auf seiten des Sprach*systems* ist nun der „Satz", für den gilt, daß er seine Funktion(en) bzw. Bedeutung(en) nicht an sich besitzt, sondern in textualer Funktion erhält. Dabei muß der „Satz" unter zwei möglichen Aspekten betrachtet werden:
(a) als komplexe Konstituente textualer Handlungen;
(b) im Grenzfall als textuale Handlung selbst (= Ein-Satz-Texte).

Die texttheoretische Forderung, über das kommunikative Handlungsspiel vom Text zum Satz hin vorzugehen, kann auf dieser Basis damit begründet werden, daß es keinen innerlinguistischen Weg vom Satz (als sprachsystematischer Form) zum Text (als zweiseitiger sprachlich-sozialer Form-in-Funktion) geben kann. Wenn Linguistik also Textlinguistik werden will, *muß* sie den Weg vom Text zum Satz gehen. Dann aber wird die Dichotomie Text vs Satz gegenstandslos; das Text-Satz-Verhältnis muß dann unter Fundierungs- und Funktionsaspekten neu beschrieben werden.

Zu diesem Zweck müßten wir früher gegebene Definitionen des Applikationslevels erweitern um Systemaspekte:

Kommunikatives Handlungsspiel = Organisationsrahmen für Kommunikationsakte
Kommunikationsakt = Organisationsstruktur für Texte mit sozio-kommunikativer Relevanz
Texte = funktionale Organisationsstrukturen für Konstituenten mit sozio-kommunikativer Relevanz
Sätze = funktional abhängige Organisationsstrukturen für Konstituenten des Sprachsystems

Die Einbeziehung des „Satzes" in die Gruppe der Organisationsstrukturen mit sozio-kommunikativer Relevanz wird notwendig, wenn Satztypen (wie Aussage, Frage, Imperativ) als Strukturtypen sozio-kommunikativen Handelns eindeutig sozio-kommunikative Relevanz haben, also Kommunikationstypen (mit-)realisieren, indem sie als Kombinationsrahmen fungieren, die über kombinatorische Funktionen (für Satzkonstituenten) hinaus direkte Kommunikationsrelevanz besitzen, und indem sie – als Organisationsstruktur für mehrheitliche Komplexe – handlungsstrukturierenden Charakter aufweisen.

8.3 Textualität und Textkohärenz

In den bisherigen Überlegungen lag das Hauptgewicht der Argumentation darauf zu zeigen, daß ‚Text' keine innerlinguistische Kategorie ist, daß dementsprechend eine Textexplikation von der Textualität als sozio-kommunikativer Struktur ausgehen muß. Beim gegenwärtigen Stand der Diskussion scheint die Arbeitshypothese zumindest plausibel zu sein, daß neben ‚Funktion' ‚Kohärenz' die zweite Kategorie zur Definition von ‚Textualität' ist. Neuere Untersuchungen zur Textkohärenz gehen in der Regel aus von der Hypothese einer logico-semantischen Texttiefenstruktur und beziehen auch den Kontext und die Sprecherintention mit ein. Andererseits impliziert der Term ‚Textualität' als Form sozio-kommunikativen Handelns, daß bei der Textproduktion die sprachlichen Konstituenten sinnvoll (verstehbar) integriert werden, also (logisch-)semantische Kohärenz als Bedingung kommunikativ erfolgreicher sprachlicher Handlung realisiert wird [5].

---

[5] Auf den Textaspekt der Kohärenz verweist auch *E. Lang* (1973, 36 f.): „Während die Kohärenz eines Satzes (wie komplex er auch sei) den Regeln folgt, nach denen seine syntaktisch kategorisierten und lexikalisch belegten Konstituenten zu einer Satzbedeutung amalgamiert werden, wird die Kohärenz eines ‚Textes' bestimmt durch die Integration von Satzbedeutungen zu übergreifenden Einheiten. Satzbedeutungen repräsentieren – vereinfacht gesprochen – Sachverhalte, ihre sprachliche Manifestation unterliegt zumindest partiell einzelsprachlichen Regeln. Die Integration von

8.3.1 *Textkohärenz und Texttiefenstruktur.* In der textlinguistischen Diskussion der letzten Jahre[6] sind von verschiedenen Autoren Vorschläge gemacht worden zur Definition der Textkohärenz und zur Beschreibung der sie bedingenden Faktoren. So hat etwa – um nur einige zu nennen – *R. Harweg* (1968a) die Textkohärenz (rein strukturalistisch) über pronominale Substitutionsverhältnisse zu bestimmen versucht. *W. Dressler* (1970) hat auf ana- und kataphorische Substitution, Konjunktion, Partikel, die aspektuale, temporale und modale Struktur der Prädikate sowie auf die Wortstellung als kohärenzbewirkende Faktoren hingewiesen; ähnlich argumentiert *G. Nickel* (1968).

Im Unterschied zu diesen Vorschlägen, die sich auf der Textoberfläche bewegen, hat *I. Bellert* (1968) darauf verwiesen, daß Textkohärenz nicht allein durch identische Referenten bewirkt wird, sondern durch die logico-semantische Struktur der Texteinheiten (utterances) garantiert wird. Ein Verdienst *T. A. van Dijks* ist es, mit Nachdruck darauf verwiesen zu haben, daß „surface relations and constraints like morphematic recurrence, pronominalization, tense continuity and the use of specific inter-sentential conjunction and adverbs, have to be considered as representations, often highly language specific, of deeper semantic relations between SR's [= semantic representations, Verf.]" (1971, II, 70). Die Verbindung von Sätzen zu Texten sowie die Auswahl und Verkettung von Lexicoiden setzt (vor allem, wenn die Lexicoide funktional als Agens, Objekt, Aktion etc. bestimmt werden) „a more global semantic principle" voraus, also eine Texttiefenstruktur, die „can be considered as analogous to the deep-structure of a complex sentence, which is the result of a number of embeddings, transformations, etc., of ‚simpler' constructions (,sentences': S) of the deep-structure. These (embedded, etc.) deep-structures of the complexe sentence could in that case be considered as analogous with the sequences of a text, considered as rather independent structures (paragraphs, chapters, etc.)." (16; dort auch die technischen Einzelheiten).

Satzbedeutungen zu text-konstituierenden Komplexen repräsentiert Zusammenhänge zwischen Sachverhalten. Die dabei in der Regel zu fassenden Operationen sind allgemein kognitiver Natur, also universell."

[6] Eine ausführliche Diskussion zu diesem Themenkreis findet sich in *T. A. van Dijk*, 1972. Seine ausführlichen Darlegungen machen ein Referat hier überflüssig.

Aus der ausführlichen Diskussion des Begriffs der Texttiefenstruktur (in 1971) sollen hier folgende anschließbare Argumente erwähnt werden: *van Dijk* postuliert eine makro-strukturelle „textual deep structure" (TTS), die den Satzstrukturen sowie den Beziehungen zwischen diesen zugrundeliegt. „Textual deep structures essentially have a semantic, or logico-semantic character." (III, 2) Erst die Hypothese einer TTS kann plausibel machen, warum Relationen zwischen allen Sätzen eines Textes bestehen (können), die über die mikro-strukturellen Beschränkungen (constraints) hinausgehen, und wie die Entscheidungsprozesse für die Selektion (kontext-)kompatibler Lexeme so gesteuert werden, daß eine kohärente kommunikative Textstruktur und Textoberfläche entstehen kann.
Erst die Hypothese einer Texttiefenstruktur kann auch das empirische Faktum plausibel machen, wie Sprecher lange Texte erzeugen und Hörer solche Texte verstehen können, d. h. Texte, bei denen – wegen der Begrenztheit des menschlichen Gedächtnisses – die semantischen Repräsentationen der Konstituenten (z. B. Sätze) nicht alle sukzessiv vorausgeplant bzw. erinnert werden können. Die Produktion und Rezeption langer, semantisch kohärenter Texte setzt das Vorhandensein (bzw. Erkennen) eines „global plan" voraus, „a ‚plan', underlying the series of respective SR's." (III, 5) Dieser „plan" kann leicht im Gedächtnis behalten werden und steuert die Auswahl und Verkettung der Satzbegriffe und Lexicoide. Er ermöglicht es dem Rezipienten, Projektionen auf den künftigen Textverlauf zu machen, die dann durch den faktischen Text erfüllt oder modifiziert werden können. Auch die Fähigkeit eines natürlichen Sprechers, den Inhalt eines Textes in einem „Abstract" zusammenzufassen, zu paraphrasieren und/oder zu kommentieren, ohne die lexikalischen Einheiten des Phänotextes selbst zu benutzen, ist erst mit der Hypothese einer Texttiefenstruktur zu erklären. Als ein weiteres Argument für diese Hypothese kann die Möglichkeit gewertet werden, verschiedene Phänotexte mit einer identischen Texttiefenstruktur zu verfassen bzw. eine Texttiefenstruktur in verschiedenen Medien zu manifestieren (Verfilmung eines Romans, gemalte Literatur etc.)
Ähnliche empirische Argumente steuert auch *D. Wunderlich* (1970, 12, 21 ff.) bei. Wunderlich verweist auf psycholinguistische Untersuchungen zur Wahrnehmung und Erinnerung von Sätzen, die gezeigt haben, „daß dabei die semantische Konfiguration und die syntaktischen Basisstrukturen, zusammen mit den kontextuellen Eigen-

schaften einiger der verwendeten lexikalischen Einheiten (besonders der Verben), eine große Rolle spielen. Sehr viel geringer ist die Rolle der tatsächlichen Oberflächenstruktur ... Ein Korrelat zu den syntaktischen Transformationsprozessen ist bei der Sprachwahrnehmung so gut wie gar nicht nachzuweisen." Wunderlich schließt daraus, daß ein Sprecher seine Kompetenz tatsächlich anders aktiviert, als das im Grammatikmodell (der GTG) postuliert wird; und er folgert: „es besteht eine große Interdependenz von Wahrnehmungsstrategie und dem Zugriff zum Regelsystem der Kompetenz."

W. *Dressler* (1970) schließlich führt folgende Gründe für die Existenz einer Texttiefenstruktur an: (a) semantische Anaphern; (b) den Zusammenhang zwischen Titel und geschriebenem Diskurs; wenn man zu einem Titel eine passende Geschichte schreiben oder zu einer Geschichte einen passenden Titel finden kann, dann muß der Titel eng verbunden sein mit dem „topic" des Diskurses, oder der Titel muß eine semantische Kondensation des Diskurses sein); (c) Summaries schreiben oder simultan dolmetschen können (206).

Die sprach- und lernpsychologischen Argumente für die Hypothese einer TTS bespricht *van Dijk* ausführlich in (1971). Hier sei nur soviel erwähnt, daß sich in Anschluß an *Miller, Galanter & Pribram* (1960) folgende Analogie nahelegt: die Texttiefenstruktur kann angesehen werden als „plan of a text, just as our behaviour seems to be determined by underlying ‚plans' (intentions etc.)" (*van Dijk*, 1970, 17), psychologisch gesprochen als Mitteilungs- und Wirkungs*intention* eines Sprechers, die sich im Verlauf der Textproduktion manifest expliziert, bzw. als Denomination des verstandenen Textkonzepts beim Hörer. Diese Texttiefenstruktur – darauf verweist van Dijk zu Recht – determiniert nicht exakt etwa die Lexemselektion, sondern sie begrenzt die Wahlmöglichkeiten zwischen Textkonstituenten im Rahmen der logischen, chronologischen, implikativen etc. Bedingungen eines Kontextes.

8.3.2 Das Ergebnis der bisher geschilderten Diskussion über die Texttiefenstruktur kann in texttheoretischer Perspektive so zusammengefaßt und interpretiert werden: Offensichtlich ist der Begriff ‚Texttiefenstruktur' das linguistische Korrelat zu dem (sprach-)psychologischen Begriff ‚*Mitteilungs- und Wirkungsintention*' (bzw. Rede- oder Kommunikationsintention). Diese Intention steuert den Prozeß der Herstellung des Oberflächentextes (cf. dazu das Textbildungsmodell in 8.5) in einer Kommunikationssituation. Demgemäß wäre eine Äußerungsmenge dann ein kohärenter Text, wenn in ihr eine Intention für die Kommunikationspartner erkennbar durchgehalten wird. Die linguistische Rekonstruktion der Intention erscheint in der *Analyse* als logisch-semantische Texttiefenstruktur, die die Kohärenz eines Textes garantiert und diesen dadurch als sozial legitime und erwartete Realisierung von textualem sprachlichem Handeln ausweist. Bei der Texterzeugung muß die Texttiefenstruktur als Denomination einer Intention hypothetisch eingeführt werden.

8.4. Textkohärenz und Texttypenbildung

Einen radikal pragmalinguistischen Ansatz hat W. *Kummer* (1972) vorgelegt. In dem Kapitel „Kohärenzbedingungen für Texte" postuliert er, daß es keine linguistischen Kohärenzbedingungen gibt, die eine Satzfolge erfüllen muß, um als Text gelten zu können.

Kummer führt für einen Textbegriff, der auf dem Vorkommen von Ketten von Äußerungen beruht, den Term *„pragmatischer Textbegriff"* ein und stellt fest: „Für einen pragmatischen Textbegriff kann es keine Kohärenzbedingungen zwischen den Textteilen geben, wohl aber können bestehende Kohärenzen (im pragmatischen Sinn) festgestellt und auf Typen normiert werden."

Kummer unterscheidet dann 4 mögliche Erklärungsmodelle für Kohärenzen:
(1) Bezug auf den nicht-verbalen Handlungsrahmen [also die konkomitierenden Handlungen] als Matrix für die Äußerungen;
(2) Bezug auf das vom Sprecher angenommene gemeinsame Bezugssystem von Erfahrungen mit anderen Kommunikationspartnern;
(3) Bezug auf den gemeinsamen Wahrnehmungsraum [also die Kommunikationssituation] der Kommunikationspartner als gemeinsame Matrix;
(4) Bezug auf den Assoziationsspielraum des Sprechers.

Zur Erklärung der Kohärenz einer Reihe von Äußerungen muß eine einbettende Matrix (= ein Interpretationssystem) gefunden werden. Ist diese Matrix nicht feststellbar, heißt die Äußerungsreihe „pragmatisch diskonnex". In der Regel können für eine Äußerungsreihe mehrere Matrixformen gefunden werden; lassen sich Gemeinsamkeiten aller dieser Formen feststellen, dann können die Äußerungsreihen einem *pragmatischen Texttyp* zugeordnet werden. Sind verschiedene Matrixformen für eine Äußerungsreihe feststellbar, ohne daß Verwendungsregeln des linguistischen Materials der Äußerungsreihe einen Matrixtyp festlegen, ist die Äußerungsreihe *pragmatisch konnex*, gehört aber keinem pragmatischen Texttyp an. Kann eine Äußerungsreihe verschiedenen pragmatischen Texttypen zugeordnet werden, so ist sie *pragmatisch ambig*.

Die pragmatische Konnexität jeder Äußerungsreihe wird in folgendem Postulat festgelegt:

„P_1: Jede mögliche Äußerungsreihe ist pragmatisch konnex, d. h. es gibt für jede mögliche Äußerungsreihe zumindest eine mögliche Matrix, in die sie eingebettet werden kann."

Nachdem in einem zweiten Postulat die Linearität einer Äußerungsreihe gefordert wird, um simultane Äußerungen als Glieder einer Äußerungsreihe auszuschließen, legt Kummer im 3. Postulat fest:

„P_3: Die Äußerungen einer Äußerungsreihe sind in eine Matrix einzubetten, in der die beteiligten Sprecher miteinander kommunizieren."

Eine stärkere Kohärenzform als die pragmatische Kohärenz ist die semantische Konnexität, die den *semantischen Textbegriff* konstituiert. Semantische Konnexität setzt die pragmatische voraus. Der semantische Textbegriff sondert aus der aufzählbaren Menge der möglichen pragmatisch konnexen Texte eine ebenfalls aufzählbare Menge solcher Äußerungsreihen aus, die den semantischen Kohärenzbedingungen genügen. Mit dem semantischen Textbegriff hat man einen theoretisch fundierten Textbegriff zur Hand, der als Unterscheidungskriterium zwischen Text und Nicht-Text sowie als Grad der Textualität einer Äußerungsreihe benützbar ist.

Wird der semantische Textbegriff dahingehend eingeengt, daß die Teiläußerungen der Äußerungsreihe syntaktisch wohlgeformte Sätze sein sollen, dann kommt man zu einem *linguistischen Textbegriff*.

8.5 Vorschläge für ein Modell der Texterzeugung als Entscheidungsprozeß

An verschiedenen Stellen dieser Arbeit sind bereits Vorschläge für ein Textbildungsmodell als Entscheidungsprozeß gemacht worden.

Diese Vorschläge sollen auf dem an dieser Stelle erreichten Argumentationsstand aufgegriffen und im Zusammenhang ausgeführt werden, wobei jeweils auf bereits ausgeführte Teiltheorien (bzw. theoriefähige Komponenten) zurückgegriffen wird. Beim rudimentären Wissensstand auf diesem Gebiet kann es sich bei diesem Modellvorschlag, das bedarf keiner weiteren Begründung, lediglich um eine heuristische Hypothese handeln.

Der Entwurf des hier skizzierten Texterzeugungsmodells beruht auf der Überlegung, daß eine Texttheorie, soll sie für konkrete Textforschung brauchbar sein, ein Modell für die *Erzeugung und Analyse* faktisch vorliegender bzw. möglicher akzeptabler Texte benötigt. Der ideale Fall wäre der, daß man mit einem Modell auskommt, das zu beiden Zwecken, also bidirektional, benutzbar ist.

Angesichts bisher vorliegender textgrammatischer Erzeugungsmodelle, etwa der Modelle von *H. Rieser* (1972) sowie *Petöfi* (1971, 1972), stellt sich nun die Frage, die bereits von *E. Gülich & W. Raible* (1972) gestellt worden ist: die Frage nämlich, ob textgrammatische Modelle auf die Re-Generierung vorliegender Texte abzielen, oder ob sie wirklich Modelle der *Texterzeugung* liefern wollen, bzw. ob diese Modelle bidirektional benutzbar sein sollen. In diesem Zusammenhang sind zwei grundsätzliche Fragen zu klären:

(a) wenn das Modell wirklich *generativ* sein will, muß die Frage beantwortet werden, welche *forschungsleitenden Hypothesen* über die Erzeugung kommunikativ funktionierender, empirisch beobachtbarer Texte dem Modell zugrundeliegen;

(b) wenn das Modell *analytisch* sein will, ist zu fragen, zu welchen Zwecken bzw. im Rahmen welcher konkreter Forschungsaufgaben Texte so wie vorgeschlagen analysiert werden sollen.

Von der Beantwortung beider Fragen hängt ab, wie explizit, wie weit formalisiert und mit welchen Schwerpunkten die Modellkonstruktion betrieben wird, und wann man ein linguistisches Modell als abgeschlossen bzw. als (schon) brauchbar bewertet. (Eine Frage, die besonders wichtig ist bei der Kooperation der Linguistik mit Nachbardisziplinen, vor allem mit der Literaturwissenschaft).

An dieser Stelle soll eine Anregung skizziert werden bezüglich eines *Texterzeugungsmodells* aus der Sicht einer Texttheorie. Ein solches Texterzeugungsmodell wird vorgeschlagen als ein elementares *Orientierungsmodell* im Sinne einer Arbeitshypothese über die generellen *Ebenen* und die *Schritte* der Erzeugung beliebiger Texte, aus denen durch Spezifikationen je konkrete bzw. akzeptable mögliche Texte abgeleitet werden können; d. h. es dient als heuristisches Modell für Textproduktion überhaupt. Auf der Folie dieses Modells können dann Textbildungsprozeduren, die in je konkreten Texten feststellbar sind, als individuelle Realisierungen der im Modell postulierten Prinzipien, Regeln und dergleichen dargestellt werden. Das hier vorgeschlagene Texterzeugungs-Modell (*T-E-Modell*) ist konzipiert als Entscheidungssequenz auf einer Hierarchie von Entscheidungsebenen, auf denen ein Sprecher aus bereits zur Verfügung stehenden Repertoires von T-E-Elementen und -verfahren auswählt bzw. sich für neue entscheidet. Diese Entscheidungsprozesse vollziehen sich – das gehört zu den texttheoretischen Grundvoraussetzungen – in kommunikativen Handlungsspielen, sie werden also von konkreten sozialen Individuen in konkreten historischen Situationen vollzogen. Daraus folgt, daß ein T-E-Modell nur als Teil eines Kommunikationsmodells konstruiert werden kann.

8.5.1 *Die Ausgangshypothesen des Modells*

Betrachten wir zunächst die bisher erarbeiteten Ausgangshypothesen:
(1) Textuales Sprechen (= *Vertexten*) wird aufgefaßt als Manifestation eines Illokutionspotentials, d. h. als kommunikatives Handeln im Rahmen kommunikativer Handlungsspiele.
(2) Texte als Manifestationen kommunikativen sprachlichen Handelns sind generell zielgerichtete Aktivitäten mit einer informativ-kommunikativen Funktion und einer thematischen Orientierung auf das Zentralthema eines kommunikativen Handlungsspiels. (Ausnahmen können als Abweichungen von diesem Grundschema theoretisch beschrieben werden.)
(3) Vertexten ist ein komplexer Prozeß funktionsgerechter bzw. intentionserfüllender Komplexion sprachlicher Äußerungen zu einem kohärenten Textablauf. Dieser Prozeß kann segmentiert werden in eine geordnete Folge von *Entscheidungen* für Vertextungsmöglichkeiten (= *Selektionsprozeß*), die innerhalb einer sozialen Gruppe zur Verfügung stehen und als akzeptabel gelten. Die Entscheidungen sind theoretisch (re)konstruierbar als motivierte Selektionen aus Textbildungsrepertoires; die Motivationen kommen aus der komplexen Voraussetzungssituation, der Kommunikationssituation, der Einschätzung der Kommunikationspartner, der maßgeblichen (vorausgehenden bzw. sich im

kommunikativen Handlungsspiel herausbildenden) Mitteilungs- und Wirkungsabsicht und der in einem kommunikativen Handlungsspiel dominanten thematischen Orientierung. Der Vertextungsprozeß muß daher generell als ein rückkopplungsfähiger, also offener dynamischer Prozeß intentionalen sprachlichen Handelns angesehen werden.

(4) Das Repertoire an Textkonstituenten und Textbildungsmitteln einer natürlichen Sprache wird im Rahmen einer Instruktionssemantik aufgefaßt als eine Menge von Instruktoren. Ein Text ist also ein von einem Sprecher auf ein kommunikatives Handlungsspiel hin selegiertes, kohärent in Beziehung gesetztes System von Instruktoren. Der Text wird verstanden (= ist im beabsichtigten Maße erforderlich), wenn die Kommunikationspartner die Instruktion realisieren und in sprachliche und nicht-sprachliche Handlung(en) bzw. in Erleben umsetzen.

(5) Die Mitteilungs- und Wirkungsabsicht eines Sprechers ist deskriptiv darstellbar bzw. generativ konstruierbar als thematische Texttiefenstruktur; dabei müßte allerdings neben dem Propositionsteil (= Denominat der Mitteilungsabsicht) eine Markierung des Illokutionspotentials (= Denominat der Wirkungsabsicht) angegeben werden. Die Texttiefenstruktur ist das abstrakte Schema der *thematischen* Orientierung eines Kommunikationsaktes,[7] sie enthält logisch verknüpfte *thematische Komplexe*.

8.5.2 Das Texterzeugungs-Modell

Zu dem nachfolgenden Orientierungsmodell der Texterzeugung müssen folgende Hinweise gegeben werden (cf. Abschnitt 6.5):

Die Texterzeugung vollzieht sich als produktiver Entscheidungs-

---

[7] Anschließbare Aspekte finden sich im Kommunikationsmodell von W. P. Rohde, 1971. Nach Rohde unterliegen Sender und Empfänger „physikalischen, biologischen, psychischen und kulturspezifischen Determinantien und handeln bewußt nach einer Strategie." Nach Abschätzen der Kommunikationssituation aufgrund früherer Erfahrungen entsteht in Sender und Empfänger – bewußt und/oder unbewußt – eine Rangfolge ihrer Interessen, die sie zu einer bestimmten Strategie motivieren. Diese Strategie versuchen sie in der Kommunikationssituation optimal zu realisieren. „Die Strategie ist der Plan über eine Folge von Entscheidungen, die, wenn man die Determinanten als eine Art Spielregeln betrachtet, zur Wahl stehen." (12)

prozeß eines Sprechers (S) im Rahmen eines kommunikativen Handlungsspiels. Diese Aktivität kann bestimmt werden als Produktion der sprachlichen Konstituente eines Kommunikationsaktes (= Textformular).

Bei Beginn der Textproduktion ist der Sprecher als soziales Individuum bestimmt durch seine komplexe Voraussetzungssituation (KVS, cf. Abschnitt 5.4) sowie die Faktoren der „kommunikativen Kompetenz" (KK), die er selbst erfüllen muß, und die er bei anderen als erfüllt bzw. gegeben voraussetzt. Er befindet sich mit seinen Kommunikationspartnern (KP) in einer bestimmten Kommunikationssituation (KSit), von der er sich ein bestimmtes Bild macht (KSitBild) und geht aus von Hypothesen über die intellektuelle und soziale Kapazität seiner Partner (KPHyp). Im Zusammenwirken dieser komplexen Informationen entwirft der Sprecher das Programm eines Kommunikationsaktes (KaProgr), den er vollziehen will. Dieses Programm kann *analytisch* aufgespalten werden in einen Mitteilungsteil (Mitteilungsabsicht, MA) und einen Illlokutionsteil (Wirkungsabsicht, WA). Die Wirkungsabsicht ist bedingt durch die illokutiven Interaktionsformen, die in einer Gesellschaft bzw. in einer Gruppe zur Verfügung stehen (cf. Abschnitt 8.1.2.1; Illokutionspotentiale, IllPot). Diese Wirkungsabsicht „begleitet" konstitutiv bzw. korrektiv die Explikation der Mitteilungsabsicht in einem Kommunikationsakt.

Die Mitteilungsabsicht wird konkretisiert zu einer Texttiefenstruktur (TTS), die metasprachlich denominierbar ist als eine logisch verknüpfte Folge bzw. Menge thematischer Merkmale. Die Konzeption einer Texttiefenstruktur muß die in einer Kommunikationsgesellschaft als Kommunikationsteilsysteme verfügbaren Diskurstypen (DT) (wie wissenschaftlicher, literarischer etc. Diskurs) berücksichtigen, die Redetypen (RT) (wie Monolog, Dialog) und die Texttypen (TT) (wie narrative, expositorische, performative etc. Texte), weil diese Entscheidung die Texterzeugung direkt beeinflußt. (Ein Gesichtspunkt, der für jede *Textsortenbestimmung* äußerst wichtig ist.) Die Texttiefenstruktur dient nun als Steuerungs- bzw. Selektions- und Kombinationsprogramm für die weitere Texterzeugung. Die TTS wird expandiert in einer Folge konnektierter Satzbegriffe (SBF); (hier scheinen Parallelen vorzuliegen zu dem SeR-Teil in *Petöfis* Modell von 1972, 53 Abb. 8). Die Menge der Satzbegriffe, die ein Sprecher in einem kommunikativen Handlungsspiel als optimale Expandierung der TTS ansieht, ist nicht prognostizierbar.

Satzbegriffe sind theoretisch darstellbar als Prädikatfunktionen, deren Argumentstellen durch Lexicoide (= geordnete Merkmalbündel mit dem Status kanonischer Instruktion) besetzt sind. Satzbegriffe werden durch die Bestimmung von Topic und Comment, durch die Festlegung modaler Relationen (Ass, Quant, Neg, etc.) und Temporalauszeichnung auf eine Kommunikationssituation und Partner hin orientiert bzw. kommentiert (SB_{kom}.).

Die Ersetzung der Lexicoide durch Lexeme aus einem (durch das Lexicoid definierten) Paradigma und die Verwendung syntaktischer Regeln führen dann zum Textformular (TF), das durch stilistische Arrangements (die wahrscheinlich direkt von der Wirkungsabsicht bestimmt werden) situations- und absichtsadäquat geformt wird. Dieses Textformular wird unter Zuhilfenahme suprasegmentaler Faktoren (Akzent, Intonation, Gestik etc.) als Textäußerung realisiert.

Dieses TE-Modell wird graphisch dargestellt in Form eines Flußdiagramms, das die systematischen *Zusammenhänge* zwischen den Entscheidungsebenen und -schritten verdeutlichen soll. Die erzeugungssteuernden Informationsblöcke sind im Modell als dick umrandete Kästchen eingetragen, die den Status von Informationsrepertoires haben. Die einfachen Kästchen stellen die Erzeugungsschritte dar.

Einfache Pfeile kennzeichnen den Übergang von einer Erzeugungsstufe zur anderen; dicke Pfeile zeigen an, daß bestimmte Informationen aus den Repertoires die Erzeugung beeinflussen. Doppelpfeile zeigen gegenseitige Beeinflussung an.

Dieses Diagramm stellt dar den Erzeugungsprozeß der sprachlichen Konstituente eines Kommunikationsaktes im Rahmen eines kommunikativen Handlungsspiels.

In der texttheoretischen Forschung der nächsten Jahre kann aus diesem Diagramm ein explizites Forschungsprogramm entwickelt werden, indem die einzelnen Kästchen als texttheoretische Teiltheorien ausgearbeitet werden. (Fig. 4)

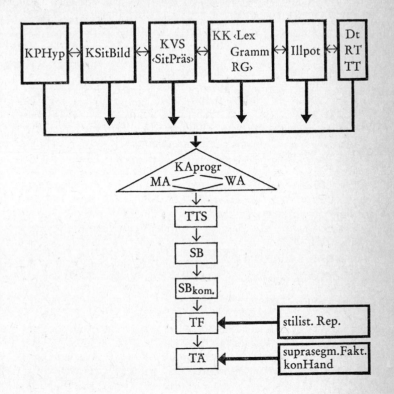

Fig. 4

LITERATURVERZEICHNIS

ABRAHAM, S. & KIEFER, F., 1966, A theory of structural semantics, The Hague–Paris.

ABRAHAM, W., 1971, „Stil, Pragmatik und Abweichungsgrammatik". in: A. von STECHOW, Hrsg., Beiträge zur generativen Grammatik, Braunschweig, 1–13.

ABRAHAM, W. & BRAUNMÜLLER, K., 1971, „Stil, Metapher und Pragmatik". *Lingua*, 28, 1–47.

ALBRECHT, E., 1967, Sprache und Erkenntnis. Logisch-linguistische Analysen, Berlin.

ALBERT, H., 1968, Traktat über kritische Vernunft, Tübingen.

ALSTON, W. P., 1964, Philosophy of Language, Englewood Cliffs, N. J.

ALTHAUS, H. P. & HENNE, H., 1970, „Sozialkompetenz und Sozialperformanz. Thesen zur Sozialkommunikation". *Zs. f. Dialektologie und Linguistik*, Jg. 28, April, 1–15.

AUSTIN, J. L., 1961, The meaning of a word. in: J. O. URMSON & G. J. WARNOCK, Eds., Philosophical Papers, Oxford, 23–43 (repr. in: Philosophy and ordinary language, ed. by CHARLES E. CATON, Urbana 1963, 1–21).

1962, How to do things with words, Oxford. (dt. Stuttgart 1972)

1971, „Performative-Constative". in: J. R. SEARLE, Ed., The philosophy of language, Oxford, 13–22.

BAACKE, D., 1971, „Kommunikation zwischen Zwang und Freiheit. Ansätze einer pädagogischen Kommunikationstheorie." in: H. GLASER, Hrsg., Kybernetikon. Neue Modelle der Information und Kommunikation, München, 38–87.

BALLMER, TH., 1971, „Gründe für eine formale Pragmatik", Berlin (Mimeo).

BAR-HILLEL, Y., 1954, „Indexical expressions". *Mind*, 63, 359–379.

BAUMGÄRTNER, K. 1965 „Linguistik als Theorie psychischer Strukturen". *SpiTZA*, 16, 1362–1370.

1965, „Spracherklärung mit den Mitteln der Abhängigkeitsstruktur." *Beiträge zur Sprachkunde u. Inf. verarbeitung*, V, 31–53.

1966, „Die Struktur des Bedeutungsfeldes". in: Satz und Wort im heutigen Deutsch, Düsseldorf, 165–197.

1968, „Synästhesie und das Problem sprachlicher Universalien". *Zs. f. dt. Sprache*, 25, 1–20.

BELLERT, I. 1968, „On a condition of the coherence of texts" (Mimeo), (1970, *Semiotica*, 2, 335–363).

1969, „Arguments and predicates in the logico-semantic structure of utterances". in: F. KIEFER, Ed., Studies in syntax and semantics, Dordrecht (Fl. – Suppl. Series, Vol. 10), 34–54.

BELNAP, N. D. jr., 1969, „Questions: Their presuppositions and how they can fail to arise". in: K. LAMBERT, Ed., The logical way of doing things, New Haven–London, 23–37.

BENSE, M., 1962, Theorie der Texte. Eine Einführung in neuere Auffassungen und Methoden, Köln.

BIERWISCH, M. 1966, „Strukturalismus. Geschichte, Probleme und Methoden." *Kursbuch* 5, Hrsg. H. M. ENZENSBERGER, Frankfurt/M., 77–152.

— 1967, „Some semantic universals of german adjectivals«. *FL*, 3, Nr. 1, 1–36.

— 1969, „Strukturelle Semantik". *Deutsch als Fremdsprache*, 6, 66–74.

— 1969 a, „On certain problems of semantic representations". *FL*, 5, 153–184.

— 1970, »On classifying semantic features". in: BIERWISCH & HEIDOLPH, Eds., Progress in Linguistics, 27–50.

— 1970 a, „Selektionsbeschränkungen und Voraussetzungen". (Linguist. Arbeitsberichte, 3. Sektion, Theoretische und angewandte Sprachwissenschaft an der Karl-Marx-Universität), Leipzig, 8–22.

BIERWISCH, M. & KIEFER, F. 1969, „Remarks on definitions in natural language". in: F. KIEFER, Ed., Studies in syntax and semantics, (FL. - Suppl. Series, Vol. 10), Dordrecht, 55–79.

BLACK, M. 1952, „Definition, presupposition, and assertion". *Philosophical Review*, 61, 532–550.

— 1958, „Presupposition and implication". in: S. UYEDA, Ed., A way to the philosophy of science, Waseda Univ. Press.

— 1962, „Presupposition and implication". in: BLACK, M., Models and metaphors, Ithaca, N. Y. 48–63.

BLUMENBERG, H., 1964, „Wirklichkeitsbegriff und Möglichkeit des Romans". in: H. R. JAUSS, Hrsg., Nachahmung und Illusion, München, 9–27.

BREKLE, H. E., 1970, Generative Satzsemantik und transformationelle Syntax im System der englischen Nominalkompositionen, München.

BINNICK, R., 1971, Promises and threats, Toronto (Mimeo).

BRINKER, K. 1971, „Aufgaben und Methoden der Textlinguistik", *WiWo*, 21 Jg., H. 4, 217–237.

BRINKMANN, H., 1965, „Die Konstituierung der Rede". *WiWo*, 15, 157–172.

BOURDIEU, P., 1970, Zur Soziologie der symbolischen Formen, Frankfurt/M.

BÜHLER, H. FRITZ, G. HERRLITZ, W.

HUNDSNURSCHER, F. INSAM, B. SIMON, G. &. WEBER, H. 1970, Linguistik I, Lehr- und Übungsbuch zur Einführung in die Sprachwissenschaft, Tübingen, (Germanist. Arbeitshefte, Hrsg. O. WERNER u. F. HUNDSNURSCHER, Bd. 5).

CAMPBELL, R. & WALES, R., 1970, „The study of language acquisition«. in: J. LYONS, Ed., New horizons in linguistics, Harmondsworth, 242–260.

CARNAP, R. 1947, Meaning and necessity. A study in semantics and modal logic., Chicago.

CHOMSKY, N., 1965, Aspects of the theory of syntax, Cambridge, Mass. (dt. 1970, Aspekte der Syntax-Theorie, Frankfurt/M.).

DIJK, T. A. VAN, 1970, Some problems of generative poetics (Mimeo) (dt. in 1972)

— 1971, Some aspects of text grammars. A study in theoretical linguistics and poetics, Amsterdam (Ph. D. Thesis) (1972 bei Mouton erschienen)

— 1972, Beiträge zur generativen Poetik, München, (Grundfragen der Literaturwissenschaft, Bd. 6)

DIJK, T. A. VAN, IHWE, J., PETÖFI, J. S. & RIESER, H., 1972, Zur Bestimmung narrativer Strukturen auf der Grundlage von Textgrammatiken, Hamburg.

DIK, S. C. 1968, Coordination: its implications for the theory of general linguistics, Amsterdam.

— 1968 a, „Referential Identity". *Lingua*, 21, 70–97.

DRESSLER, W., 1970, „Modelle und Methoden der Textsyntax". *Folia Linguistica*, IV, 1/2, 64–71.

DUCROT, O., 1968, „La description sémantique des énoncés français et la notion de présupposition". *L'Homme*, VIII, 1, 37–53.

— 1968 a, „La présupposition, condition d'emploi ou élément de contenu?". in: Actes du Congrès international de Sémiotique de Varsovie.

— 1969, „Présupposés et sous-entendus". *Langue Française*, 4, déc., 30–44.

EGLI, U., 1971, »Zweiwertigkeit und Präsupposition". *LB*, 13, 74–79.

FERGUSON, C. A., 1964, „Diglossia". in: D. H. HYMES, Ed., Language in Culture and Society: A Reader in Linguistics and Anthropology, 429–440.

FILLMORE, CH., 1965, „Entailment rules in a semantic theory." Ohio state university research foundation project of linguistic analysis, 10, 60–82.

— 1966, „Deictic categories in the semantic of ‚come'". *FL*, 2, 219–227.

— 1968, „The case for case". in: E. BACH, & R. HARMS, Eds., Universals in lingustic theory, London–New York–Sidney–Toronto, 1–88.

— 1969, „Types of lexicals information". in: F. KIEFER, Ed., Studies in Syntax and Semantics, Dordrecht, 109–132.

— 1970, „Verbes de jugement". *Languages*, 17, Mars, 56–72.

FODOR, J. A. & KATZ, J. J., 1963, „The structure of a semantic theory." *Language* 39, Nr. 2 (Part 1), 170–210.

FODOR, J. A. & GARRETT, M., 1966, „Some reflections on competence and performance". in: J. LYONS & R. J. WALES, Eds., Psycholinguistic Papers, Edinburgh 135–154.

FRASSEN, BAS C. VAN, 1968, „Presupposition, implication, and selfreference". *The Journal of Philosophy*, 136–152.

— 1969, „Presupposition, supervaluations, and free logic". in: R. LAM-

BERT, Ed., The logical way of doing things, New Haven–London, 67–91.

FRESE, J., 1967, „Sprechen als Metapher für Handeln". in: H. G. GADAMER, Hrsg., Das Problem der Sprache, München, 45–55.

GABRIEL, G. 1971, „Kennzeichnung und Präsupposition". *LB*, 15, 27–31.

GUNTER, R., 1963, „Elliptical sentences in American English". *Lingua*, 12, 137–150.

GUTKNECHT, CH., 1971, „Präsuppositionen als ein Kriterium für Grammatikalität von Sätzen". *LB*, 15, 32–39.

GARDINER, A., 1960, The theory of speech and language, Oxford.

GORDON, D. & LAKOFF, G., 1970, Conversational postulates, University of Michigan (Mimeo).

GREIMAS, A.-J., 1966, Sémantique structurale, Paris (dt. übers. J. IHWE, Braunschweig 1971).

GRZYB, G., 1972, Plädoyer für Sprechakte, (Mimeo), Bielefeld.

GÜLICH, E. & RAIBLE, W., 1972, Linguistische Textmodelle. Stand und Möglichkeiten. (Vorlage für das Textsortencolloquium, Rheda, 20. – 22. 1. 1972)

HABERMAS, J., 1971, „Vorbereitende Bemerkungen zu einer Theorie der kommunikativen Kompetenz". in: J. HABERMAS & N. LUHMANN, Theorie der Gesellschaft oder Sozialtechnologie, Frankfurt/M. 101–141.

HALLIDAY, M. A. K., 1970, „Language structure and language function". in: J. LYONS, Ed., New horizon in linguistics, Harmondsworth, 140–165.

HAMBLIN, C. L., 1958, „Questions". *The Australasian journal of philosophy*, 36, Nr. 3, Dec., 159–168.

HARRAH, D., 1963, Communication: A Logical model, Cambridge, Mass.

HARTIG, M. & KURZ, U. 1971, Sprache als soziale Kontrolle. Neue Ansätze zur Soziolinguistik, Frankfurt/M. (es 453).

HARTMANN, P., 1964, Syntax und Bedeutung, 1. Teil: Die syntaktische Bedeutungsmatrix, Assen.

1964 a, „Text, Texte, Klassen von Texten". *BOGAWUS*, 2, 15–25.

1965, „Zur anthropologischen Fundierung der Sprache". in: Symbolae Linguisticae in Honorem Georgii Kurylowicz, 110–119.

1968, „Zum Begriff des sprachlichen Zeichens". *Zs. f. Phonetik, Sprachwissenschaft u. Kommunikationsforschung*, 21, H. 3/4, 205–222.

1968 a, „Textlinguistik als neue linguistische Teildisziplin«. *Replik*, 1. Jg. H. 2, 2–7.

1970, Aufgaben und Perspektiven der Linguistik, Konstanz (Konst. Univ. Reden, Bd. 33).

1971, „Texte als linguistisches Objekt". In: W. D. STEMPEL, Hrsg., Beiträge zur Textlinguistik, München, 9–29.

HARTUNG, W., 1969, „Die Wirkung der Sprache als Teil des pragmatischen Aspekts". *Wiss. Zs. der PH Potsdam*, 13, H. 2, 487–497.

HARWEG, R., 1968, „Textanfänge in geschriebener und gesprochener Sprache". *ORBIS*, 17, 343–388.

1968a, Pronomina und Textkonstitution, München.

1971, „Die textologische Rolle der Betonung". in: W. STEMPEL, Hrsg., Beiträge zur Textlinguistik, München, 123–159.

HIŻ, H., 1969, Referentials, (Mimeo, University of Pennsylvania).

HJELMSLEV, L., 1953, Prolegomena to a theory of language. (Supplement to Intern. Journal of American Linguistics, Vol. 19, Nr. 1, übers. v. F. J. Whitfield).

HORN, L. R., 1969, „A presuppositional analysis of *only* and *even*". in: R. J. BINNICK et al., Eds., Papers from the 5th regional meeting of the Chicago linguistics society, April, 18–19, Chicago, 98–107.

HUNDSNURSCHER, F., 1970, Neuere Methoden der Semantik, Tübingen, (Germanist. Arbeitshefte 2).

ISENBERG, H., 1968, „Motivierungen zur Texttheorie". *Replik*, 1. Jg. H. 2, 13–17.

1968 a, „Überlegungen zur Texttheorie". ASG – Bericht Nr. 2, 1–18 (letzte Fassung in J. IHWE, Hrsg., Literaturwissenschaft und Linguistik, 1971 Bd. 1, Frankfurt/M. 155–172.)

1968 b, Das direkte Objekt im Spanischen. Studia grammatica IX, Berlin.

JOHNSON–LAIRD, P. N., 1970, „The perception and memory of sentences". in: J. LYONS, Ed., New horizons in linguistics, Harmondsworth, 261–270.

JOHNSTONE, H. W. Jr., 1968, „Theory of argumentation". in: R. KLIBANSKY, Ed., La philosophie contemporaine, Firenze, 177–184.

KALLMEYER, W., KLEIN, W., MEYER-HERMANN, R., NETZER, K., SIEBERT, H.-J., 1972, Einführung in die Textlinguistik, Bielefeld–Köln; gedruckt 1974, 2 Bde., Frankfurt/M.; FAT 2050/51.

KAMLAH, W. & LORENZEN, P., 1967, Logische Propädeutik, Mannheim.

KARTUNEN, L., 1968, „What do referential indices refer to?" Indiana University Linguistics Club, 1–18.

1969, Discourse referents. Reprint Nr. 70, Intern. Conference on Computational Linguistics.

KATZ, J. J., 1966, The philosophy of language, New York–London.

1967, „Recent issues in semantic theory". *FL*, 3, 124–194.

KIEFER, F., 1971, „On presuppositions". Papers from the Institute of Linguistics, Univ. of Stockholm, Nr. 5.

KING, R., 1969, Historical linguistics and generative grammar, Englewood Cliffs, N. J.

(1971 dt. als Historische Linguistik und Generative Grammatik, Hrsg. S. STELZER, Frankfurt [Schwerpunkte Ling. und Komm. Wiss., Bd. 5]).

KIPARSKY, P. & KIPARSKY, C., 1970, „Fact". in: M. BIERWISCH & K. E. HEIDOLPH, Eds., Progress in linguistics, The Hague–Paris, 143–173.

KUMMER, W., 1968, „Sprechsituation, Satztyp und Aussagecharakter". *Beiträge zur Ling. u. Inf. Verarbeitung*, H. 14, 48–68.

1971, „Referenz, Pragmatik und zwei mögliche Textmodelle" in: D. WUNDER-

LICH, Hrsg., Probleme und Fortschritte der Transformationsgrammatik, Frankfurt, 175–188.

1971/72, Sprecher – Hörer Modell der Kommunikation, (Paper WS 71/72, Berlin).

1972, "Aspects of a theory of argumentation" in: E. GÜLICH & W. RAIBLE, Hrsg., Textsorten, Frankfurt/M., 25–49.

1972 Ms., Grundlagen und Methoden einer Textgrammatik des Deutschen, (Manuskript).

KURODA, S. Y., 1969, "Remarques sur les présuppositions et le contraintes de sélection". *Langage*, 14. Juni, 52–81.

1969 a, "Remarks on deletional restrictions and presuppositions." in: F. KIEFER, Ed., Studies in syntax and semantics, Dordrecht, 138–165.

LABOV, W., 1970, "The study of language in its social context". *Studium Generale*, 23, 30–87.

LAKATOS, I., 1968, "Criticism and the methodology of scientific research programmes". (Meeting of the Aristotelian Society, 28th October). (ersch.: Proceedings of the Arist. Society, 1969, 149–186).

1971, "Popper zum Abgrenzungs- und Induktionsproblem". in: H. LENK, Hrsg., Neue Aspekte der Wissenschaftstheorie, Braunschweig, 75–110.

LAKOFF, G., 1968, "Counterparts, on the problem of reference in transformational grammar". Paper read at the summer meeting of the Linguistic Society of America, July.

1968, "Instrumental adverbs and the concept of deep structure". *FL*, 4, 4–29.

1969, "Presuppositions and relative grammaticality". (Mimeo) Harvard University.

1971, Linguistik und natürliche Logik. Eingeleitet u. hrsg. von W. ABRAHAM, aus dem Engl. von U. FRIES u. H. MITTERMANN, Frankfurt/M. (engl. Dordrecht, 1970).

1971 a, "Presupposition and relative well-formedness". in: D. D. STEINBERG & L. A. JAKOBOVITS, Eds., Semantics, Cambridge, 329–340.

LANG, E., 1969, "Review of J. D. MCCAWLEY: On the role of semantics in a grammar." ASG – Bericht Nr. 4, 1–35.

1973, "Über einige Schwierigkeiten beim Postulieren einer ‚Textgrammatik'". in: J. IHWE, Hrsg., Literaturwissenschaft und Linguistik, Bd. 2, 17–50 (FAT 2016).

LANGENDOEN, D. T., 1971, "Presupposition and assertion in the semantic analysis of nouns and verbs in English". in: D. D. STEINBERG & L. A. JAKOBOVITS, Eds., Semantics, Cambridge, 341–344.

LEECH, G. N., 1969, Towards a semantic description of English, London.

LENDERS, W., 1971, "Linguistic competence und ideae innatae". in: D. WUNDERLICH, Hrsg., Probleme und Fortschritte der Transformationsgrammatik, München, 310–318.

LEONT'EV, A. A., 1971, Sprache – Sprechen – Sprechtätigkeit (aus dem Russ. von C. HEESCHEN u. W. STÖLTING, (russ: Moskva 1966) Stuttgart – Berlin–Köln–Mainz.

LENNENBERG, E., 1964, „The capacity for language acquisition." in: J. A. FODOR & J. J. KATZ, Eds., The structure of language. Readings in the philosophy of language, Englewood Cliffs, 579–603,
1967, Biological foundations of language, (with appendices by NOAM CHOMSKY and OTTO MARX), New York–London–Sidney.

LEVY, J., 1967, „Translation as a decision process". in: To honour Roman JAKOBSON, The Hague–Paris.
1970, „Generative poetics". in: A. J. GREIMAS et al., Eds., Sign Language Culture. The Hague–Paris, 548–557.

LEWIS, D., 1972, „General Semantics", in: D. DAVIDSON & G. HARMAN, Eds., Semantics of natural language, Dordrecht, 169–218.

LINSKY, L., 1967, Referring, London.
1967 a, „Referring". in: P. EDWARDS, Ed., The encyclopedia of philosophy, vol. 7, New York–London, 95–99.

LUHMANN, N., 1971, „Systemtheoretische Argumentation. Eine Entgegnung auf J. Habermas". in: HABERMAS & LUHMANN, 138–165.
1972, „Einfache Sozialsysteme", Zs. f. Soziologie, Jg. 1, Jan., 51–65.

LURIJA, A. R., 1959, „Razvitic reči i formirovanic psichičeskich processov". Psychologičeskaja nauk v SSSR, t. 1, Moskva.

LYONS, J. Ed., 1970, New horizons in linguistics, Harmondsworth.

LYONS, J. & WALES, R. J. Eds., Psycholinguistic Papers, Edingburgh 1966.

MAAS, U., 1971, „Grammatische Kategorien und Sprechsituation". in: A. VON STECHOW, Hrsg., Beiträge zur generativen Grammatik, Braunschweig, 152–161 (Schriften zur Linguistik, Bd. 3).
1972, Semantik für Sprechakte. Institut für Sprachwissenschaft, Univ. Köln, Arbeitspapier Nr. 19.
1972 a, „Sprechen und Handeln – zum Stand der gegenwärtigen Sprachtheorie". SpiTZA, 41, 1–20.

MCCAWLEY, J. D., 1968, „The role of semantics in a grammar". in: E. BACH & R. HARMS, Eds., Universals in linguistic theory, New York, 124–169.

MEIER, G., 1969, „Die Wirksamkeit der Sprache". Zs. f. Phonetik, Sprachwissenschaft u. Kom.forschung, 22, 474–492.

MENK, A.-K., 1971, „Einige psychologische Verfahren zur Erforschung semantischer Merkmale". in: D. WUNDERLICH, Hrsg., Probleme und Fortschritte der Transformationsgrammatik, München, 178–286.

MILLER, G. A., GALANTER, E. & PRIBRAM, K. H., 1960, Plans and the structure of behavior, New York.

MONTAGUE, R., 1970, „Pragmatics and intensional logic". Synthese, 22, Nos. 1/2, 68–94.

MORGAN, J. L., 1969, On the treatment of presupposition in transformational grammar. Paper from the 5th regional meeting of the Chicago linguistic society, 167–177.

NICKEL, G., 1965, „Sprachlicher Kontext und Wortbedeutung im Englischen". GRM, NF, Bd. 15, H. 1, 84–96.
1968, „Kontextuelle Beziehungen zwischen Sätzen im Englischen". Praxis

des neusprachl. Unterrichts, H. 1., 15–25.

OLLER, J. W., 1970, „Transformational theory and pragmatics". *Modern language journal*, Jg. 54, 504–507.

— 1972, „On the relation between syntax, semantics, and pragmatics". *Linguistics*, 83, May, 43–55.

OOMEN, U., 1969, „Systemtheorie der Texte". *Folia Linguistica*, T V, 1/2, 12-34.

— 1971, „New models and methods in text analysis". Monograph series on languages and linguistics, Nr. 24, 211–222 (Georgetown Univ.).

PETÖFI, J. S., 1969, „On the structural analysis and typology of poetic images". in: F. KIEFER, Ed., Studies in syntax and semantics, Dordrecht, 187–230 (FL. – Suppl. Series, Vol. 10).

— 1971, Transformationsgrammatiken und eine ko-textuelle Texttheorie, Frankfurt/M.

— 1972, „Zu einer grammatischen Theorie sprachlicher Texte". *LiLi*, Jg. 2, H. 5, 31–58.

PIKE, K. L., 1967, Language in relation to a unified theory of the structure of human behavior, 2. Ed., The Hague–Paris.

POSTAL, P. M., 1968, „Underlying and superficial linguistic structure". in: R. C. OLDFIELS & J. C. MARSHALL, Eds., Language Harmondsworth, 179–201.

PRIDE, J. B., 1971, The social meaning of language, London.

RESCHER, N., 1967, The logic of decision and action, Pittsburgh.

RICHARDS, B., 1971, „Searle on meaning and speech acts". *FL*, 7, no. 4, November, 519–538.

RIESER, H., 1972, „Allgemeine textlinguistische Ansätze zur Erklärung performativer Strukturen". in: S. J. SCHMIDT, Hrsg., Zur Grundlegung der Literaturwissenschaft, München, 143–168.

RÖMER, R., 1972, „Pragmatische Dimension und sprachliche Wirkungen". *LB*, 18, 19–26.

ROHDE, W. P., 1971, Überlegungen zur Syntaxtheorie mit besonderer Berücksichtigung eines alten Textes, Hamburg.

ROHRER, Chr., 1971, Funktionelle Sprachwissenschaft und transformationelle Grammatik, München.

— 1971 a, „Le système de Montague et les présuppositions". (Mimeo). 1973 in: Langages, no. 30, 111–123.

SAMPSON, G., 1969, „Noun-phrase indexing, pronouns, and the ‚definite article'". Yale University, Linguistic Automation Projet, New Haven (Mimeo).

SEARLE, J. R., 1969, Speech Acts. An Essay in the Philosophy of Language, Cambridge.

— 1971, „What is a speech-act?". in: SEARLE, Ed., The philosophy of language, Oxford, 39–53.

SGALL, P., 1969, „L'ordre des mots et la sémantique". in: F. KIEFER, Ed., Studies in syntax and semantics, Dordrecht, 231–240.

SCHMIDT, S. J., 1968, „Zur Grammatik sprachlichen und nichtsprachlichen Handelns." *Soziale Welt*, H. 3/4, 360–372.

— 1969, Bedeutung und Begriff. Zur Fundierung einer sprachphilosophischen

Semantik, Braunschweig. (Wissenschaftstheorie. Wissenschaft und Philosophie, Bd. 3).
1971, „Text und Bedeutung. Sprachphilosophische Prolegomena zu einer textsemantischen Literaturwissenschaft." in: S. J. SCHMIDT, Hrsg., text bedeutung ästhetik, München 43–79. (Grundfragen der Literaturwissenschaft, Bd. 1). (Reprint: POETICS, 1, 1971, 83–112).
1971 a, „Das kommunikative Handlungsspiel als Kategorie der Wirklichkeitskonstitution." in: K. G. SCHWEISTHAL, Hrsg., Grammatik, Kybernetik, Kommunikation, Fs. f. A. HOPPE, Bonn, 215–227.
1971 b, „Allgemeine Textwissenschaft. Ein Programm zur Erforschung ästhetischer Texte." *LB*, 12, 10–21.
1971 c, „‚Text' und ‚Geschichte' als Fundierungskategorien. Sprachphilosophische Grundlagen einer transphrastischen Analyse". in: W.-D. STEMPEL, Hrsg., Beiträge zur Textlinguistik, München, 31–52.
1971 d, „Theorie und Praxis einer literaturwissenschaftlichen Narrativik". Referat auf dem Internat. Symposium für semiotische Poetik, Urbino, 19.–24. Juli (Mimeo). (abgedruckt in: Elemente einer Textpoetik, München 1974).
1971 e, Ästhetizität. Philosophische Beiträge zu einer Theorie des Ästhetischen, München (Grundfragen der Literaturwissenschaft, Band 2).
1971 f, „Literaturwissenschaft als Forschungsprogramm. Hypothesen zu einer wissenschaftstheoretischen Fundierung einer kritischen Literaturwissenschaft." T. 1: *LuD*, 1. Jg. H. 4, 1970, 269–282; T. 2, 2. Jg. H 5., 43–59.
1973, „Texttheorie und Pragmatik". in: Studia Leibnitiana, Sonderheft 3, 1–57.

SCHNEIDER, H. J., 1971, „Linguistik statt Sprachphilosophie?" *LB*. 12, 1–9.

SCHNELLE, H., 1970, „Zur Entwicklung der theoretischen Linguistik". *Studium Generale*, 23, 1–29.
1970 a, „Pragmatics in natural languages". Bericht über das Arbeitssymposium. *LB*, 10, 49–51.

STALNAKER, R. C., 1970, „Pragmatics". *Synthese*, 22, Nos. 1/2, 272–289.

STECHOW, A. VON, 1971, „Zur Theorie der Präsupposition". Münchner Papiere zur Linguistik, 1, August, 1–18.

STEGER, H., 1971, „Soziolinguistik. Grundlagen, Aufgaben und Ergebnisse für das Deutsche". in: Sprache und Gesellschaft. Jahrbuch des Instituts für deutsche Sprache, Düsseldorf, 9–44.

STRAWSON, P. F., 1971, „Intention and convention in speech acts". in: J. R. SEARLE, Ed., The philosophy of language, Oxford. [zuerst 1964, *The Philos. review*, 73, Nr. 4, 439–60].

STROLL, A., 1967, „Presupposing". in: P. EDWARDS, Ed., The encyclopedia of philosophy, Bd. VI, London, 446–449.

TUTESCU, M., 1970, „Un concept de base de la sémantique actuelle: la présupposition". *Revue roumaine de linguistique*, Tom. XV, No. 6, 585–595.

URMSON, J. O., 1952, „Parenthetical verbs". *Mind*, N. S., 61, 192–212.

WALES, R. J. & J. C. MARSCHALL, 1966, „The organization of linguistic performance". in: J. LYONS & R. J. WALES, Eds., Psycholinguistic papers,

Edinburgh, 29—80.
WATZLAWICK, P., BEAVIN, J. H. & JACKSON, D. D., 1967, Pragmatics of human communication, New York.
WEINREICH, U., 1963, „On the semantic structure of language". in: J. H. GREENBERG, Ed., Universals of language, 114—171.
1970, Erkundungen zur Theorie der Semantik (aus d. Engl. übers. von L. LIPKA), Tübingen (Konzepte der Sprach- und Literaturwissenschaft, Bd. 4).
WEINRICH, H., 1964, Tempus. Besprochene und erzählte Welt, Stuttgart, (Sprache und Literatur, Bd. 16).
1967, „Für eine Literaturgeschichte des Lesers". *Merkur*, 21, November, 1026—1038.
1966, Linguistik der Lüge, Heidelberg.
1969, „Textlinguistik: Zur Syntax des Artikels in der deutschen Sprache". Jb. f. intern. Germ., Jg. 1, H. 1, 61—74.
1972, „Textlinguistik für einen kommunikativen Sprachunterricht". in: R. FREUDENSTEIN, Hrsg., Fremdsprachenunterricht in den siebziger Jahren, Berlin, 28—37.
1972 a, „System, Diskurs und die Diktatur des Sitzfleisches". Merkur, Jg. 26, 801—812.
WITTGENSTEIN, L., 1960, Schriften, Bd. 1, Frankfurt/M.
WRIGHT, G. H. VON, 1951, „Deontic Logic". *Mind*, Jg. 60, No. 237, 1—15.
1957, Logical studies, London.
1967, „Logic of Actions". in: N. RESCHER, Ed., The logic of decision and action, Pittsburgh, 121—136.
1968, „The logic of practical discourse". in: R. KLIBANSKY, Ed., La philosophie contemporaine, I., Firenze, 140—167.
WUNDERLICH, D., 1968, Pragmatik, Sprechsituation, Deixis. Univ. Stuttgart, Lehrst. Linguistik, Papier Nr. 9.
1969, „Unterrichten als Dialog". *SpiTZA*, H. 32, 263—287.
1970, „Die Rolle der Pragmatik in der Linguistik". *Der Deutschunterricht*, 22, H. 4, 5—41.
1971, „Sprechakte. (Kommunikative Funktion von Äußerungen)" (Manuskript, TU Berlin)
1971 a, „Pragmatik, Sprechsituation, Deixis". *LiLi*, Jg. 1, H. 1/2, 153—190.
1971 b, „Präsuppositionen in der Linguistik", erw. Fassung eines Vortrags in Kiel, und eines Arbeitspapiers „Präsuppositionen und Anwendbarkeit von Sätzen", Mai 1971.
WYGOTSKI, L. S., 1969, Denken und Sprechen (Hrsg. J. HELM, übers. G. SEWEKOW; russ. 1934) Frankfurt/M. (conditio humana).

SACHREGISTER

act (Aktsorten)
illocutionary act 52, 53, 54, 90, 91, 92, 149
(→ Illokutionsakt)
locutionary act 52
perlocutionary act 52, 53, 54, 119
propositional act 52, 90
uttering act 52
Aktions-
– diskurs 40
– kode 40
– norm 40
– system 40
Akzeptabilität 28, 36, 85
Ambiguität 28
Argumentationstheorie 141 ff.
Äußerung (utterance) 15, 22, 25, 52, 90, 92, 113, 115, 129, 150
kommunikativ-sprachliche – 19, 23, 33, 53
Text – 126, 124, 148
contextual implication 96

Bedeutung 64, 80, 84, 115
– stheorie 80, 82
Wort – 58, 59
Begriff 85, 86
Betonung 31

Dekodierung 108
Denotation 74
Diskurs 121, 122
– Modell 137
– Typ 124, 126 f., 163

Ellipse 30
Erfordernisregeln 74
Erwartungsprogramm 108, 110, 125

Funktion,
kommunikative – 52, 147

Generative Transformationsgrammatik 9, 24, 25, 26, 41, 57, 81
Gesellschaft 44
– als Interaktions- u. Kommunikationssystem 45, 46
Grammatik 26, 39, 41, 57, 77
Satz – 10
Text – 10, 23, 27, 28, 29, 106, 129, 151
Grammatikalität 25, 28, 85, 98, 100 f.

Handeln/Handlung 43, 51, 58, 138
kommunikative – 121, 122, 145
konkomitierende – 114, 124, 126
soziale – 37, 43, 44
sprachliche – 37, 56, 152
Handlungsbegriff 43
Handlungsgrammatik 148 f.
Handlungslogik 137 ff.
Handlungssemantik 148 f.
Handlungssequenz 140, 141
Handlungstheorie 22, 138
Handlungstyp 119
Hypersätze 100

illocutionary force indicator 90, 91, 121, 126
Illokutionsakt 33, 115 ff., 149 f.
(→ illocutionary act)
Illokutionshierarchie 150
Illokutionspotential 50, 51, 53, 106, 114, 119, 121, 124, 126, 127, 134, 135, 136, 137, 144, 146, 148 ff., 161, 162
Implikation
logische – 96
Quasi – 96, 102
pragmatische – 93
syntaktisch-semantische – 103

indexical expressions 30, 33, 78
Inferenz 96
Information,
Sozial – 110, 125
Situations – 110, 125
Inhaltsregeln 74
Intention 109, 120, 127, 139
(→ Mitteilungs- u. Wirkungsabsicht)
kommunikative – 23
thematische – 114
Intentionalität 22
Interdisziplinarität 26
instruction
definitional – 73
selective – 73
Instruktion 56, 75, 79, 83, 86
kanonische – 85 ff., 92, 126
situative – 85 ff.
Instruktor 151, 162
Intext 150
Isotopie 65, 73, 97

Kategorie
semantische – 73
Klassem 65
Kodierung 69, 109
Kohärenz 158
Kommunikation 10, 12, 26, 40, 99, 105, 120, 144, 145
Aktions – 40
Meta – 25
Sozial – 39, 40, 144
Modell der – 16, 20, 127, 162
Theorie der – 15, 18, 23, 26, 122
Kommunikationsakt 20, 46, 48, 50, 82, 90, 92, 94, 95, 100, 101, 102, 104, 105, 106, 110, 114, 119, 124, 126, 130, 139, 149, 151, 163, 164
– Programm 120, 125, 163
Kommunikationsgemeinschaft 45
Kommunikationsmedien 112
Kommunikationsmodelle 107–111, 123

informationstheoretische – 107
Kommunikationspartner 46, 48, 76, 77, 79, 86, 93, 94, 104, 108, 112, 114, 120, 124, 147, 161, 163
Hypothesen über – 163
Kommunikationssituation 20, 33, 76, 77, 78, 83, 89, 94, 95, 114, 124, 130, 161, 163
Bild der – 125, 163
Kommunikationstyp 148 f., 154
Kommunikativa 121
Kommunikatives Handlungsspiel 13, 16, 43, 46–49, 50, 52, 57, 58, 76, 82, 85, 86, 87, 93, 95, 104, 107, 112, 114, 123, 124–128, 129, 130, 133, 139, 145, 153, 161, 163, 164
– als einfaches Sozialsystem 46–48, 141
„*Kommunikative Kompetenz*"
106, 114, 124, 125, 162
(Sprach-)Kompetenz 23, 24, 25, 26, 34, 35, 36, 37, 38, 40, 44
grammatische – 25
kommunikative – 24, 25, 27, 35, 122
pragmatische – 24, 35
Aktions – 40
Interaktions – 37
Meta – 24
Performanz – 37–39
Sozial – 37, 41
Komplexe Voraussetzungssituation 83, 104–106, 112, 114, 124, 125, 128, 133, 161, 163
Konnexität 159
pragmatische – 159
semantische – 159
Konnotation 74, 97
Konsens 122
Konsequenz 77
Konstativa 121
Kontext 25, 28, 29, 33, 58, 73, 83, 89, 90, 91, 93, 95, 111, 157

– features 88
Konvention 115
– alität 119
Kreativität 26

Lexem 56, 64, 65, 67, 70, 75, 80
Lexicoid 60, 72, 73, 75, 131, 155, 156, 164
Lexicoidenlexikon 60
Lexikon 67, 68, 77, 84, 96
Tiefen – 60, 72
Linguistik 9, 12, 13, 14, 16, 17, 18, 19, 20, 23, 26, 27, 34, 39, 86, 133, 134, 146
gesellschaftliche Relevanz der – 9, 23
interdisziplinäre Relevanz der – 27
Objektbereich der – 12, 13, 26
Phänomenologie des linguist. Objektbereiches 12, 13, 14, 15
Logik
analytische – 143
deskriptive – 141 ff.
deontische – 143

Manifestationsformen
– modi 124, 126 f., 145
Merkmale
enzyklopädische – 74
kontextuelle – 73
semantische – 56–76, 84, 85, 134
syntaktische – 132
thematische – 163
Metapher 73
Mitteilungs- und Wirkungsabsicht 157 f., 162 f.
modal frames 130
„mögliche Welt" 86, 89, 90, 94, 102, 104, 106

Negation 98, 100, 105
illokutive – 92
propositionale – 92

Ontologie 27, 71

parenthetical verbs 30
Performanz 24, 26, 34, 36, 37, 38, 40
Aktions – 40
Sozial – 41
– theorie 32, 34–36
performative Verben 29, 91, 117, 126
Perlokutionseffekt 54, 77, 124, 126
Prädikation 152
Präsupposition 29, 88, 90, 92–106, 128, 143
handlungssemantische – 103
kontextuelle – 102
lexikalisch-semantische – 102
pragmatische – 93 f., 101
pragmasemantisch-referentielle – 103
semantische – 93 f., 95, 101
syntaktisch-semantische – 102
situationelle – 103
Situations – 104–106, 124, 125, 133
Pragmalinguistik 11, 20, 23, 30, 32–34, 37, 38, 39, 40, 41
Pragmatik 9, 15, 20, 23, 24, 32, 34, 35, 41, 42, 88
Problemlösen 141, 143
Proposition 33, 53, 54, 86, 88–92, 93, 94, 95, 101, 126, 129, 130, 152
propositional indicator 90
Psycholinguistik 26, 27
(→ Sprachpsychologie)

Reaktionsprogramm 108, 110
aktuelles – 110
potentielles – 110
Redetyp 124, 126 f., 163
Referenz 45, 46, 54, 55, 76, 77, 78, 80–85, 93, 98, 123
– kriterien 83–85
– identität 82

- indices 133
- merkmale 78, 79
- potential 77, 87
- theorie 26, 27, 32, 36, 76–87
referring expressions 55
Regeln
(für Sprechakte) 115, 118
konstitutive – 115, 116
regulative – 115
Regulativa 121
Relation 77, 78
Relevanz 45, 46
kommunikative – 99, 129
sozio-kommunikative – 119, 149, 153, 154
Repräsentativa 121

Satz 51, 78, 79, 85, 88, 89, 136, 137, 149
- bedeutung 59, 154 f.
- begriff 59, 90, 91, 92, 134, 156, 163 f.
- kohärenz 154
- modelle 131
- tiefenstruktur 131, 134, 135, 136, 155
- typ 124, 126 f., 130, 131, 133, 154, 163
Selektionsbeschränkungen 72, 73, 97, 100
Sem 64, 65
semantische Achse 64
semantische Analyse 82, 84
Semantik 27, 28, 41, 42, 63, 64, 88, 98, 132, 133, 136
extensionale – 27
Instruktions – 55–76, 82, 86, 162
Text – 23, 58, 82
Semantizität 22
Semem 65
semiotisches Modell 23
Sigmatik 23
Sinn 85
Situationsmarker 131 f., 133, 135

Soziolinguistik 27, 37, 41
Sprache 12, 13, 14, 17, 19, 22, 25, 39, 43, 44, 45, 47, 86, 123
Spracherlernungsprozeß 44, 83, 84, 152
Sprachdiskurs 40, 41
Sprachkode 40, 41
Sprachnorm 40
Sprachpsychologie 16, 17, 25
(→ Psycholinguistik)
Sprachspiel 22, 45
Sprachsystem 24, 34, 39, 151 f.
Sprechakt 15, 18, 33, 37, 41, 44, 47, 49, 50–55, 106, 113, 114, 115, 120–123, 138, 139
- klassen 120–121
- modelle 107, 111 ff.
Regeln für das Glücken von – 117, 124 f.
Sprechsituation 18, 24, 26, 28, 29–33, 113, 131, 135 f.
idealisierte – 122
- smarkierung 135
Sprechtätigkeit 16, 19
Stilistik 28
Substitution 155
Synonymie 28
Synonymität 52, 53, 71
Syntax 23, 41, 42, 57, 100, 101, 127 f., 132, 133
Text – 23
Systemtheorie 146

Teiltext 147
termes – objets 64
Text 14, 15, 21, 29, 45, 49, 58, 75, 76, 82, 129, 144–154, 156, 158, 161
- anweisung 76
- definition 20, 50, 144, 146, 150, 154
- ergänzung 18, 19, 128, 130, 131, 133, 159 ff.
- ergänzungsmodell 160–165

- formular 126, 150 f., 163, 164
- in-Funktion 16, 137, 145, 152
- kohärenz 29, 154 f., 158
- modell 131, 134, 147
- prozeß 146 f., 150
- sinn 70
- typ 124, 126 f., 130, 131, 158 f.,
- 163
- type 126

Textbegriff
linguistischer – 159
pragmatischer – 158
semantischer – 159
Textgenerator 134
Textlinguistik 10, 12, 14, 144 f., 152
Texttheorie 10, 15, 16, 19, 20, 22, 23, 27, 39, 42, 43, 46, 123, 127, 129, 143, 146, 147, 160, 164
Textualität 14, 23, 57, 144 ff., 149 ff., 154, 159

thematische Orientierung 48–49
Tiefenstruktur 37, 53
logico-semantische – 58, 154
syntaktische – 131
Transkription 30

Universalien
pragmatische – 122
soziale – 37
sprachliche – 37
Universalgrammatik 25

Wahrheits-Wert 89, 90, 94, 95
Wirklichkeitsmodell 45, 77, 83, 86, 102, 103, 104
Wohlgeformtheit
– von Sätzen 28
– von Texten 29
World – creating verbs 99

PERSONENREGISTER

Abraham, W. 25, 35, 72
Albert, H. 45
Albrecht, E. 61
Alston, W. P. 52, 54
Althaus, H. P. 23, 39 ff., 144
Austin, J. L. 22, 49, 52, 54, 119

Baacke, B. 108
Balmer, Th. 23, 27, 103
Baumgärtner, K. 61, 66, 69
Bar-Hillel, Y. 30
Beavin, J. H. 32
Bellert, I. 28, 56, 77, 92, 96, 102, 130, 155
Belnap, N. D. 93
Bense, M. 14
Bernstein, B. 44
Bierwisch, M. 29, 60 ff., 68 f., 72, 73, 74
Black, M. 94
Blumenberg H. 45
Bourdieu, P. 104
Braunmüller, K. 25, 35
Brekle, H. E. 57, 59, 90, 92, 133 f.
Brinkmann, H. 30
Brockhaus, K. 98
Bolzano, B. 92
Bühler, K. 24, 123

Campbell, R. 25
Chomsky, N. 24–27, 34–36, 38, 41, 61, 78 f., 97
Carnap, R. 9

Dik, S. C. 77, 80, 81
Dressler, W. B. 10, 155, 157
Ducrot, O. 94, 97 f., 102

Egli, U. 98, 100, 103

Ferguson, C. A. 23
Fillmore, Ch. 92, 95 ff., 100, 102
Fodor, J. A. 19, 62 f., 72
Frege, G. 53, 80, 98
Frese, J. 22, 37, 144, 150

Gabriel, G. 98, 101
Galanter, E. 157
Garret, M. 19
Gordon, D. 140
Greimas, A. I. 10, 63–66
Grzyb, G. 115
Gülich, E. 77, 108, 160
Gunter, R. 31
Gutknecht, Ch. 98, 101

Habermas, J. 10, 22, 24 f., 106, 120–122
Halliday, M. A. K. 50
Hartig, M. 37 f., 77
Hartmann, P. 10, 12–15, 22, 57, 58, 133, 144
Hartung, W. 32
Harweg, R. 31, 155
Heeschen, C. 16
Hendricks, W. O. 10
Henne, H. 23, 39–41, 144
Hintikka, J. 27
Hjelmslev, L. 58, 60
Hundsnurscher, F. 68, 69, 72, 74

Ihwe, J. 160
Isenberg, H. 10, 29, 30, 78
Jackson, D. D. 32
Jakobson, R. 18
Johnsohn-Laird, P. N. 28
Johnstone, H. W. 141

Kallmeyer, W. 77
Kamlah, P. 56

Karttunen, L. 78
Katz, J. J. 62, 63, 72
Kiefer, F. 29, 72, 74
King, R. 34
Kiparsky, P. u. C. 93, 98
Kleinmuntz, B. 140
Klima, E. S. 81
Kummer, W. 28, 56, 77, 78, 110, 124, 125, 134–136, 137, 142, 158, 159
Kuroda, S. Y. 97
Kurz, U. 37 f., 77

Lakoff, G. 28, 85, 97, 99, 100 f., 131, 136 f., 140
Lakatos, I. 11, 45
Lang, E. 145 f., 151 f., 154 f.
Langer, S. K. 92
Langendoen, D. T. 105
Leech, G. N. 60
Lenders, W. 34
Lenneberg, E. 62
Leont'ev, A. A. 9, 13, 16, 17, 18, 138, 145
Levy, J. 73, 74
Lewis, D. 100
Linsky, L. 84
Lorenzen, P. 56
Luhmann, N. 37, 46, 122, 139, 148, 150
Lurija, A. R. 19
Lyons, J. 46

Maas, U. 9, 23, 26, 43, 44, 99
Malinowsky, B. 58
Marshall, J. C. 36
Martinet, A. 57
McCawley, J. D. 95, 96, 97, 131, 133
Mead, G. H. 43
Meier, G. F. 22, 108–110, 124
Mill, J.-St. 74
Miller, G. A. 157
Montague, R. 10, 23, 27

Morgan, J. L. 98, 99, 104
Morris, Ch. 23

Nickel, G. 28, 58, 155

Oevermann, W. 44
Olbrechts-Tyteca, L. 140
Oller, J. W. 25, 26, 41, 42, 147
Oomen, U. 144, 146 f., 149, 151

Parsons, T. 43
Peirce, Ch. S. 23, 30
Petöfi, J. S. 68, 72, 75, 129
Perelman, Ch. 140, 141
Pike, K. L. 22, 52
Postal, P. M. 9, 81
Pribram, K. H. 157
Pride, J. B. 23

Raible, W. 77, 108, 160
Reichling, A. 80
Reichwein, R. 44
Richards, B. 50, 52
Rieser, H. 160
Rohde, W. P. 108, 162
Rohrer, Ch. 74, 94, 97, 99, 102, 132
Ross, J. R. 100, 131

Sadock, J. M. 100
Sampson, G. 77, 79, 80, 134
Savin, H. 105
Saussure, F. de 11
Searle, J. R. 22, 41, 49, 50–55, 90, 91, 93, 100, 115–117, 120, 121, 123 124, 139, 140, 149
Sgall, P. 96, 102

Schapp, W. 46
Schneider, H. J. 61
Schnelle, H. 33
Stalnaker, R. C. 23, 32, 54, 88, 89, 93, 94, 100, 102
Stechow, A. von 98

Steger, H. 41
Stölting, W. 16
Strawson, P. F. 80, 93, 115
Stroll, A. 96, 101

Toulmin, St. 141
Tuțescu, M. 54, 97
Trubetzkoy, N. 60

Urmson, H. O. 30

van Dijk, T. A. 10, 27, 28, 29, 36, 63, 89, 129 ff., 133, 150, 155, 156, 157

Vygotski, L. S. 12, 146

Wales, R. 25, 36
Watzlawik, P. 32
Weber, M. 43
Weinreich, U. 97
Weinrich, H. 56, 76, 78, 122, 135
Wittgenstein, L. 22, 45, 52, 55, 58, 68, 123
Wright, G. H. von 138
Wunderlich, D. 10, 23, 24, 27, 29, 30, 34, 35, 36, 44, 52, 54, 63, 99 f., 101, 111, 112, 113, 114, 116, 117, 122, 123, 124, 125, 131, 132, 133, 156 f.

UTB

Uni-Taschenbücher GmbH
Stuttgart

Gabriel Altmann/Werner Lehfeld: Allgemeine Sprachtypologie
Prinzipien und Meßverfahren
(UTB 250)
142 S. DM 9,80

„Das bisher glänzendste Ergebnis der Bochumer Teamarbeit ist dieser umfassende Band, der einen vollständigen Überblick über Altmanns Sprachtheorie liefert. Eine gut abgerundete Darstellung mit neuen theoretischen und methodischen Argumenten, die einen weiten Leserkreis verdient."

(Foundations of Language)

Johannes Engelkamp: Psycholinguistik
(UTB 297)
234 S. DM 16,80

„Kann jedem empfohlen werden, der sich über die aktuelle Entwicklung in der Psycholinguistik informieren will. Besonders hervorgehoben sei die klare und verständliche Darstellungsweise, die es ermöglicht, ohne Vorkenntnisse an ein Buch heranzugehen, das durch eine Vielzahl von Gesichtspunkten und daraus abgeleiteten Experimenten äußerst informativ und anregend ist. Am Ende des Buches findet der Leser eine ausführliche Bibliographie sowie ein sorgfältig zusammengestelltes Personen- und Sachregister."

(Psychologie Heute)

J. Dubois / F. Edeline /J. M. Klinkenberg / P. Minguet /F. Pire / H. Trinon: Allgemeine Rhetorik
(UTB 128)
344 S. mit mehreren Tabellen im Text, DM 19,80

„Innerhalb der jüngsten Wiederbeschäftigung mit den rhetorischen Verfahren nimmt das Modell der Lütticher Wissenschaftler eine bemerkenswerte Sonderstellung ein; denn entsprechend der Herkunft der 6 Autoren wird hier erstmals nicht nur mit Methoden der Sprach- und Literaturwissenschaft, sondern auch mit solchen der Philosophie (Logik), der Ästhetik und der Naturwissenschaften versucht, die bislang hauptsächlich auf die Figurenlehre reduzierte Blickrichtung wieder auf eine allgemeine Rhetorik hin zu erweitern und in das Gebiet der Semiologie einzugreifen."

(Literatur-Report)

A. V. Gladkij / I. A. Mel'čuk, Elemente der mathematischen Linguistik

Autorisierte deutsche Ausgabe von einem Übersetzungskollektiv. Wissenschaftliche Redaktion: Brigitte Haltof. 153 S. mit 4 Tabellen und 10 Abbildungen, kart. DM 16,80

Da auf dem deutschen Markt eine Einführung in die mathematische Linguistik fehlte, empfahl sich das Werk der beiden russischen Spezialisten für eine adaptierte deutsche Ausgabe.

„Der Aufbau des Buches ist zweckmäßig: Zuerst werden formale Grammatiken charakterisiert, dann verschiedene Klassen von generativen Grammatiken herausgearbeitet und ihre Anwendung auf natürliche Sprachen exemplarisch vorgeführt, anschließend formale Eigenschaften von generativen Grammatiken behandelt sowie spezielle Probleme der mathematischen Linguistik. Die mathematischen Resultate sind in einem Appendix zusammengefaßt. Ein gutes Sachregister erleichtert die Benutzung des Buches."

(Germanistik)

B. A. Serébrennikov u. a., Allgemeine Sprachwissenschaft I

Existenzformen, Funktionen und Geschichte der Sprache. Aus dem Russischen von Hans Zikmund und Günter Feudel. 533 S. Ln. mit farbigem Schutzumschlag DM 48,–; kart. DM 48,–

B. A. Serébrennikov u. a., Allgemeine Sprachwissenschaft II

Die innere Form der Sprache. Aus dem Russischen von Hans Zikmund und Günter Feudel. Ca. 548 S. Ln. mit farbigem Schutzumschlag DM 68,–; kart. DM 48,–

„Das Versprechen, die Sprache in ihrer ganzen ‚Vielfalt' zu Worte kommen zu lassen, ist eingelöst. Aufgrund der gebotenen Vielseitigkeit und des ausgewogenen Urteils in der Bestimmung des Verhältnisses von Sprache und Denken ein Glücksfall unserer Wissenschaftsgeschichte."

(Deutsche Bücher)

„. . . systematisch aufgebautes Kollektivwerk von hohem Informationswert und außerordentlicher Bedeutsamkeit, mit ausführlichen Diskussionen zu wesentlichen Problemen. Gegenüber der russischen Originalausgabe in den Beispielen aktualisiert und dem neuen Leserkreis angepaßt."

(Wissenschaftlicher Literaturanzeiger)

 WILHELM FINK VERLAG MÜNCHEN